U0505525

城市中的布迪厄

挑战城市理论

[法] 华康德（Loïc Wacquant） 著

陆兵哲 译

上海人民出版社

致 Délou、Jaja、Mumusse 和他们的家人

目 录

让我感兴趣的不是建起一座楼房，
而是让所有可能的楼房的根基在我面前清晰可见。

路德维希·维特根斯坦：《文化与价值》(1944 年)

将布迪厄带入城市

本书以我三十年来关于新自由主义大都市中的边缘性
（marginality）、族群性（ethnicity）和刑罚性（penality）的比较研
究为基础，尝试将皮埃尔·布迪厄作为城市理论家来展开全新解
读，并借助布迪厄的理论框架来阐述一种新的城市理论构想。[1]
本书邀请各位读者通过我所说的符号空间（symbolic space, 我们感
知并组织外部世界的精神范畴）、社会空间（social space, 不同形式
的资本分配）和物理空间（physical space, 建成环境）的三元辩证
法（trialectic）来探索城市。在这种解读下，布迪厄的拓扑社会学
（topological sociology）为我们提供了一种工具，不仅可以为城市社
会科学注入活力，而且还将挑战其中的典范与准则，并重新设定
该领域的分析参数。

简明扼要地陈述一下本书的核心论点：我提出要重新思考
"城市"（the urban），要将之视为多种资本展开积累、分化和竞争
的领域，视为各种惯习（habitus）之间混融、碰撞的地带，而这种
混融与碰撞使城市成为历史斗争的中心场所和筹码。这一新布迪
厄主义的（neo-Bourdieusian）大都市社会研究纲领强调符号权力
（symbolic power）和国家的角色，而在阐述这一纲领的每一步中，
我都将直面反对意见，并对来自不同学科和国家的批评作出回应。

我将这些对话都精简纳入书中，尽管这偶尔会显得冗余，但我希望这样能让本书论述得更加细致和清晰。略显不谦虚地说，这本书的目标是改变读者对布迪厄的理解，以及对大都市的看法。

与之相应，本书的论点是针对两部分受众而提出的：一是城市研究从业者——城市研究在这里是指对城市化、城市性和城市不平等进行探究的跨学科领域；二是有兴趣将皮埃尔·布迪厄的研究工作在自己的研究领域展开剖析和运用的所有社会科学和人文学者。我将这本书命名为《城市中的布迪厄》，以表明在有关大都市的理论舞台上出现了一个新的视角，但是我希望以我对布迪厄的重新解读来激发新的经验研究课题，而不是为纯粹理论家带来良知上的困扰。

本书共有三章，每一章都可以单独阅读，因为每一章都是由一次会议的主题演讲经过全面修订后产生的。在这些会议上，布迪厄的研究都对城市学者发挥着或是显明，或是潜在的影响。每次演讲之后，都有一个现场出席或以书面形式组织的研讨会，而在这些研讨会上我都反复思考澄清并例证我的观点。尽管这本书起源于经验研究中的具体困难，但我将基于抽象层面的论证来展开认识论阐释、概念阐述和分析拓展。这部作品致力于鼓舞并启发进一步的研究，而不是在学术理论的万神殿中争夺首要地位。[2]

另一方面，本书的三章也是互为基础的，从布迪厄早期至晚期的研究，进入我自己的研究；从符号空间—社会空间—物理空间三元辩证法所确立的原理，进入这些原理在两极化大都市里边缘性、族群性、国家的致命三角关系中的分析应用；最后重申了（新）布迪厄主义城市社会科学研究框架的独特特征。这些特征包括：该研究框架在认识论上是具有反身性的，因为它精心地构造并澄清其中的概念；它从国家开始研究，并将国家视为最高的符号权力和科层机构；它涵盖整个社会空间和物理空间，而不仅仅是考察其底层区域（就像包括我自己在内的许多城市社会学家都习惯做的那样）；它将社会行动者视为娴熟的符号生物，积极参与他们世界的搭建之中（尽管是处于一定的限制和胁迫之下）；最后，该研究框架是冲突主义的（agonistic），将城市内的斗争以及围绕城市的斗争置于其分析的中心。

这本书也是一部自我澄清和自我批判的作品。[3]空间三元辩证法实际上指导了我对城市边缘性的研究，但我只有在作回溯的时候（第一次是 2010 年 10 月在剑桥大学建筑系演讲时），在来自读者提问和听众异议的压力之下反思该研究的过程中，才开始领会到这一点，并将其形式化。事后看来，我并没有完全理解布迪厄的拓扑学论证模式的普遍性及其力量。我先前没有恰当地将文化生产场域的专家围绕贬逐街区（neighborhoods of relegation）之表现所展开的争论作为主题，也没有充分挖掘惯习的主动性一面来刻画贬逐街区的居民如何重塑强加于他们身上的空间污名（如今我在本书的第二章中做了这项工作）。我之前描绘了一幅二元化大都市（dual metropolis）中围绕空间而展开的物质斗争和符号斗争的图景，但这个图景是片面的，因为它是基于对斗争结果的认识而得出的，因而掩盖了未发生的平行历史可能性。这本书也构成了我的《“底层阶级”的发明》（The Invention of the "Underclass"）（Wacquant, 2022a）一书的续篇。《“底层阶级”的发明》是一本关于知识政治（politics of knowledge）的案例研究，同样运用了反身性的认识论原理，描绘了一个种族化的“民间恶魔”在美国超贫民窟（hyperghetto）的兴起、扩散和衰落。

弄清楚布迪厄对自己某个概念的意思表达或使用方式，帮助我更好地理解了我在努力思考和从事的事情。这并不像实证主义所描绘的那样，是从黑暗到光明、从谬误到真理的瞬间奇妙飞跃，而是按照历史理性主义的原理，在缓慢地、永无止境地迈向一个更加可控的、逐渐"近似"现实的对象建构。[4]例如，我花了二十年时间才理解，我曾作为刑罚制度来研究的监狱，也是一个**典型城市制度**（quintessentially urban institution）——一旦你说出来，这就是显而易见的了，但随后这将完全改变你对城市中的政治生产和遏制不稳定性等问题的阐述方式。这种认识本身引出了进一步的问题，即城市社会学如何能够忽略这个在众目睽睽之下隐藏的核心制度。这反过来又会使人们质问国家在大多数城市研究中的缺席；而当这些研究确实将国家纳入考虑时，所采用的狭隘观念也会受到质问，因为其将国家视为一辆急于追赶"社会问题"的救护车，在上游先发边缘性的情况下到下游处理边缘性。

xiv

需要承认，要达到建立成熟的新布迪厄主义城市社会科学的标准，是一个高要求的艰巨任务。但有这些标准的好处在于，为城市研究的开展提供了一个理想规范去追求。就像皮埃尔·布迪厄喜欢在他的研究团队会议上强调的那样，"让我们开始工作吧"。

注　释

[1]这里的"新自由主义大都市"是指一种后工业城市，其经历了经济上的放松管制（即有利于企业的再管制）、公共服务经由类市场机制进行的收缩与重组、社会保障网络的缩减，以及刑罚网络的相应扩大。其中的所有这些元素都被技术效率、财政预算完整性和个人责任等用以辩护的说辞黏合在一起（Wacquant, 2012a）。我将在第三章阐述新自由主义的概念，见本书边码第147—149页。

不熟悉布迪厄的勇敢读者可以在 Wacquant, 2008b 中读到有关其个人生涯与治学轨迹、主要关切与核心概念，以及其在支配、文化、科学与政治等方面理论的简要概述。读者也可以在 Gisèle Sapiro 精心编撰的 *Dictionnaire international Pierre Bourdieu*（2021）中寻找自己感兴趣的条目阅读。

［2］"让概念发挥作用（making concepts work）比在概念上下功夫（working on concepts）有更大的理论意义和科学价值，尤其是对于在科学研究中毫无用处的概念而言。"（Bourdieu, 2015: 201）

［3］这就是社会科学应该有的运作方式："所有的科学知识因此都要接受自我批判。在现代科学中，人们只有通过不断地批判自己的知识才能得到指导。"（Bachelard, 1953: 123）

［4］Vincent Bontems（2010: 48—57）曾对 Gaston Bachelard 科学哲学中的"近似主义"（approximationalism）展开了清晰的论述。这一立场与 Max Weber（1947）的视角主义认识论（perspectival epistemology）是一致的，特别是与后者将"理想类型"（ideal-type）作为对象建构的理论指导工具的相关阐述一致。

前　言

在过去的三十年里，**严格意义上的城市理论**同时经历了消
散与繁盛。消散是指旧的城市理论范式，如芝加哥学派的城市生
态学、新马克思主义对空间资本积累和阶级斗争的分析以及韦伯
式政治经济学方法对市场与国家之间相互作用的研究，逐渐失去
了在城市研究中的支配性地位。**繁盛**则体现在新的理论观点层出
不穷，从女性主义和（短时期的）后现代主义，到符号学和寻常
城市主义（ordinary urbanism），再到行动者网络理论和组合理论
（assemblage theory），还有后人类城市（posthuman city）和试图从
所谓全球南方的视角重新分析大都市的后殖民理论。[1]

寻求进入一个流变中的领域

与此同时，广义上的当代城市研究已经变得分散多元，甚
至分化为相互之间很少对话的大致六个主要研究集群。[2] 每个
集群都没有特定的中心，对这些研究集群做一个粗略勾勒将有助
于定位本书的目标和内容。第一个集群是一些抽象推论取向的理
论家。他们借鉴亨利·列斐伏尔（Henri Lefebvre）、米歇尔·福
柯（Michel Foucault）、吉尔·德勒兹（Gilles Deleuze）等（通
常是法国的）哲学家的思想，在更大的尺度上研究"城市"。该

1

2

集群以研究全球城市（global city）和星球城市化（planetary urbanization）的学者为代表。尼尔·布伦纳（Neil Brenner）的著作是这一研究取向的典型，萨斯基娅·萨森（Saskia Sassen）和曼纽尔·卡斯特（Manuel Castells）则是两位同样勇敢地从城市跳跃到整个时代的理论家，就像大卫·哈维（David Harvey）在他们之前所做的那样。同样站在这一旗帜之下的还有针对新自由主义的批判政治经济学和城市政治生态学研究者，只不过他们采取一种更加经验性的研究方式。[3]该集群中的学者大多是地理学家，擅长理论抽象，弱于历史研究，论文多发表在期刊《对跖点》（Antipode）上。

第二个集群在研究主题、方法和尺度方面都兼容并蓄且涵盖广泛。其中包括研究大规模城市集聚的宏观社会学家，他们偏重于对街区层面的过程进行统计研究［例如帕特里克·夏基（Patrick Sharkey）的《困在原地》(Stuck in Place, 2013)］；还包括更贴近实地的学者，他们运用微观社会学、组织研究和现象学理论进行研究，并且从广义的角度来看，他们探究的不是结构，而是被视为不平等、文化和行动发生场所的大都市中的社会生活肌理［例如福里斯特·斯图尔特（Forrest Stuart）的《子弹民谣》(Ballad of the Bullet, 2020)］。这些学者在处理空间生产的议题时，不是为了讨论尺度问题，而是要去追踪城市性的制度生产及其不满［例如安妮·兰伯特（Anne Lambert）的《"所有业主!"——楼阁的幕后实情》("Tous propriétaires!" L'envers du décor pavillonnaire, 2015)］。这一流派的城市研究经常获得美国社会学会（American Sociological Association）城市与社区分会的罗伯特·E.帕克奖（Robert E. Park Award）。这些研究追踪城市中阶级、族群、性别与性、政治等方面的分化[4]，偏好于中层理论，并使用轻快友好的笔触来组织数据和阐释由直接观察得来的当地发现。美国的"城市民族志"（urban ethnography）传统即属于这一范畴，尽管其中很多是轻松愉快并且非理论的。这些学者大多是社会学家，弱于抽象性，擅长制度分析，论文多发表于《城市与社区》（*City and Community*）期刊上。

当代城市研究的第三个集群深受实证主义的影响，聚焦于城市政治、经济、政策以及由城市精英和政府官员所定义的社会问题。相关研究通常是反理论的（anti-theoretical），因而轻松舒适。这类研究将大都市的社会秩序和空间秩序视作一个既定事实，围绕狭义界定的主题发表了大量在技术上无懈可击的文章，正如主流期刊上的大量关于隔离、移民、住房、犯罪、街区、城市政治和区域发展的研究。该研究集群由城市经济学和城市规划主导，并且时不时会在商业书籍中形成大众喜爱的表达内容，而这些书籍主要针对城市管理者和规划师提供浅显的经验概括和预测。该集群中的代表是（中）偏左派的明星城市学家理查德·佛罗里达（Richard Florida）和（极）右派的爱德华·格莱泽（Edward Glaeser）的大作。[5] 身处其中的研究者大多是经济学家，擅长方法论，弱于概念化，论文多发表在期刊《城市事务》（*Urban Affairs*）与《城市研究》（*Urban Studies*）上（尽管该期刊非常不拘一格，这令人称赞）。

城市研究的第四个集群最近正在汇聚，探究数字技术和生态恶化的影响，主题包括"智慧城市""网络化城市""可持续城市""韧性城市""公平城市"等。[6] 他们在学术、技术和政策的交汇处发力，以解决大都市扩张、城市工程、市政管理等方面的紧迫问题。最近，"城市科学"方面的引领人士也加入了这一行列，他们在城市新发布的大数据海洋中畅游，旨在将这些数

4

据作为"复杂适应系统"（complex adaptive systems）（Bettencourt, 2021）来加以把握——这实际上是以一种庆贺的口吻重提20世纪60年代关于反城市的陈词滥调，正如麻省理工学院的著名计算机科学家杰伊·福里斯特（Jay Forrester, 1969）先前用同样的系统方法证明城市注定要灭绝一样。这些学者吸引到的资源和关注度与他们的学术贡献并不相称，这是可以理解的。他们大多以城市规划、数据科学和环境设计与工程为大本营，实践性强，学术自主性弱，研究多发表在《环境与规划B: 城市分析与城市科学》（*Environment and Planning B: Urban Analytics and City Science*）和《可持续城市与社会》（*Sustainable Cities and Society*）等新期刊上。

第五组集群，不同于上述包括星球城市化研究在内的其他四个集群，甚至与其相反，主要是关于全球南方的城市性和城市化的研究，旨在补充、挑战北大西洋国家的城市研究，或使之本土化（provincialize）。这一集群最感兴趣的研究对象是宏观层面的聚落、规划、环境、政治等内容，以及微观层面的非正规性、公民权、文化创新、暴力、政治机构等，并且对"贫民窟"也有执著的关注。[7] 从事这些研究的学者来自社会科学的各个学科，包括政治学；他们擅长理论和比较，但规范性较弱。该研究集群还没有形成自己主场的出版物，但是，他们在《国际城市与区域研究杂志》（*International Journal of Urban and Regional Research*）上找到了施展出路。

最后，新一代历史学家也对当代城市研究作出了积极的贡献。他们已经开始将视野扩展到新的研究对象和国家，采取长时段（*longue durée*）的视角，并吸收了定量方法来进行研究。尤恩（Ewen, 2016）在对该领域进行评议时，指出了其中对空间与认同、权力和城市治理、城市文化和建成环境、大都市中心之间跨国网络的增长和传播等方面的新颖探索。[8]然而令人遗憾的是,由于社会科学和人文学科之间存在着较高的学科壁垒,再加上英语世界中进行的城市研究存在深刻的现世主义,所以历史研究通常被其他城市学者所忽视。正如我们可预想的那样,城市历史学家擅长叙事而弱于理论,论文多发表在《城市历史杂志》(*Journal of Urban History*)上。

本书定位在前两个研究集群的交点上,即处于高度理论化和制度主义分析之间,并在最后一个集群的启发下,将假借大西洋两岸过去两个世纪的城市边缘性历史(Wacquant, 2022a: 10—12、15—27、125—127)来呈现。与第一组研究集群相似,本书内容较为形式化和抽象化,因为其旨在阐述皮埃尔·布迪厄的认识论立场(请注意,他作为法国社会学家,最初曾接受哲学训练),并将他的社会理论拓展到关于大都市的结构性研究,将之视为多种空间与资本的动态联结。与第二组集群的相似之处在于,本书阐述了可在多重尺度上(包括实地研究层面)用于把握城市实践、城市体验和城市制度的概念,而这些概念是由有血有肉的、娴熟的行动者建构的。除此之外,本书间接地批评了第三个研究集群,即关于城市社会问题的实证主义科学,并打算勾勒出一种分析思路以在各大洲之间架起桥梁,来为第四组研究集群,即为全球南方城市研究提供概念支撑。

此外,我提出将布迪厄作为城市理论家的这一全新解读,也运用了实用主义的理论构想,其基础是加斯东·巴什拉(Bachelard, 1938)、乔治·康吉莱姆(Georges Canguilhem, 1952)和亚历山大·柯瓦雷(Alexandre Koyré, 1957)的历史认识论,并由布迪厄等人(Bourdieu et al., 1968)引入社会科学中。这一理论构想将认识论与常识（包括日常性的和学术性的）之间的断裂放在首位，要求在概念上保持警惕，并强调科学演化中的非连续性。[9] 在这种科学哲学思想看来，理论的价值在于它能够产生新的、明确的经验对象，而不是用来与其他理论进行学术之争。

布迪厄的三元辩证法

6　　这本《城市中的布迪厄》并不是要把结构主义和现象学对城市的看法作折中式的结合，以重演布迪厄（Bourdieu, 1980a）对客观主义和主观主义之间致命对立的重要批评；它的目的也不仅仅是要在城市研究者为之屈膝的理论家万神殿中为这位写就了《区隔》(Distinction)（Bourdieu, 1979）一书的学者腾出位置。我将这本书视为对城市研究经典的挑战，而不是对它的补充；我也将之视为一个跳板，来对城市理论和城市调查进行可能的重构，并探索我所命名的符号空间、社会空间和物理空间的布迪厄主义三元辩证法。[10]

　　关于符号空间，布迪厄在《语言与符号权力》[Language and Symbolic Power,（1982）1991］中指出，它是关于认知范畴的地形学（topography），人们借助它来切割繁复多样的经验材料，并对人物、地点、物体和活动进行分类。这些精神网格（就其最简单的形式而言，常为相互依存的二元性概念所刻画，例如男性／女性、高／低、左／右、主动／被动、公／私等）塑造了我们思考、感受与行动的方式：通过在身体内部的积淀，它们构成了惯习，因而承载着我们的历史，包括个体的和集体的历史。它们被赋予了权威和支配力，因而受到国家、宗教、科学、政治和法律等最高符号机构的支持，并且／或者受到阿尔弗雷德·舒茨

（Alfred Schutz）所珍视的日常生活"自然态度"（natural attitude）的支持，而这种"自然态度"则是共同社会化、社会典礼和制度仪式（rites of institution）① 的结果。[11] 要点在于，用来映现世界的这些认知范畴不是先验的共相——就像伊曼努尔·康德和经典新康德主义者认为的那样——而是从铭刻于身体和制度的分类斗争中产生的历史化形式（Bourdieu, 1979: 543—585, 1980b, 1997: Ch. 4）。

关于社会空间，布迪厄在《区隔》（1979）一书中指出，其是指行动者在客观位置上的多维分布，这些位置由对一般化种类的有效资源或资本（capital）（包括经济资本、文化资本、社会资本和符号资本）的分配所定义的（此处的一般化种类还可以根据不同场域或子场域作进一步的具体化，例如学术场域中的官僚资本与智识资本）。为了理论分析的简明化，这些多维度可以被分解成资本总量（包括其不同的形式）和资本构成（特别是经济资本和文化资本的相对权重）这两个轴，外加用以刻画资本总量和资本构成随时间变化的第三个轴。在我的理解中，社会空间是一种一般化的"母范畴"（mother category），从中产生了更为具体的场域（field）概念；后者作为一个专门的社会空间，其特征是分化与自治，是一种双极组织（bipolar organization），也是对特定权威的垄断（Wacquant and Akçaoğlu, 2017: 62—64; Wacquant, 2019）。社会空间的划分使那些围绕社会"构想与区分的原则"（principles of vision

---

① "制度仪式"（法文：les rites d'institution）由布迪厄基于法国人类学家阿诺尔德·范热内普（Arnold van Gennep）的"过渡仪式"（rites of passage，法文：les rites de passage）概念而提出，意在指出所有的仪式都致力于将某个任意划定的边界神圣化或合法化，促使人们将某种限制视为正当合理的，并由此而在共识层面培养人们对它的误识（misrecognition）。——译者注

and division）①而展开竞争的等级制和力量实体化了。这些原则例如阶级、族群、性别、国籍、公民权等，是群体塑造和提出主张的策略基础。

至于**物理空间**，布迪厄在早年的著作《单身者舞会》[*The Bachelors' Ball*,（1962）2002]和《连根拔起》(*Uprooting*, with Sayad, 1964），以及后期的《世界的苦难》(*The Weight of the World*, 1993）和《经济的社会结构》(*The Social Structures of the Economy*, 2000）等书中都有涉及，指的是有界的、三维的物质广延，行动者和制度在地理意义上处于其中，并且他们的行动"发生"(take place) 于其中，即字面意义上的发生（happen）并占据某个场地和一定的体积。物理空间在经验层面的一种具体化呈现是城市的建成环境（built environment），包括基础设施、建筑、通道、公共空间等。建成环境扮演着不同资本种类的硬质容器和支点，而这些资本不平等地分布（社会空间）在人们的各种关键社会范畴中（符号空间）。因此，物理空间深刻地嵌入人们的行动公式中，不仅在施加物质限制和提供便利，而且会成为精神范畴的具体化空间（如当支配者头脑中的城市意象成为现实地貌和建筑实体时），以及社会分化的具体化空间（如当社会空间的分隔成为各自独立的街区时）。[12]

8　　上述每一种空间都"充满着"其特定的历史，这些历史通

---

① "构想与区分的原则"（法文：les principes de vision et de division）是布迪厄使用的术语，用以说明行动者在认知与构想（envision）社会世界的同时，会不可避免地将其区分（divide）为具有不同意义的范畴。在1986年于美国加州大学圣迭戈分校的演讲（后收录于 *Choses Dites* 一书）中，布迪厄曾提出社会世界是根据人们的构想和区分原则来表达和建构的；在其著作《国家精英》的开篇，布迪厄也指出社会世界在客观上的分化与行动者施加于其上的构想与区分原则之间存在对应性。——译者注

过认知图式的安排、资本的分布、不断演变的城市景观而被具体化；每种空间也充满了自身与其他两种空间之关系的历史。在为了占有物质商品和符号性商品而进行的斗争中，每一个空间都同时是这些历史斗争中的一种产物、一种筹码、一种武器。作为产物（product）：以分类系统为例，如美国政府使用的族群分类学，其源于为了承认某些类别并使之制度化、同时抹除其他类别而所作的斗争。这在克里斯蒂娜·莫拉（Cristina Mora, 2014）关于20世纪70年代及之后西班牙裔美国人之发明的精湛研究中已得到证明。作为筹码（stake）：这些分类学也是一种保护或颠覆策略的目标，例如人群中的特定成员（混血美国人或非洲裔法国人）在为得到政府的承认及其在民族文化中的可见性而斗争时发生的情况（DaCosta, 2007; Ndiaye, 2008）。作为武器（weapon）：基于政治场域中既有族群分类法的动员使不同群体能够对公共资源和私人资源提出要求，例如在教育、就业和选举中的保护性、优抚性或补偿性权利或机会，又如苏联、印度和美国的平权法案计划（Martin, 2001; Weisskopf, 2004）。

与之相似，城市的物理结构是围绕地点开展的历史斗争的分层化产物，其中包括市场价值的支持者与使用价值的支持者之间的斗争［Logan and Molotch,（1987）2007］。这些斗争在社会空间中进行：如果我们将被隔离街区视为住房歧视的历史沉淀物，视为过去的阶级斗争在住房地形学上的投射来思考，就能理解这一点。城市的物理结构也作为筹码，卷入有关人群和商品在各区域分布的持续斗争中，正如围绕士绅化、土地使用或基础设施项目的争斗所表明的那样。此外，地理布局还是一种武器，可以用来催生或阻碍封闭策略（strategies of closure）。例如，在消极层面，人们可以运用自然和人为的障碍来围堵不受欢迎的人群和活动；

在积极层面，物理上的邻近性和具有地理密集性的制度网络会促成社会空间中的集体动员和群体塑造。[13]

由此，根据布迪厄所述，社会生活在拓扑学层面上可以通过追踪三种空间之间的相互投射和动态转置来进行剖析：

9   所以在各种不同的情境中，社会空间的结构呈现为空间对立的形式，居住空间（或被占有空间）成为社会空间的一种自发符号化形式。在等级化的社会中，没有空间不是等级化的，没有空间不在表现着社会等级和距离。其表现形式或多或少是扭曲的，或委婉的，而且尤其会借助**自然化效应**（effect of naturalization）来实现。这种效应来自社会现实在物质世界中的持久铭刻。如此一来，由不同社会逻辑产生的差异便可以被视为源于事物的本质（想想早期芝加哥学派所推崇的"自然边界"或"自然区域"概念）。（Bourdieu, 1993a: 159）

在任何时候，资本的空间分布结构都记录了围绕布迪厄（Bourdieu, 1993a: 164）所称"空间利润"（profits of space）而展开的社会斗争之间的平衡，这些空间利润包括借助定位、地点等级结构中的排序、空间占据而获得的利益。这些在空间内的和针对空间的地理斗争或是以个体形式进行（如迁居流动），或是以集体形式进行（如关于住房、市政服务或环境政策的政治竞争）。

所有这三种空间都必然牵涉社会行动，而且它们会像地壳板块一样不断地相互摩擦。从多重空间的角度来思考，使我们能够**关系性地思考**（think relationally），或者说是**拓扑性地思考**（think topologically）[14]，而这是通过追踪精神结构、社会结构和地理结构的不同构成要素之间的层次化关联来实现的。埃米尔·涂尔干（Émile Durkheim）和马塞尔·莫斯（Marcel Mauss）在他们的经典文献《原始分类》["Primitive Forms of Classification",（1903）2017]中，假定这三种结构之间存在完美同构；但布迪厄不是这样做的，而是邀请我们去探究三者之间出现的各种重复、扭曲、隔阂、脱节，这些内容源自上述三种空间内部及相互之间的斗争，旨在保持或改变三者之间对应性的历史状态——包括从完美同构到完全脱节的整个范围。

　　因此，布迪厄（Bourdieu, 1993a: 160）指出："社会空间会将自身重新转译为物理空间，但总是以一种或多或少被打乱（*brouillée*）的方式进行。"他还坚持认为，由于社会现实的语义弹性（semantic elasticity of social reality）①，将符号空间映现到社会空间以使共享身份成为可能，并激发群体的形成，这从来都不会完美地实现："社会世界可以根据不同的构想与区分原则——例如经济区分和族群区分，并以不同的方式被表达和建构。"（Bourdieu, 1989b: 19）而且这些原则的相对效力在现实本身中就是岌岌可危的。简而言之，这位法国社会学家邀请我们将行动者的认知范畴、行动者在多维度分层秩序中所占的位置，以及他们在城市景观中的地点和旅程结合起来进行分析。

10

　　在推进上述议程方面，这本《城市中的布迪厄》汇集了在英国约克、葡萄牙波尔图和比利时布鲁塞尔举办的三次会议上发表的三篇文章，并经过全面改写和扩展。这些会议提供了很多机会，以推动皮埃尔·布迪厄的三元辩证法框架在城市现实中的应用。

---

① 在布迪厄的笔下，社会现实的"语义弹性"（法文：élasticité sémantique）强调社会世界中事物的不确定性和模糊性，导致我们理解和表现社会世界的方式不是固定或普适的，而是被社会背景或文化情境所塑造。——译者注

依序来看，本书各章将挖掘布迪厄拓扑社会学的认识论原则，并将地域污名化（territorial stigmatization）概念作为符号权力在城市中的典型表现来展开阐述，以及回溯我是如何借鉴《区隔》一书作者的学说来探究新自由主义大都市中阶级分裂、族群区分和刑罚化（penalization）之间的三角关系的。因此，这本书希望实现一种彼此间的双向阐明：运用我对城市不平等和边缘性的研究来阐明和拓展布迪厄的理论，并利用布迪厄的理论来说明我的探索并回应对我的批评。根据历史认识论的信条，我在证明布迪厄早期城市理论的价值时，不是将其与既有的相似理论进行比较和对比，也不是去揭示其与纯理论家津津乐道的神圣文献之间的分歧，而是致力于阐明该理论能帮助我们理解哪些新的经验问题域。

最后再做一个理论澄清。符号空间、社会空间和物理空间的三元辩证法也许会让读者想起马克思主义哲学家亨利·列斐伏尔在其颇具影响的著作《空间的生产》(La Production de l'espace, 1974）中提出的“感知的”（perceived）、“构想的”（conceived）和“生活的”（lived）空间三要素（triad）。这两组概念的不同之处在于，布迪厄的三元辩证法建立在三个不同的构念（constructs）之上，捕捉到社会行动的三种模式（或者说是铭刻于身体、制度和物质性中的历史），并构成了权力分化的组成部分（这是通过资本、物质和符号的分布而实现的），但列斐伏尔的三要素理论是指物理空间的三个方面，它们彼此重叠（生活的空间被容纳于感知的空间和构想的空间之中），并且该理论未将支配考虑在内，而且指向的是空间的不同使用者（构想的空间是规划师、工程师和技术专家的空间，而生活的空间是“居住者”以及艺术家、哲学家的空间），而非社会存在与空间存在的不同模式（不论能动者为何）。此外，对于布迪厄而言，在社会行动的三种模式之间存在着一种动态的相互作用和结构上的对应性（或同构性），而列斐伏尔在他提出的三要素之间具体关系方面则几乎没有给予我们什么指导。

城市中的实践与符号权力

第一章将呈现本书的概念范围和主题框架。首先，我将重温布迪厄年轻时所写的有关权力、空间和城市形式在法国贝阿恩省（Béarn）和阿尔及利亚殖民地扩散的著作，以此确立布迪厄的社会学研究对城市学者的重要相关性。在这两个案例中，城市化都是转型发生的关键载体，而城市、城镇或营地则是锚定力量的场所，这些力量即溶解法国农村的社会肌理、推翻法国在北非的帝国主义的力量。布迪厄剖析了法国军队在阿尔及利亚民族解放战争期间（1954—1962 年）拘押数百万阿尔及利亚农民所用的再安置营地，揭示了符号空间、社会空间与物理空间因大规模强制性迁移而造成的剧烈脱节：认知范畴、在社会分层中的位置和在营地布局中的定位被打乱了，而没有调整一致，这产生了"反城市的城市性"（anti-urban urbanism）这种矛盾形态。布迪厄早年的这些研究表明，所有的社会结构和精神结构都具有空间相关性和可能性的条件；社会距离和权力关系都是在对物理距离的操纵中得以表达和加强的；以及，与资本积累中心（经济资本、军事资本或文化资本）的邻近性是社会变迁力量及变迁速度的关键决定因素。

随后，我将讨论支撑布迪厄的研究、同时可以有效推进城市研究的四个基本原理，即：巴什拉的认识论断裂（epistemological rupture）时刻，韦伯关于将行动者（惯习）、世界（社会空间）、研究者的认知范畴（认识论上的反身性）进行历史化的邀请，莱布尼茨与涂尔干的研究中运用拓扑学论证模式的强烈要求，以及恩斯特·卡西尔（Ernst Cassirer）关于要注意符号结构的建构效能的指示。关于我所称的布迪厄的拓扑学本能反应（Bourdieu's topological reflex），即从几何构型的角度进行思考的冲动，我将揭示它的起源和方法论，并详细阐明了它的分析效果。通过将这些原理放在历史认识论的背景下展开论述，我将为希望采用布迪厄主义研究思路来分析城市中实践和权力的学者提出三条建议：避免概念拜物教、提防"讲布迪厄语"（speak Bourdieuese）的修辞学诱惑，以及要毫不犹豫地从布迪厄思想工具箱中挖掘出某一个理念（而不要觉得必须完整地展开他的分析）。

对于城市理论和城市调查而言，布迪厄是一笔财富。就像在社会研究的其他领域中一样，布迪厄促使我们提出新颖的问题、生成新鲜的研究材料、撰写出丰厚的描述、详尽展开深层的阐释，并对社会现象做出强有力的解释——简而言之，他使我们构建出只有在他的帮助下才能产生的科学对象。作为一个根本上的折中主义思想家，布迪厄首先受到了认识论原则的规约，践行着他喜欢称之为"概念的现实政治"（*Realpolitik* of the concept）的思想，因而他会忌惮于那些要求人们全盘接受其思想"体系"的道统观点。事实上，布迪厄曾公开表示："就像马克思说他不是马克思主义者一样，我想说我既不是布迪厄主义者（Bourdieusian），也不是布迪厄神（Bourdivine）。"（Bourdieu, 2005: 325）[15] 2018 年 1 月和 2021 年 1 月，《国际城市与区域研究杂志》发表了两组文章。作为使"布迪厄来到城市"的"介入手段"，这两组文章展现了布迪厄理论的分析可塑性、方法论的多功能性和经验层面的生产力。仔细研究他的理论，我们还可以发现沉睡于其著作中的一个新颖构想，即"城市"是多种资本发展繁荣的场所，以及各种惯习的交汇之处。

第二章以我在《城市放逐者》（*Urban Outcasts*, 2008a）一书

中阐述的分析框架为基础，探索符号空间、社会空间和物理空间在城市光谱最底端中的三元关系。这一章将重新审视并详细阐述我提出的"地域污名化"概念。这一概念由布迪厄［Bourdieu,（1982）1991］的"符号权力"学说和欧文·戈夫曼（Erving Goffman, 1963）的"受损身份"（spoiled identity）模型结合而成，旨在刻画地点污痕如何影响受贬损地区的居民（他们的自我意识、他们对于自身在城市中所处位置的构想，以及他们用于在社会与空间中进行再生产和流动的社会策略）、周围的市民和商业经营者、政府的基层官僚机构、文化生产场域的专家（如记者、学者、政治家），以及如何影响政府官员和政策。

我将勾勒一个关于城市中空间污名（spatial taint）的生产、流通和消费的拓扑学模型，它可以指导我们开展进一步的比较研究，探索符号空间如何通过社会空间而映现到物理空间。我将论证，弥散的地点污名（place stigma）是一种新颖而独特的现象，它在20世纪末随着隔离街区（即美国的黑人共同体贫民窟和西欧的同质化工人阶级地区）的解体而显现出来，而这种隔离街区是福特制—凯恩斯主义工业资本主义阶段的标志。新自由主义时代的地域污名（territorial stigma）不同于工业城市中由"底层社会"（*bas-fond*）（Kalifa, 2012）一词所概括的传统贬损地形，因为前者已经脱离关于贫困和族群的污名而自主运转，被国家化、大众化（它在所有地方、被所有人承认）并由政府支撑，被等同于社会解体并通过有选择的强化而被种族化。地域污名引发了恐惧和反感，导致国家采取惩罚性的纠正措施。由此，遭受抨击的贬逐地区就成了贫困刑罚化政策的试验场，而这些政策是由新自由主义国家结构重组促成的（Wacquant, 2009a, 2012a）。

受贬损地区的居民用以应对空间毁谤的社会符号策略并不局

13

15

限于内化和复制。这些策略包含从顺从到漠不关心，再到反抗的广泛范围，而对具体策略的应用则取决于他们的社会地位和社会轨迹。可以说，仅仅去理解符号空间如何印刻在社会空间和物理空间上，或去剖析传播于公共领域中的城市主流话语［就像罗伯特·博勒加德（Robert Beauregard, 2013）对战后美国城市危机和衰落的相关修辞话语所做的颇有影响的研究那样］是不够的。我们必须理解这些话语如何沿着城市的阶梯向下渗透进了其所抨击的人群的生活中；在那里，这些话语针对包括反抗毁谤所用社会符号策略在内的不同实际目标而被重新包装、重新评估和动员。[16]

在过去的十年间，关于街区污名的研究在各个学科和不同国家中如雨后春笋般迅速发展，展示了街区污名是如何在不同的城市环境和政治形态中运作的，并推进了我们关于符号结构如何在城市的不平等和边缘性空间生产中发挥作用的经验理解（Slater, 2016; Kirkness and Tijé-Dra, 2017; Schultz Larsen and Delica, 2019; Smets and Kusenbach, 2020; Sisson, 2021）。这方面的研究表明，我们不仅需要制定用于缓解物质匮乏的公共政策，还需要公共政策来减轻二元化大都市中的符号支配压力。研究指出，政府亟须制定"地域去污名化"的项目计划（Schultz Larsen and Delica, 2021），以能够使贬逐营垒中的居民融入公民共同体。但是，一旦污名深入广大公众的心中，我们便要面临它作为负面符号资本的异常黏性。这就是污名化在根本上的不对称性：它相当容易去玷污（某个人、群体或地点），但很难清洗掉。[17]

14　　第三章将进一步拓展分析范围，来为我的三本书《城市放逐者》（2008a）、《惩罚穷人》（*Punishing the Poor*, 2009a）和《致命的共生：种族与刑罚国家的兴起》（*Deadly Symbiosis: Race and the Rise of the Penal State*）（即将出版）所探讨的研究课题绘制一张理论地图。在这个三部曲中,我厘清了在世纪之交出现于两极化大都市中的阶级分裂、族群区分和国家建构之间的三角关联,并将规训式(disciplinary)社会政策和消除式(neutralizing)刑事司法结合起来,以解释政治生产、社会空间分布以及对边缘性的惩罚式管理。这一章将展示我如何运用皮埃尔·布迪厄的三个重要学说(社会空间、官僚场域、符号权力)来澄清仍然模糊的范畴(如贫民窟),形成新的概念[如地域污名化和发达边缘性(advanced marginality)、惩罚性抑制(punitive containment)和自由主义家长制(liberal paternalism)、超监禁(hyperincarceration)和负面社会正义论(negative sociodicy)],并将之作为比较社会学分析工具,来研究新自由主义大都市中后工业化不稳定无产阶级(precariat)那尚未完结的起源过程、社会不安全扩散时代中对贫困的刑罚式管制,以及新自由主义利维坦的建立。[18]上述各种概念所独有的布迪厄主义风格,在于其坚持不懈地将社会行动的物质时刻和符号时刻结合起来,并追溯后者在制度和社会化身体中的双重沉淀。[19]

　　将阶级、种族、移民和国家在当代的排列组合纳入一个单一框架中来研究,可以让我们看到,对于由发达边缘性引发的城市骚乱,其种族化、刑罚化和去政治化在西欧和美国是如何相互增强的。这一研究将证实,惩罚不仅像埃米尔·涂尔干[Durkheim,(1893)2007]所提出的著名学说那样,是社会团结的关键指标;惩罚还是一种核心政治能力,也是将国家主权展现为分类与分层机器的关键场所。此外,第三章还将揭示种族和司法制裁之间的深厚亲缘关系:二者是官方贬损的同类形式,共同参与公共放逐者的制造。这一分析表明,刑罚制度及政策是构成大都市社会秩序与道德秩序的基础,因此我们迫切需要将警察、法院和监狱纳入城市理论和城市调查的核心内容。

15

总体而言，本书的三章内容将共同展示布迪厄能够如何激发、丰富和重新定位大都市研究，甚至将其融入更广泛的拓扑社会科学中，并将城市纳入对符号区分、社会空间，以及城市、郊区和乡村的自然环境或建成环境之间动态关系的一般化分析中。[20] 布迪厄不仅仅是在已建立完善的理论观点上增加了一套强大而灵活的新概念，诸如惯习、资本、社会空间、场域、信念（doxa）、符号权力、反身性（reflexivity）；他还为重新定义城市概念创造了条件，将城市视为多种形式的资本展开积累、分化和竞争的领域（特别是资本对资本的竞争），以及各种惯习的交汇点，这事实上使城市成为开展历史斗争的中心场地，也成为其中的战利品。

　　总之，我将探讨皮埃尔·布迪厄的作品（oeuvre）中看似矛盾的城市的缺席的存在（absent presence of the city）。城市化是国家（作为最高符号权力）、各种文化生产场域、权力场域及其中相互竞争的资本形式得以产生和出现的驱动力。城市化还将因不同社会轨迹和社会位置而拥有差异化性情倾向的能动者带入同一个压缩化物理空间中，从而为社会结构和精神结构的辩证法注入了独特的活力，使之既可能产生不和谐，也容易产生和谐一致。然而，布迪厄对于城市作为一种社会环境（social milieu）所具有的独特性则保持沉默，而当他把城市化处理为一种过程时——集中体现在他早年对自己年轻时所在乡村的社会死亡的描述［Bourdieu，（1962）2002］，城市作为一种社会环境所具有的独特性对于他的论述非常重要，却不知为何被置于了幕后。我将探究这种自相矛盾的沉默背后的原因，并指出，"将布迪厄城市化"（urbanizing Bourdieu）有助于强化他对各种场域之兴起的论述；而多种场域兴起的结果，可被称为一种微观宇宙的社会（a society of microcosms），而非诺伯特·埃利亚斯［Norbert Elias，（1987）1991］

所说的"个体的社会"（the society of individuals）。[21]然而，这也会打乱他对行动的论述，并且需要从理论层面进一步详细阐述在大都市的物质及符号层面的**多重宇宙**（multiverse）中，惯习的内部连贯性和外部一致性。

做研究的核心要义是公开而坦率的辩论，而我很幸运地引发了超出我应得的许多辩论。仅举三例：发达边缘性、地域污名化和（超）贫民窟［(hyper)ghetto］概念，已经在理论层面受到拷问、在分析层面得到延伸和拓展，并在远离其最初诞生地点的各种经验情境中得到了测试和检验。[22]与之相应，本书各章内容都是经过扩充的，附加了我以现场讨论和书面辩论形式对其引发的批评所作的回应，并对这些回应进行了修改和扩展。在第一章结尾处，是在 2012 年 5 月举办于英国约克的"布迪厄来到城市"（"Bourdieu Comes to Town"）会议上，我向与会者所作的回应，以及随后由德国同仁在《城 / 郊：批判城市研究杂志》（*Sub\Urban: Zeitschrift für kritische Stadtforschung*, 2017 年 7 月）上围绕我的同名文章而组织的专题中，我所作的书面回应。在第二章的结尾处，我回应了 2016 年 5 月举办于谢菲尔德的"使华康德发挥作用"（"Putting Wacquant to Work"）会议上提出的问题，也回应了在该会议产生的论文集（Flint and Powell, 2019）中撰稿人提出的反对意见。第三章增补了 2010 年 10 月我在举办于布鲁塞尔的"新自由主义城市中的族群性、边缘性和刑罚性"（"Ethnicity, Marginality, and Penality in the Neoliberal City"）会议上所作的现场回答，以及我针对 2014 年夏季《族群和种族研究》（*Ethnic and Racial Studies*）期刊上来自不同学科的十位学者围绕我发表的论文所作评论而写的详尽回应，这是我为本书专门起草的。

如今，我们总是面临一种危险，即抱着阐明和澄清的目的而

16

对自己工作所作的回溯，会演变成一种迂腐的自我辩护，甚至更糟糕地，会转向智识上的自恋和理论教条主义。每位学者都对自己的研究情有独钟，对长年累月的辛苦劳动成果怀有感情，这是可以理解的。但是，马克斯·韦伯在《科学作为天职》["Science as Vocation",（1919）1946]一文中提醒我们，科学的任务是生产那些已注定要被"超越"的知识。社会科学家在形成一个概念、建立一个理论、提出一个经验命题之后，他就必须仔细检查它们的缺陷、划定它们的适用范围、指出它们的无效之处，并准备好应对超越它们所必需的集体工作，或是进行修订，或是吸纳、拒绝。

> 在科学的领域里，我们每个人都明白，自己所完成的工作，过了十年、二十年、五十年就会过时。这就是科学的命运，事实上，这就是科学工作的意义。文化的所有其他要素大体上也这样，但科学在非常特别的意义上受制于这一命运，并致力于这一超越。每一项科学的"成果"，都意味着新的"问题"，意在被"超越"，成为过时。面对这一事实，任何致力科学的人都必须泰然处之。当然，科学工作自有其内在的艺术品质，因"耐人品味"而流传，或作为一种工作训练的手段，继续发挥着重要作用。不过，原谅我重复一句，在科学上被超越，不只是我们所有人的命运，更是我们所有人的目标。我们在工作的时候，不能不期望别人将会比我们更上一层楼。[Weber,（1919）1946: 138][1]

---

[1] 此处译文参考马克斯·韦伯：《科学作为天职》，李康译，载李猛编：《科学作为天职：韦伯与我们时代的命运》，生活·读书·新知三联书店2018年版，第17—18页。——译者注

正是本着这种精神，我邀请读者来认真思考布迪厄的社会学思想在振兴和重塑城市研究方面的启发性潜力，来测试我在边缘性研究中通过践行布迪厄的认识论和理论原则而形成的概念，并由此发掘这些概念对自身研究计划的意涵，从而加入刻画和解释21世纪大都市中社会生活与权力结构之重大转型的集体努力中。法国认识论学者加斯东·巴什拉说得很好，他写道，科学的主体不是一个孤立的"我思"（*cogito*），而是复数的"我们思"（*cogitamus*）。作为本书的作者，我只是推动城市理论向前发展的庞大知识网络上无数节点的其中一个。

注　释

[1]这是一个我个人的鸟瞰图，用以标示出主要流派来为读者作一些导引。如果更细致地来看，我们能够发现更多相互交替、融合与冲突的分支（例如增长机器理论和城市政体理论），也能看到旧的范式有时经历了令人惊叹的复兴，例如 Sampson（2012）对芝加哥学派城市生态学的有力重述，以及新马克思主义向新自由主义批判地理学的蜕变（例如 Brenner and Theodore, 2003）。Harding 和 Blokland（2014）曾对城市理论的全貌进行了细致入微的阐述。更多观点可参考 Roy, 2009, 2016; Farías and Bender, 2010; Parker, 2015; Robinson, 2016; Storper and Scott, 2016; McNeill, 2017; Lawhon, 2020。有别于分析性综述的主题概述，参见 Tonkiss, 2005; Amin and Thrift, 2017; Jayne and Ward, 2017。

[2]这里的城市研究（urban studies）是指对城市展开探究的多学科领域。Leitner et al.（2019）对批判城市研究（critical urban studies）给出了一个非常不同但富有启发的概述。Tom Slater 的 *Shaking Up the City*（2021）一书对该研究领域在新自由主义高校中发生的管理主义转向（managerialist turn）进行了激烈批判。

[3]尤其参见 Neil Brenner 的 *New Urban Spaces: Urban Theory and the Scale Question*（2019）; Saskia Sassen 的 *Cities in a World Economy*（2018）; Manuel Castells 的 *The Rise of the Network Society*（2011）; Helga Leitner、Jamie Peck 和 Eric S. Sheppard 编著的 *Contesting Neoliberalism: Urban Frontiers*（2007）; Nik Heynen 的 "Urban Political

Ecology I and II"（2014, 2016）；以及 Daniel Aldana Cohen 的 "Confronting the Urban Climate Emergency"（2020）。

［4］在这里，我想到的是 Talja Blokland 的 *Community as Urban Practice*（2017）; Mario Luis Small 的 *Villa Victoria: The Transformation of Social Capital in a Boston Barrio*（2004）; Mary Pattillo 的 *Black on the Block*（2008a）; 以及 Ruth Fincher 和 Jane M. Jacobs 的 *Cities of Difference*（1998）。关于拉丁美洲城市的田野研究非常活跃，但到目前为止还没有在美国的学术争辩中引起注意（但可参见 Deckard and Auyero, 2022）。

［5］参见 Florida 的 *The Rise of the Creative Class–Revisited: Revised and Expanded*［（2002）2014］以及 Edward Glaeser 的 *Triumph of the City: How Our Greatest Invention Makes Us Richer, Smarter, Greener, Healthier, and Happier*（2008）。关于这两种对城市的美好愿景的犀利批评，参见 Peck, 2005, 2016。

［6］可以证明这一点的是，围绕这些主题具有政策倾向的指南手册正成倍增加，例如 Andersson et al.（2011）关于创意城市的研究、Willis and Aurigi（2020）关于智慧城市的研究、Stowers（2018）关于可持续城市的研究、Burayidi et al.（2019）关于城市韧性的研究，以及 Routledge Equity, Justice and the Sustainable City 系列中已出版的书目。

［7］在这方面，Routledge 出版社再次向市场推出了价格畸高的指南和读本，参见 Miraftab and Kudva, 2014; Parnell and Oldfeld, 2020; Rukmana, 2020。另见 AbdouMaliq Simone 在 "Cities of the Global South"（2020）一文中的独特考察。Ren 在 "From Chicago to China and India"（2018）里提出了地理学中城市研究焦点转移的邀请，也参见 Marco Garrido、Xuefei Ren、Liza Weinstein 编组的论文专题 "Toward a Global Urban Sociology: Keywords"，载于 *City & Community*（2021, vol. 20, no. 1）。

［8］两卷本巨著 *Oxford Encyclopedia of American Urban History*（Gilfoyle, 2019）综合了美国城市历史学的三代研究流派。Clark 的 *Oxford Handbook of Cities in World History*（2013）对从古至今的城市发展进行了全面的比较研究。

［9］历史认识论（historical epistemology）在以英语为母语的社会科学家中还鲜为人知，但它已经在潜移默化之间对科学哲学产生了广泛的影响。如此一来，巴什拉与维也纳学派（Vienna Circle）进行了对话，康吉莱姆影响了福柯和布迪厄的思想，而柯瓦雷则是托马斯·库恩（Thomas Kuhn）和伊姆雷·拉卡托斯（Imre Lakatos）的主要灵感来源。Hans-Jörg Rheinberger 在 *On Historicizing Epistemology*（2010）中对此作了扼要介绍，Loïc Wacquant 的 *The Invention of the "Underclass": A Study in the Politics of Knowledge*（2022a）则可作为一个实践演示。

［10］布迪厄早年在卡比尔殖民地（Kabylia）和法国贝阿恩省（Béarn）所作的跨地中海民族志中，探讨了物质结构和精神结构之间的对应性（尤其参见 Bourdieu, 1962, 1970; Bourdieu and Sayad, 1964）。在后来的 *Distinction*（Bourdieu, 1979）和 *The State Nobility*（Bourdieu, 1989a）中，布迪厄关注了社会结构和精神结构的辩证关系。

而在晚年，布迪厄（Bourdieu, 1993a, 2000）则探究了社会空间和物理空间之间的关系。我将这三种二元的（dyadic）努力汇集成一个单一的三元（triadic）框架。布迪厄本人在奥斯陆大学曾作了一篇未发表的演讲，题为"Physical Space, Social Space and Habitus"（Bourdieu, 1996），他在其中差不多要把这两个二重奏整合为一个三重奏了，但这篇短文并没有兑现其标题的承诺。

［11］有关符号结构的一个具体例子是族群种族分类学（ethnoracial taxonomy）（白人、黑人、西班牙裔、亚裔、美洲原住民等）。美国人通过这种分类法学会了区分彼此，政府也通过这种分类法来对人们进行分类。符号结构既存在于客观上的官方分类中（如人口普查、学校、医院等机构使用的分类学），也存在于主观上的日常类型学中。另一个例子，是当人们在城市中移动穿梭时，他们脑海中隐含的社区地图及其感知到的各种属性特征。

［12］精神范畴和社会范畴在地理上的这种双重投射在殖民城市中尤为明显。关于被占据的物理空间的顽固存续，Zeynep Çelik（1997）对阿尔及尔（Algiers）的建筑所作的深入历史研究是这方面的一个典范。其中的建筑既是130多年殖民抗争的反映，又是其构成成分。

［13］符号空间、社会空间和物理空间的三元辩证法在消极层面作用于贫民窟作为族群排斥工具的建造［Drake and Cayton,（1945）1993］，在积极层面则作用于上层阶级飞地和封闭社区的创建（Low, 2004; Holmqvist, 2017）。我曾概述过一个将这两种动态过程结合起来的城市隔离模型（Wacquant, 2010a）。

［14］拓扑学（topology）是对几何构型之形式属性的数学研究。Bourdieu（1989b: 16）曾指出："在其客观主义时期，社会学是一种社会拓扑学，即莱布尼茨时代被视为数学的新分支的'位相分析'（analysis situs），是一种对相对位置及这些位置之间客观关系的分析。"我在本书第一章和第二章中讨论了拓扑社会科学（topological social science）的样式（见本书边码第34—35页、第37—40页、第50—53页、第81—91页）。

［15］这句话是布迪厄2001年6月在举办于法国瑟里西拉萨勒（Cerisy-la-Salle）一次关于其作品的国际会议闭幕演讲上的口头发言。这次会议对他来说是一次痛苦的活动（如果只在最后一天出席就好了），因为他生性羞涩，不喜欢成为关注焦点。

［16］这种重新评估的一种经验表现可在各种文化形式中看到，例如语言竞赛（linguistic contests）、加标签、纹身，特别通过污名倒置（stigma inversion）策略而创作的音乐，包括20世纪60年代黑人贫民窟的城市蓝调（Keil, 1966）、90年代的黑帮说唱（Kubrin, 2005），以及21世纪10年代的drill说唱（drill music）（Stuart, 2020）。

［17］关于群体去污名化策略的途径及其陷阱，参见Lamont, 2018。

［18］此处的不稳定无产阶级（precariat）是指（马克思笔下作为出卖劳动力者的原初意义上的）无产阶级中的不稳定就业群体。他们的生计被铭刻着各种相互关联的不安定形式，这些不安定形式植根于雇佣劳动的碎片化和福利国家在就业、收入、

住房、家庭等方面的撤退。我将在第三章再次论述这个概念（参见本书边码第148—149页）。

[19]"历史行动的原动力……不是将社会作为外在构成的客体来面对的某个主体。它既不存在于意识中，也不存在于事物中，而是存在于社会之两种状态的关系中，也就是说，存在于（以制度的形式）被客体化于事物的历史和（以我称为'惯习'的持久性情倾向系统的形式）被内化于身体的历史之间。"（Bourdieu, 1982: 37—38）

[20]Powell（2022）曾将布迪厄的三元辩证法扩展到乡村场景中，对北威尔士（North Wales）一个衰败煤谷中符号空间、社会空间和物理空间的转型展开了巧妙剖析。

[21]在这方面，布迪厄的观点接近于马克斯·韦伯。对于韦伯而言，现代性可以被描述为一个"组织的社会"（society of organizations），而布迪厄从韦伯那里借用了"价值领域"（value spheres）概念，将场域理论化为一个拥有自身规范秩序（nomos）的宇宙。关于韦伯和埃利亚斯在这方面对比的启发性解释，参见 Breuer, 1994。

[22]"（超）贫民窟"的概念已被用于以下国家和地区的城市中真实存在或想象中的族群及种族隔离相关经验研究：加拿大（Apparicio and Séguin, 2008）、英格兰（Flint, 2009; Slater and Anderson, 2012; Powell, 2013）、苏格兰（Gray and Mooney, 2011）、德国（Eksner, 2013; Ronneberger and Tsianos, 2015）、法国（Kokoreff, 2007; Pan Ké Shon and Verdugo, 2014; Avenel, 2016）、丹麦（Schultz Larsen, 2011; Bakkaer Simonsen, 2016; Hansen, 2021）、挪威（Andersen and Biseth, 2013）、瑞典（Malmberg et al., 2013）、意大利（Paone, 2008; Clough Marinaro, 2015; Petrillo, 2018）、西班牙（Martinez Veiga, 2014）、葡萄牙（Queirós and Pereira, 2018）、匈牙利（Málovics et al., 2019）、捷克（Stejskalová, 2013）、斯洛伐克（Filčák and Stager, 2014）、罗马尼亚（Mionel and Gavris, 2015）、印度（Gayer and Jaffrelot, 2012; Susewind, 2017）、巴西（Perlman, 2010; Nunes and Veloso, 2011）、智利（Labbé and Palma, 2021）、拉丁美洲（Gilbert 2011; Céspedes and Calorio, 2021）、黎巴嫩（Knudsen, 2016）和以色列/巴勒斯坦（Peteet, 2016; Pasquetti, 2022），也被运用于遍布欧洲的吉卜赛人相关案例中（Kovács, 2015; Picker, 2017; Powell and Lever, 2017; Vincze et al., 2018）。

第一章
城市熔炉中的布迪厄

2012 年 5 月，在迈克·萨维奇（Mike Savage）和我的邀请 下，一群来自世界各地的社会学、人类学、政治学、地理学和城市设计领域的研究人员齐聚于约克大学，参加由《国际城市与区域研究杂志》共同主办的学术工作坊。工作坊为期两天，旨在评估"将布迪厄带入城市"（Taking Bourdieu to Town），亦即将布迪厄《区隔》一书中的独特概念、方法和观点恰当用于城市研究的前景、益处和困难。这次会议的主旨如下：

在 21 世纪初，城市再次成为技术经济快速创新、社会不平等重新浮现、边缘性被固化、文化分歧恶化的独特场所。这些现象都呈现出新的严峻形态，并催生了新的反抗形式，需要新的分析方法来考察。皮埃尔·布迪厄的研究工作是一个尚待开发的重要理论资源和经验资源，可用于探索这些议题，并在此过程中丰富城市社会学。本工作坊将汇集那些运用布迪厄的标志性概念（惯习、资本、场域、符号权力、信念）的学者，来剖析实践、结构和政治在城市中的交织。这些学者将评估自己的研究发现，阐明研究的意涵，并指出将布迪厄的理论框架运用于城市分析的优势和局限。

召开这次会议的想法是我在 2011 年秋季阅读了迈克·萨维奇颇具启发的文章《皮埃尔·布迪厄被遗失的城市社会学》（"The Lost Urban Sociology of Pierre Bourdieu", 2011）之后产生的，当时我正在加州大学伯克利分校教授课程"解绑大都市：城市社会学何去何从？"（Metropolis Unbound: Whither Urban Sociology?）。由于布迪厄同关于城市的研究及城市中的研究最为相关的内容一直难以确定，并且其理论构念的起源和目标又长期引起困惑，再加上逐渐上涨的出版物浪潮（现在已经变成了海啸）经常在修辞的意义上引用他的概念却没有真正地运用之，这些使我确信，将布迪厄明确引入城市研究的时机已经成熟。

这需要三个互为补充的步骤。第一，找回布迪厄早期和晚期对城市化以及支配的空间维度的经验关怀，这与布迪厄"最小化乃至无视了"这些内容的传统论调（Ripoll, 2010: 365）是相反的；第二，阐明拓扑学论证模式，以及符号空间、社会空间与物理空间的三元辩证法，并将它们置于布迪厄关于社会与历史的冲突主义观点的核心位置（Wacquant, 2013）；第三，最重要的是，征集并展示来自世界各地的大量新一代学者通过卓有成效地运用布迪厄的原则和主张而已经产出的城市研究和理论化作品。[1] 这很快就激发了召开一场工作会议来为这项事业创造动力的想法，也就是迈克·萨维奇于次年春天在约克大学组织的会议。

约克会议十年之后，大都市研究者仍然迫切地需要克服对布迪厄理论的碎片化、片面化，并且通常是极其混乱的采纳，以及杂乱无章的运用。这位法国社会学家尤其可以帮助我们的，是在星球城市主义（planetary urbanism）支持者的划时代宣言和实地研究者对城市生活所作的零散描述之间建立一条中庸之道——前者容易陷入理论预言，而后者则容易陷入经验主义特殊论。[2]事实上，布迪厄理论框架的主要优点之一，是它能够在抽象层次上游移，并能够顺利地跨越多种经验尺度，将宏观的权力结构（国家、政府或大都市）与中观层面的制度（如文化生产、科学、新闻报道、政策和政治等场域）联系起来，并与日常社会互动的微观细节联系起来，与"实践"一词所涵盖的主体性的相关现象学文本联系起来。

布迪厄社会学的第二个诱人特点，在于它不将物质层面和符号层面的决定性因素视为最终原因，而是始终致力于将二者视为分析中的耦合瞬间，而这种分析则不断交织于社会生活的这两个组成部分中；他也致力于将二者视为社会行动策略中可以动员和转化的资源。[3]其第三个吸引人的地方则是方法论上的多神论，这一迷人的做法从正面挑战了现有研究技术中长期以来的对立，例如目前在越来越大的尺度上对城市模型的统计研究与扎根基层围绕城市社会交往和城市文化的定性调研之间的巨大鸿沟和互相无视。[4]

约克会议产生的论文后来发表在了 2018 年和 2021 年的《国际城市与区域研究杂志》上，这些文章共同彰显了上述特质。第一组的四篇论文采取自上而下的宏观视角，运用了定量分析［包括问卷调查和多重对应分析（Multiple Correspondence Analysis, MCA），后者是布迪厄喜爱并推崇的统计技术，参见 Lebaron and Le Roux, 2013］，并通过追踪权力场域中主要人物的行动策略，来阐明城市不平等的生产和再生产以及结构层面的变化，包括空间认知范畴的塑造、文化资本在城市中的特有形式，以及控制地点和家庭的阶级策略。第二组的四篇文章向下移至阶级和城市结构层面，自下而上地提供了一个与上述互补的微观视角，依靠民族志观察、深度访谈和城市景观分析，带领读者深入伊斯坦布尔、拉巴斯、布宜诺斯艾利斯和丹麦小镇，来了解其中平凡生活的认知、情感、美学、宗教和政治等方面的结构。

布迪厄与城市的关联：对青年时期的附记

21　　在这里，我们不可能去翻阅布迪厄浩如烟海的著作（大约49本书和400篇文章），来提取并全面概括他在多产的四十年学术生涯中所做的与城市形态和城市力量直接或间接相关的研究。[5]我将在本书的结语中讨论贯穿其全部作品的"隐含城市主义"（tacit urbanism）。但是，确立这位法国社会学家与城市研究的经典内容和当代议程的基本关联将大有裨益，我们因此应该关注一组鲜为人知的、间接处理城市化议题的相关研究，即他早年关于阿尔及利亚殖民地和法国本土中社会剧变、文化断裂和主体形成的著作。[6]

　　在1958年至1964年间，青年布迪厄发表了一系列长篇文章和四本书［包括独著，和他在卡比尔的学生兼田野调查助手阿卜杜勒马利克·赛义德（Abdelmalek Sayad）的合著，以及和法国驻阿尔及尔统计办公室的数学家群体的合著］。其中，有一部分详细分析了摧毁阿尔及利亚殖民地社会的矛盾和冲突——他曾被派往此地服兵役；还有一部分剖析了比利牛斯山脚下一个偏远乡村地区贝阿恩的农民社会危机——他在前往巴黎接受高等教育前，曾

22在这里长大。[7]在这两个地方，城市化都是社会转型的关键驱动力，而营地、城镇或城市则既是破坏阿尔及利亚殖民统治的载体得以出现的场所，又是撕裂法国农村社会结构的场所。

　　布迪厄将社会史、统计学和民族志结合起来，对其童年所在

村庄的婚姻模式进行了研究，揭示了在以长子继承制为基础的农民社会中，男性如何从社会经济地位中习得一种身体化的意识，以及社会经济地位如何以之为中介而导致了单身率的上升。在处于边缘的周六舞会上，当地的单身汉聚集在一起，却没有跳舞，这一场景展现了**乡村和城市之间的文化碰撞**，以及随着城市的评判范畴渗透到农村世界，来自小乡村的男性所遭遇的贬值：

> 这个小小的乡村舞会是一个名副其实的文明冲突现场。通过舞会，整个城市世界，连同城市的文化模式、音乐、舞蹈、身体技巧，都闯入了农民的生活。传统的欢庆行为模式已经消失，或者被城市模式取代了。和其他领域一样，在这个领域中，领导权属于城镇（*bourg*）的人民。[Bourdieu,（1962）2002: 113]

与男性相比，年轻女性的成长经历及其在性别分工中的位置使她们对"仪态"（*tenue*）（穿着、姿态、举止）很敏感，也使她们对象征着解放的城镇理念持开放态度，因此年轻女性能更快地吸收来自城市的文化模式。[8]这就注定了用于衡量男性的标准本身就使这些男性在潜在的婚姻伴侣眼中显得毫无价值。当男性农民内化了别人通过城市范畴的透镜而对其形成的贬抑形象时，他便开始将自己的身体视为"农民化的"（em-peasanted），背负了与农业生活相关的活动和态度印痕。男性农民对自己身体的悲观意识使其采取了一种内向的态度，这放大了社会关系所生产的羞怯和笨拙，其特征是两性之间的极度隔离和对情感分享的压抑。随之而来的成婚率下降则使社会再生产策略体系脱离正轨，并使农民社会陷入"致命的危机"[Bourdieu,（1962）2002: 126]。

在这项研究中，城市作为学校、大众传媒和商业职业的无形场地而出现，亦即作为各种制度而出现，其磁铁般的吸引力和来自远方的刺激促进了当地社会空间和符号空间的"开放"。因此，"城镇里的城市人（urbanite）与小乡村的农民（peasant）之间的对立"取代了长子与次子之间的对立、劳动者与仆人之间的对立，以及大地主家庭与小地主家庭之间的对立［Bourdieu,（1962）2002: 67, 75］，并逐渐印刻下所有的社会关系和文化等级。[9]

布迪厄勾勒了人口、职业和活动的地理分布在半个世纪中的变迁，以及家庭的空间组织，以揭示"农民和城市人之间的对立是如何在村庄共同体的中心产生的"［Bourdieu,（1962）2002: 97］，以及其如何从内部摧毁了村庄共同体。他借助伴侣之间的地理距离来追踪小乡村和城镇之间婚姻流动的强度和方向性，发现"外部婚姻"的比例随着时间的推移而在增加，因为城镇居民不再从小乡村中寻找伴侣，而是到其他城镇或城市寻找伴侣。由此可见，"社会距离比空间距离施加了更严格的限制。婚姻的交流圈脱离了其自身的地理基础，并围绕着新的社会单位得以组织，而这些社会单位是通过共享某种明确的生存条件和明确的生活方式而界定的"［Bourdieu,（1962）2002: 85］。换句话说，城市力量通过传播城市所孕育的精神构念——通过布迪厄（Bourdieu, 2002: 119）在晚年所说的"符号商品市场的统一化"，使社会空间从物理空间中独立出来。更重要的是，城市力量的影响远远超出了城市的界限，而许多城市社会学研究都天真地将这一界限作为经验领域的边界。

在地中海对岸，我们看到青年布迪厄在探究法国殖民地阿尔及利亚在两方面的灾难性改造。此时，阿尔及利亚正陷于独立战争（1954 年至 1962 年）的残酷挣扎中，这场战争的焦点是对农村及城市空间的暴力控制。在其著作《连根拔起》(Bourdieu and

Sayad, 1964；另见 Bourdieu, 1958: ch. 6）中，这位哲学出身的法国24
社会学家将问卷调查和民族志结合起来，描绘了当地农民及以亲
属关系和名誉为基础的家庭生产方式所遭遇的破坏。这种破坏既
来自土地掠夺，即因城市市场的发展而促成的农作物商品化，也
来自对数百万农民（*fellahin*）[1] 的强制搬迁与再安置。[10] 法国军队
为了根除民族主义暴动的支持力量，不顾一切地强行实施了大规
模的人口转移，这催生了两个独特的（初始）城市集群：军队控
制的营地（camps），以及在殖民地主要城市内部和周边迅速成长
起来的棚户区（shanty-towns）。《阿尔及利亚的工作和工人》（*Travail
et travailleurs en Algérie*, Bourdieu et al., 1963）从城市方面着手，记
录了在阿尔及尔无序蔓延的平民区和住宅区中，工人阶级的聚集
与发育是如何被抑制的。该著作深入探究了"经济结构和时间结
构"的辩证法，以追踪曾经的农民如何获得（或未获得）参与资
本主义经济和在熙攘混乱的城市社会场景中穿行所需的精神图式，
包括催生了现代城市性中"行为理性化"特征的"计算精神"。

从这两项研究中，我们看到，对空间和聚落的控制与标示是
殖民权力施行和本土抵抗（既包括柏柏尔人对阿拉伯人的抵抗，
也包括阿尔及利亚人对法国人的抵抗）的核心，并且占有城市住
房对家庭的物质经济和道德经济的重组至关重要。事实上，在劳
动力市场中的位置连同住房的差异化获得方式一起，催生了支持
民族主义革命的稳定工人阶级和被千禧年主义[2] 吸引的高流动性亚

---

[1] "fellahin"一词来自阿拉伯语，意思是"农民、农夫"。——译者注

[2] 千禧年主义（millenarism）认为在未来的某个特定时期将会出现全球性的
重大变革，并为人类带来和平、正义、繁荣等美好，成为一个新纪元的开
始。千禧年主义也体现在一些社会运动思想中，相信在未来的特定时期会实
现一种理想的社会秩序。——译者注

无产阶级（subproletariat）之间的分化（Bourdieu, 1977a）。但令人惊讶的是，正是对被迁移农民营地的建造、结构和运作的细致社会学研究，为布迪厄的城市社会学提供了最清晰的蓝图。营地既是一种初始城市形态（proto-urban form），又是一种反城市形态（anti-urban form）：一方面，它贬低了被迁移农民所习惯的存在方式、思考方式和感受方式的价值，并成为城市文化模式与社会关系（以匿名性、个体主义和工具主义为特征）的适应空间；另一方面，它阻碍了城市化，因为它剥夺了其中居住者适应悬浮状态所需的时间与空间资源，并打乱了社会构想与区分的原则。作为一种人造的社会空间形态，营地诞生于赤裸裸的强制，并提供了一种加速化和极端化的社会实验，即布迪厄所称的"真实与虚构的城市化"。

25

阿尔及利亚的阿拉伯城市：传统时期与殖民时期

皮埃尔·布迪厄关于城市的第一篇论著是他在《阿尔及利亚的社会学》（*Sociologie de l'Algérie*）中对阿尔及利亚的阿拉伯语族群中"城市居民"相关特征的详尽介绍（Bourdieu, 1958: 54—58）。在该处女作的这几页篇幅里，布迪厄对比了法国殖民之前围绕商业和宗教而发展繁荣的传统城市中心与后来作为帝国权力与资本主义经济所在场所的殖民大都市（1）。

往日的阿拉伯城市"对于游牧民及其满载商品的商队，还有周围村落（*douars*）①里的农民来说，就像磁铁一样富有吸引力。他们［前来］出售自己土地上的农产品，并购买城市工匠

---

① "douar"一词来自阿拉伯语，指人口规模较小的村庄或部落，也是阿尔及利亚的传统行政单位。——译者注

所制造的物品。"这种城市是"商业交换的中心，并且因聚集了来自不同社会背景的人群而充满了社会活力"。由于古兰经学校（Coranic schools）①和其他教育机构的存在，阿拉伯城市曾是一种"智识资本"（intellectual capital），同时也是一个富有生产力的中心和十字路口，它的繁荣与附近乡村的繁荣是相联共生的。

传统的阿拉伯城市"被划分为不同的街区，这些街区拥有共同体生活所必需的功能机构，还有清真寺、公共浴池、烤面包的炉子、商店，并且往往形成相对自治和自足的单元"。人口的族群分化与行业分化相一致，这"加强了共同体中的特殊主义"。法人团体以一种大家庭的方式运行，执行严格的道德准则，禁止竞争，并把追求利润放在次要的关注地位。结果，"尽管城市社会［是］等级严格的"，却没有明确的阶级区分。"城市经济的精神与乡村经济的精神并没有太大的不同"：城市经济中的传统主义扼杀了自由企业精神；商业实践是建立在投机和偶然的基础上的，而非理性计算（2）。"经济关系中的残酷现实从未被人认识到；经济关系总是隐藏在声望关系的面纱之后，并被博爱的情感所调和。"

阿拉伯城市在过去是"道德家、苦行僧和法学家"的居住地，他们反抗"农村宗教的仪式性"；这些城市因而是"宗教正统的堡垒"，也是以学校和学者为基础的知识活动中心。集市（suq）、公共浴池（hammam）、公共广场和咖啡厅是人们的聚会场所；在其中，"城市性的艺术"被表现得淋漓尽致，"并且不

---

① 古兰经学校（英文称作"Coranic school"或"Koranic school"）是伊斯兰教社会中的一种教育机构，通常由穆斯林社区或宗教机构设立和管理，以培养学生对《古兰经》的熟知与理解为主要教育内容，通常也设置阅读、写作、数学和科学等课程。——译者注

同阶级的人们汇聚于此"。事实上，这种"关于与他人关系的艺术和狂热"有助于促进众多族群的融合，包括摩尔人、阿拉伯人、柏柏尔人、土耳其人、安达卢西亚人（Andalusians）、黑人、莫扎比特人（Mozabites）等。

相比之下，现代殖民城市"无所畏惧且尽显得意"，是"为商业、投机和管理而建造的，也是为了移植一个欧洲社会而建造的。这种社会既亲切又冷漠，体现并强加一种完全不同的生活方式"。工业化和经济竞争引发了技术、价值观和社会关系的"变异"。"新的社会阶级出现了"（3）：通常是凭借通婚而从原有城市家庭中继承而来的工商业资产阶级、在西方的大学里受过训练的知识分子，以及在农村社会经济秩序崩溃后从山区涌入的无产阶级——"他们脱离了农村世界，却没有真正融入城市世界"。这些无产阶级是被市场的扩散和战争从乡村社会中推出来的，而不是被城市拉进来的；城市没有能力为他们提供就业和住房。"这些穷困人口和边缘化的低收入者（gagne-petit）在欧洲城市边缘安营扎寨，至今也仍然处于现代经济与社会的边缘。城市给这些缺乏权利的城市人提供的，往往只是它的残羹冷炙、悲伤和缺陷。"

尽管过去的阿拉伯城市与后来的殖民城市之间存在明显的差异，但对于每一种城市，布迪厄都勾勒出了空间、社会交往、阶级——族群结构之间的关系，以及城市和乡村之间的关系，而非将这些要素隔离开来考察。他后来在20世纪80年代讨论社会科学过早地、毁灭性地专门化成了"城市"和"农村"两个不同领域时，重申了这一立场（见下文，边码第172—173页）。

（1）在关于阿拉伯城市的描述之前，布迪厄在前一章中对莫扎比特人的"城市社会结构和政府"进行了深入的讨论。莫扎比特人是撒哈拉沙漠上的一个贸易民族，深植于宗教纯粹主义。他们的领地位于姆扎卜（Mzab），其中的五个城市是虔敬中心，并且从城市地形中"可以一瞥其社会结构"。以神职人员和普通信徒之间的对立为基础，每座城市都有其独特的政治组织形态（Bourdieu, 1958: 39）。关于穆斯林城市在历史上的特征，参见 Abu-Lughod（1987）的经典文章。

（2）在布迪厄对阿尔及利亚殖民经济及其引发的城乡冲突的分析中，理性化和计算心智的兴起是核心主题（Bourdieu, 1963; Bourdieu et al., 1963; Bourdieu and Sayad, 1964; Bourdieu, 1977a）。1992 年至 1993 年间，这位法国社会学家在法兰西学院讲授"经济人类学"（Anthropologie économique）（Bourdieu, 2017）课程时曾重返这一主题。

（3）关于阿尔及利亚在殖民晚期的城市阶级结构，更全面的讨论参见 Bourdieu,（1963）2021: 241—254。

在《连根拔起》一书中，《无城镇的城镇居民》（Town-Dwellers without a Town）一章值得在此回顾，因为这一章揭示了"将空间组织结构、社会群体结构和社会交往类型结合起来的相互依存关系"（Bourdieu and Sayad, 1964: 118）。因强制搬迁形成的骤然集聚引发了"社会现实各个层面"的"残酷而全面的转变"。作为涂尔干［Durkheim,（1893）2007］的社会形态参数和路易·沃思（Louis Wirth, 1938）"作为一种生活方式的城市性"中的经典定义要素，聚落规模、密度和异质性的增加，决定了既有群体（部落和家世）之间社会距离的缩短，以及社会组织从氏族到核心家庭的迅速转变。为单个家庭提供的新式独立住房单元"突出并加速了亲属关系的弱化"，并促进了"基于邻近，尤其是基于生存条件相似性的团结的出现"（Bourdieu and Sayad, 1964: 119、121）。在紧凑建筑群中的居住形式通过分散群体成员而有效地"打破了群体"，并通过助长"差异性之间的对抗"和"扩展个人对世界的认知和了解"而增强了"文化传染"（同上：123）。通过创造出一种用匿名性取代相互熟悉的"城市类型社会场域"（同上：132），营地促进了一种新型社交的出现，其象征是咖啡厅以及面纱在女性中的传播，以回应男性空间和女性空间的破坏性重叠。"由习俗要求"和"兄弟情谊所激发的"团结被"以混乱所强加的痛苦为基础的团结"所取代（同上：136—137）。

在营地的"准城市情境"（quasi-urban situation）中，占据主导地位的行为模式与消费模式是城市的模式——营地被称为"*blad*"，即柏柏尔语中的"城市"一词。城市的模式"贬抑了农民的美德，使之从此变得无用和错位"，并削弱了年龄的权威基础地位，还"实现了传统等级制度的颠覆"（同上：141），使之有益于那些最熟悉城市活动、城市职业和城市规范的家世。除此之外，

> 跟旧环境及相关常规的决裂、社会关系领域的扩大、居住空间（无论是聚落还是家庭）的特定结构，都激发了城市行为，引发了作为城市人而拥有的关切、兴趣和抱负。（同上：142）

例如，消费形态的迅速变迁（咖啡厅消费、医疗开支和吸烟行为都有显著增加）、衣着的迅速变化（传统发型被抛弃，领带得到使用，面纱也出现了），以及大量新式家用物品的购置（金属床、橱柜、易拉罐和锡盘等），都证明了引文所述内容。[11]在营地

28

里，收入和财富不再用于维护亲属关系和农民的集体价值观。相反，"如今新富的财富很少来自土地。他们努力模仿城市居民，并运用一切可能的手段来标示自己与农民的距离"（同上：143）。策略性的个体主义和文化失范是同步发展的：

> 由于社会单位的分散、传统社会关系的淡漠、舆论控制的弱化，对规则的违背趋于成为规则本身：没有什么能够阻挡现代经济所带来的个体主义。聚落成为孤立的个体所组成的庞大而异质的集合体，在其中，每个人都感觉自己受到匿名性的保护，每个人都感受到自己的责任，但只有自己可负责，且只对自己负责。（同上：149—150）

强制进行的初始城市化也引发了日常生活中情感状况的转型："集体忧郁症"开始出现，"流露出绝望和焦虑"。令人深思的是，克尔克拉（Kerkera）营地里的居民使用了三个习语来表达他们被困在一个可恶空间里的感觉：监狱、赤裸和夜晚的晦暗（这让人想起纳粹集中营中被关押者的用语）。[12] 他们所处建成环境的一切组织形式，从"标准化住房单元的功能统一性"，到房屋的内部布局（无庭院、围栏和开口），从商店和喷泉的规整位置，到街道的宽度和方向，都使从乡村带来的期待遭遇"失望和驳斥"（同上：152）。这在营地居民的"肢体语言"和通行模式中最易察觉：男人不走两点之间最快的路线，而是绕着弯路，偷偷地沿着墙壁行走；而女人则被锁在里面，因为她们不再享有女性专属空间的保护。

最后，"再安置通过推翻生活空间的组织、技术与仪式行动的场所，改变了与之相关的时间节奏"，并且真正"影响了时间性

29

的整体体验"（同上：156）。在营地里，农民及其亲属发现了资本主义的劳动观念，以及随之而来的"时间作为一种可以节约、花费或浪费的稀缺商品"的观念。[13]他们服从于新的节奏，这些新节奏是通过宵禁以及学校、官僚机构、诊所和喷泉的开闭时间而设定的，也通过加长了的位移时程而设定。如此一来，时间不是由传统的活动，如一天中的五次祈祷来印刻的，而是由控制塔台的周期性钟声和定期电话铃声而印刻的。可见，就所有方面而言，布迪厄于贝阿恩发现的农民和城市人之间在社会层面和符号层面上的对立，在营地里也得到明确呈现，并加速了卡比尔村庄社会的解体。

以上对青年布迪厄关于贝阿恩省和阿尔及利亚殖民地社会中矛盾与变迁的跨地中海调查所做的简要再阐释，彰显了他的研究与城市社会学核心内容的直接关联。从乡村的角度来说，上述作品探讨了两种社会中权力、空间和城市化的联结。不仅如此，这些作品还证明：精神结构和社会结构与空间划分密切相关；权力关系通过操纵空间距离（保持距离或拉近距离）和地形（营地的位置与布局）而得以表达和巩固；以及，越是接近资本积累（军事资本、经济资本和文化资本）的中心，社会变迁的速度和广度就会越大。事实上，这些早期研究表明，国家权力（在阿尔及利亚是殖民政府权力，在法国则是中央权力）的行使，是通过对空间的控制与渗透、对聚落的组织（借助互为补充的集中与分散过程）、符号权威的地理分布、对物理移动的调节而实现的，其遵循如下的基本公式（最后再加上自我的构成方式、抱负、情感和时间感）[14]：

权力→物理空间→社会结构与社会关系→实践与主体性

此外，这些作品还将城市描绘成一种独特的社会环境，其特点包括加速的社会分化与功能分化、符号象征从孕育文化阐述与创新的日常关系中脱嵌、匿名性和个体主义的传播、内部异质性的增加和惯习的弥散，以及所处位置和性情倾向的日常脱钩。总之，布迪厄年轻时在贝阿恩和阿尔及利亚的研究构成了他"被遗失的城市社会学"的真正内容，也是他为研究城市社会结构和城市体验的学者所提供的最丰富的观察与假设宝库。

到了20世纪70年代中期，学术成熟期的布迪厄是否为我们重新思考城市提供了更多的分析资源？社会空间和物理空间之间的关系在这位法国社会学家的代表作《区隔》中再次出现了，并构成了经验层面的内在成分，而在理论层面则只是略微触及。首先，作为该书基础的文化消费调查反映了巴黎和外省之间的对立，体现出国家社会空间中潜在的重要空间二元性：受访者总体包括巴黎人、巴黎周边地区的居民、北部地区（Nord region）的居民［当时是分布于里尔（Lille）周围和比利时边境的工业要地］，以及依城市规模差异而同样呈现出不同社会与文化状况的居民。其次，在社会空间的理论建构中，布迪厄（Bourdieu, 1979: 135—136）也为地理空间留出了余地，具体如下（着重部分系原文作者标明）：

> 为了更充分地说明［资产阶级的］不同分群（fractions）之间生活方式的差异……我们需要考虑到他们在具有社会等级化意义的地理空间中的分布。事实上，一个群体占有某一类稀缺商品的可能性……一方面取决于该群体的具体占有能力，而这是由经济资本、文化资本和社会资本所界定的，这些资本可以被群体调用以在物质层面和/或符号层面占有其

所考虑的商品；这也意味着取决于该群体在社会空间中的位置。另一方面，则取决于该群体在地理空间中的分布与稀缺商品在地理空间中的分布之间的关系（这种关系可以由距商品或设施的平均距离或移动时间来衡量）。

布迪厄（Bourdieu, 1979: 136）在一个脚注中对上述论点作了补充，与我们的关注点直接相关："我们需要计算所有的文化资产，包括个体因其所处地理空间中的位置而获得的，还有特别是通过空间邻近性所促成的社会联系的性质而获得的。"在下一个脚注中，这位法国社会学家断言，"阶级或阶级分群（class fraction）在具有社会等级化意义的地理空间中的分布"是"其在社会空间中位置的一种表现"。然而，在该理论模型中表现明显的地理学变量在分析中则被淹没了。分析侧重于阶级之间和阶级内部的差异，尤其关注这些差异的几何分布，例如经济资本和文化资本在资产阶级两个分群之间分配的"交叉结构"。总之，布迪厄学术成熟期的这一著作将城市变量埋于背景之中了。

所以，这些被忽略的 20 世纪 60 年代早期出版物的另一个优点是，它们揭示了一个被遗忘的基础。在这个基础之上的，是我提出的那个一般性问题，即围绕建成环境的占有与标示来展开斗争以实现符号空间、社会空间和物理空间的相互投射—转换（projection-conversion）；这也是三十年后的布迪厄在关于大都市社会苦难的作品中要阐明的内容。1990 年，布迪厄从法国储蓄与信托管理局（Caisse des dépôts et consignations, 负责促进经济发展和低收入住房建设的国家金融机构）获得资金，对法国的城市边缘地区中日益恶化的弊病进行社会学诊断——随着反警察暴乱的反复发生，这些弊病已经上升至最重要的国家问题之列（Jazouli,

1992）。

为了阐明团队实地研究的内容范围——这些研究最终发展为集体著作《世界的苦难》（Bourdieu et al., 1993），布迪厄商定与威廉·朱利叶斯·威尔逊（William Julius Wilson）共同主持 1991 年 5 月在巴黎苏格大厦（Maison Suger）举行的"发达社会中的贫困、移民和城市边缘性"（"Poverty, Immigration and Urban Marginality in Advanced Societies"）国际会议。[15] 在那次会议上，布迪厄发表了一篇题为《社会空间和被占有物理空间的起源》["Social Space and the Genesis of Appropriated Physical Space", （1991）2018] 的工作论文，其中的一部分后来演变为《世界的苦难》中专门讨论"场所效应"（Site Effects）的篇章内容（Bourdieu, 1993a）。在这篇理论文章中，这位法国社会学家警告人们要拒绝空间拜物教，并在抽象层次上重新阐述了社会空间和物理空间之间的关系，而这些关系在贝阿恩和阿尔及利亚的研究中曾有具体体现：

> 物理上实在化的（或者说客体化的）社会空间表现为各种商品和服务在物理空间中的分布，但也表现为个体能动者和群体的物理空间分布——他们（作为与一定程度上永存的地点相联系的身体）具有物理位置，并被赋予了占有这些商品和服务的或高或低的可能性（取决于他们的资本，以及他们与这些商品的物理距离，而后者本身也取决于他们的资本）。正是作为生物个体的能动者和商品的这种双重空间分布，决定了实在化社会空间中不同区域的差异化价值。[Bourdieu,（1991）2018: 109]

32

可以被称为一种地理学谬误（geographic fallacy）的是，将人群和公共物品或私有商品实际上在具体空间中的分布效应归咎于抽象空间，"这本身只不过是在给定的时刻下，将被考察的地方单位的整个历史及其在国家空间与国际空间中位置的具体化呈现" [Bourdieu,（1991）2018: 113]。但如何实施这一分析议程呢？为了回答这个问题，我们必须诉诸布迪厄邀请城市学者去采用的研究实践原则。

让布迪厄起作用的并行原则

有许多方法可以将布迪厄"切割拆解"并用于任何研究领域，而且关于他的著作，已经有一些针对空间与城市研究者的标准化介绍和常规化概述（例如 Painter, 2000; Cresswell, 2002; Webster, 2010; Fogle, 2011; Lippuner, 2012）。[16] 在本书第三章，我将详细讨论我是如何在关于新自由主义城市的边缘性、族群性和刑罚性之间三元关系的比较研究中运用并分配惯习、社会空间、官僚场域和符号权力的。在其中，我将勾勒出这些概念用于研究分析的分工图，并指出这些概念如何能够帮助形成新的概念。在这里，我想强调四个并行原则，这些原则支撑着布迪厄的研究实践，并使之充满活力。

这些原则很容易被草率的读者忽略；但是与旨在诠释布迪厄理论的这本或那本出版物相比，这些原则可以更有效地指导城市调查。为了便于记忆，我将这些原则与构成布迪厄思想中心支柱的五位作者联系起来：巴什拉、韦伯、莱布尼茨与涂尔干，还有卡西尔。[17] 我还将指出三个相互关联的陷阱，是布迪厄主义城市研究者需要特别注意避免的：概念拜物教（这会使得在本应开始探索的地方停下），因其是学术领域的"流行语"（*langue du jour*）而想"讲布迪厄语"的诱惑，以及在布迪厄的理论框架通过转置而能够以零件包的形式来更有成效地加以使用时，却强行整体性地去运用他的理论框架。

1. 巴什拉时刻（the Bachelard moment）：即打破常识（包括三种类型的常识：日常性的、政策性的和学术性的）、质疑被大众接受的分析范畴、解构预先制定的问题域，并建立一套从经验分析中设计出来并将用于经验分析的强大分析性概念——这些概念包含民间的观念，但又与之形成鲜明背离（Wacquant, 2002a, 2008a: 8—12, 2022a: 3—6、150—152）。这是对认识论断裂与警觉（epistemological rupture and vigilance）要求的直接应用，是"历史认识论"中最重要的教义，也是由布迪厄的智识导师加斯东·巴什拉和乔治·康吉莱姆发展起来的科学哲学，并由布迪厄将其从自然科学和生命科学移植到社会科学中（Bourdieu et al., 1968; Bourdieu, 2001a）。

这是一个经常被视为理所当然并被忽略或跳过的探索时刻：城市研究中的大部分作品接受了城市管理者、政策制定者、记者或学术时尚界（如今专注于士绅化、族群隔离和大都市核心区文化产业的蓬勃发展等双重现象）提出的术语、疑问和担忧，但相关研究应该通过将这些术语、疑问和担忧纳入分析对象中，来发掘并消除嵌于这些内容中的历史无意识和社会偏见。正如巴什拉［Bachelard,（1938）1999: 26］所警告的那样，"科学思维会阻止我们对我们不理解的、不知道如何清晰化表述的问题持有见解。最重要的是，人们必须知道如何提出问题"。

2. 韦伯时刻（the Weber moment）：即对能动者（借助惯习的概念）、世界（借助社会空间的概念，其中场域只是一个子类型）以及研究者使用的范畴与方法（认识论上的反身性）进行三重历史化（triple historicization）。该原则表现出布迪厄对社会行动、结构和知识的彻底历史主义和冲突主义观点，这在精神和方法上与马克斯·韦伯的研究最为密切相关——尽管后者是与分析性个体主义绑定的，和布迪厄的关系主义完全相反。[18]

在这两位学者看来，支配（domination）充盈于社会生活，但其形式多种多样。支配形式无法还原为某种经济基础，并且总是需要一个符号性权威的介入来框定当前的关系，而这引导韦伯［Wber,（1921）1958］关注"合法性"（legitamacy），并引导布迪厄关注"信念"（doxa）的社会生产。这就是为什么韦伯而非马克思才是布迪厄在这个问题上的立足点（尽管马克思运用了历史和关系取向的方法）：同《经济与社会》（*Wirtschaft und Gesellschaft*）的作者①一样，布迪厄拒绝经济决定论，拒绝对根基的探寻，也拒绝新黑格尔主义（neo-Hegelian）关于"历史被赋予了一种方向性逻辑"的观念。他坚定地站在新康德主义的（neo-Kantian）谱系中，认为哲学有责任以"科学的事实"（再次引用巴什拉的说法）为起点和终点，并从生成性观念（genetic conception）理解知识，将之视为一个永远未完成的综合过程。[19]

因此，我们应该把城市集群、城市范畴和城市实践看作斗争的产物、武器和筹码，而这些斗争是围绕多重时间性展开的：从现实世界中宏观结构的"长时段"，到政治周期和制度循环的中层节奏，再到基层大众的短时期现象学领域。虽然这条戒令掩盖了布迪厄是"再生产理论家"的陈腐学术故事——即使是支持其研究进路的城市学者也在继续讲述着这个故事（例如 Harding and Blokland, 2014: 129—130），但该戒令精准地捕捉到了布迪厄的明确教导和他传世至今的科学实践（Bourdieu and Wacquant, 1992:

---

① 即马克斯·韦伯。——译者注

217—260; Wacquant and Akçaoğlu, 2017）。

3. 莱布尼茨－涂尔干时刻（the Leibnizian-Durkheimian moment）：即运用拓扑学论证模式来追踪符号空间（引导人们对世界展开认知性与意动性建构的精神分类网格）、社会空间（具有社会性效用的资产或资本的不稳定分布）和物理空间（在空间中或借助空间来争夺并占有物质商品或观念商品而产生的建成环境）之间的相互对应、转置和扭曲。这种思维方式是不可或缺的，原因正如我们前面所提到的：

> 社会空间倾向于以一种多少有些变形的方式、以能动者及其资产的确切排布为幌子来重新转译自身。于是，社会空间的所有区分与区别（高／低、左／右等）都是在作为物化社会空间而被占有的物理空间中既真实地又符号性地被表达出来的。（Bourdieu, 1997: 162）

这一原则凝结在布迪厄思想中几何学成分的汇聚之处，其植根于布迪厄早年对戈特弗里德·威廉·莱布尼茨的狂热阅读［莱布尼茨的"位相分析"（*analysis situs*）是针对帕斯卡尔（Pascal）的透视几何学而建立起来的，亦是布迪厄所希望拓展的一元论理性主义（monist rationalism）的典型例证］[20]，也植根于其形态学分支，而该分支衍生自涂尔干和莫斯［Durkheim and Mauss,（1903）2017］对社会群体的物质基底与布局跟他们看待自己和世界所运用的"分类形式"之间对应性的大胆构想。莱布尼茨反对将几何学视为一门数字科学，提出了一种强调空间的连续性和统一性的几何科学纲领，并将空间理解为"位置关系的结构"（structure of situational relations）（De Risi, 2019: 148）。

至于涂尔干［Durkheim,（1900）1975: 22］，他认为"社会存在于空间上必然联系在一起的人和物的结合之中"，并且"在这种方式下孕育出的任何形态学现象都存在于取得确切形式的物质现实中，而这种形式总是可以被图形化地表现出来"。这种涂尔干式理论支柱特别支撑了布迪厄的客观主义努力，来解剖那些用于研究各种社会宇宙的解剖学。我们必须去勾勒相互交织的位置网络的"外部形式"，因为"社会基底在人们的手中以千百种方式变得差异化，而这些差异不论对于其自身所依赖的原因，还是对于其所导致的结果而言，都具有重大的社会学意义"［Durkheim,（1900）1975: 21］。无论是在具体的意义上，还是在抽象的意义上，能动者所占据的"领地范围"、其相对于其他行动空间的"地理位置"、"边界的形式"、"人口总数"及其在不同区域的密度，都是在共时性和历时性分析中必须把握的关键变量，因为"结构本身只有在其形成过程中才会出现……它不断地形成并分解，而当它达到一定的固结程度时，它就是生命"［Durkheim,（1900）1975: 20、22］。

4. 卡西尔时刻（the Cassirer moment）：即认识到符号结构的建构效能（constitutive efficacy of symbolic structures），并对符号结构的双重印刻作仔细剖析：一方面将之解剖为主观的性情倾向综合（范畴、技能和欲望），这些构成了惯习；另一方面将之解剖为客观的位置网络（有效资源的分布），而这些构成了制度。恩斯特·卡西尔（Cassirer, 1944）的生成性"符号形式哲学"是布迪厄强有力的"符号权力"概念的主要灵感来源之一；这一概念也构成了布迪厄作品的核心和顶点。然而，关于布迪厄的惯常解读和运用被僵化在残缺或冗余的"惯习、资本、场域"三部曲中，却常常忽略这一概念（Wacquant, 2019）。

由于人类动物是通过符号的中介（在卡西尔的分类法中，符号被具体化为语言、神话、宗教、艺术、科学；布迪厄亦热衷于挖掘这五个主题）来接触物质宇宙的，而非将之作为赤裸现实，所以最客观主义的城市科学必然要为与之相对的分类图式留出空间——能动者正是通过这些分类图式来赋予世界以模式和意义的。此外，由于社会世界总是可以从多种视角来体验和建构，这些相互竞争的符号系统便构成了"生产并施加关于世界的主导构想的斗争"中的诸多武器 [Bourdieu,（1982）1991: 159]，从而在物质层面形塑世界，并推进范畴实在化（realization of categories）的历史炼金术，这也是布迪厄毕生工作的核心谜题。

将这一原则运用于城市空间，意味着我们不仅要关注城市生活的现象学并将其视作处于特定场所中的生活现实（lived reality），还要关注城市中人群、物体、活动和地点被命名时所用的词语，因为影响重大的范畴化是一种保持或改造现实的异常强大载体——尤其考虑到符号权威（宗教、政治、法律、新闻报道、艺术、学术、科学等方面的）在大都市中的聚集。正如我们将在下一章看到的那样，城市现实通过符号投射而形成的物质印记会呈现出地域污名化的典型和突发形式，而地域污名化的生产、传播和消费场所及回路是渗透于城市中的，即使其被牢固束缚在城市空间边缘和底部的社会道德堕落区。

论布迪厄的拓扑学本能反应 37

布迪厄是一位典型的拓扑学思想家，相关证据体现于他 1981 年到 1986 年在法兰西学院讲授的"普通社会学"（Sociologie générale）课程中反复出现的概念（Bourdieu, 2015, 2016）。该课程生动记录了布迪厄对社会科学基本概念的再思考。在专门讨论惯习的第一卷共 752 页的内容中，"空间"（space）这个词出现了多达 554 次（而"惯习"只被提及 345 次、"资本"被提及 392 次）；在聚焦于场域和资本的第二卷共计 1216 页的内容中，"空间"出现了 499 次（"场域"和"资本"则分别被提及 1434 次和 1081 次）。

根据该课程，社会空间是一种"关于位置与对立的空间"、"（可能的）力量空间"和"力量的发生场地"、"斗争空间"和"竞争空间"、"潜力的空间"或"客观可能性的空间"、"活动空间"同时也是"制约空间"。作为能动者立场表达（position-takings）（他们在与其他能动者之行动、策略与生产的关系中所表现出的行动、策略与生产）的空间，社会空间是一种"符号空间""差异空间"和"资产空间"。就其一般化特征而言，社会空间则有多种描述方式：客观的、关系性的、结构化的、等级制的、定向的、两极化的、相对自主的、（与其他空间）同构的、（向其他空间）投射的、被嵌套的或容纳性的（当它包含"子空间"时），以及"空间性的〔指其在物理意义上被定位〕和时间性的"。

不同空间可以相互嵌入，像维恩图那样相互重叠，或者像俄罗斯套娃那样一个包含另一个（例如文化生产空间包含学术空间，学术空间包含社会科学空间，社会科学空间包含社会学空间……），其中的每个空间都呈现出社会空间的一般化特征（有界、两极化、定向化、棱镜效应等）。至关重要的是，"持久关系空间"或"对立空间"是不可见的、是由分析者建构的，不同于"互动空间"，也不同于关于独特策略所标示出的、可观察的差异空间（1）。

因此，面对任何一种社会行为或社会模式，布迪厄都指示我们去揭示能动者所占据的"位置空间"（space of positions）（结构）如何以"性情倾向空间"（space of dispositions）（或惯习）为中介而映现到"立场表达空间"（space of position-takings）（实践）。对结构、惯习和实践的剖析必须同时进行。空间概念的这种使用方式显然不是修辞性或隐喻性的，而是**分析性的**，指示我们要聚焦于符号结构、有效资源的社会束、地理组合所表现的资产形式之间的对应关系。我们甚至可以认为，布迪厄的社会学从根本上来说是建立在对多重**空间分析**之上的。**空间的多元化与资本的多元化是息息相关的**，这是布迪厄笔下"权力"概念的标志性特征。

请注意：在布迪厄看来，资本被定义为在社会游戏（social game）中生效并产生利润（即帮助占有"物化劳动或活劳动形式的社会能量"）的任何资产，包括客体化的和身体化的；并且资本以不同的种类而存在，包括经济资本、文化资本、社会资本、符号资本，每一种都有其增值场所、转换规则、传递机制、影响效应（Bourdieu, 1986a, 1989a, 1994a, 2016, 2022）。社会空间是各种形式资本束的分配场所；符号空间是符号资本的实现场所，后者可理解成被误识（misrecognized）[①]为符号资本的任何形式的资本；物理空间是物化资本（客体和制度）进行分配的物质场所网络，是拥有或分散或一致的性情倾向（沉淀在社会

[①] "误识"（misrecognize、misrecognition，法文：méconnaître、méconnaissance）是布迪厄在分析当代西方社会支配形式时使用的重要概念，指支配者运用符号权力将特定的价值观、资源分配规则以一种温和的日常生活方式加诸每一个人，使人们将之"误识"为理所当然的正当状态，并认可当前的权力支配形式。——译者注

化有机体中的符号资本）的人群所穿行而过的地理网格。

布迪厄的拓扑学本能反应——以几何学方式进行思考的学术思维本能——有三个根源。首先是 20 世纪 60 年代初期结构主义的影响。在结构主义语言学［以索绪尔（Saussure）为代表］和人类学［以列维-施特劳斯（Lévi-Strauss）为代表］的思想中，集群中每一个元素的意义都来自其与所有其他元素所维持的关系网络（Bourdieu, 1968）(2)。其次，从恩斯特·卡西尔在《实体概念与函数概念》(*Substanzbegriff und Funktionsbegriff*, 1923）一书关于数学史和精确科学哲学的内容中，这位法国社会学家借鉴了"实体主义"（substantialist）概念和勾勒出现代科学研究之关系性特征的"函数性"（functional）概念之间的根本区分（3）。实体主义概念指涉客体的内在属性，而函数性或关系性概念则借助这些客体与其他客体的联系以及它们在这些客体集群中所扮演的角色来界定客体。这些概念属于理性主义认识论（rationalist epistemology），不同于加斯东·巴什拉和恩斯特·卡西尔在莱茵河两岸澄清和阐明的关于科学活动的一般实证主义构想（4）。

20 世纪 70 年代中期，布迪厄对统计分析技术的发现和改编进一步加深了他对拓扑学思维的投入。此处的统计分析技术指数学家让-保罗·本泽克里（Jean-Paul Benzécri）提出的多重对应分析（Multiple Correspondence Analysis, MCA），在其最近的发展中也被称为几何数据分析（Geometric Data Analysis）(Le Roux and Rouanet, 2004; Lebaron and Le Roux, 2015）。简单来说，多重对应分析是一种统计技术，用于检测和呈现定类数据集（个体×名义变量）中的潜在模式。它不假设因果变量的独立性，而是承认它们是相互依赖的，并尝试捕捉多元变量之间的关系丛。然后，该方法将这些变量的联合因果效应几何化呈现为投射到一系列二维空间中的个体及其社会属性的云图。在这些二维空间中，点与点之间的分布和距离是具有社会学意义的（5）。从本质上看，这是一种数据分析的拓扑学技术，非常符合布迪厄的关系主义本体论和理性主义认识论。

最后需要强调的是，对于布迪厄来说，社会学是一种社会拓扑学，而不仅仅是一种捕捉社会世界外部结构的**客观主义拓扑学**。上述第二个时刻中的生成性结构主义（genetic structuralism）将能动者以后天习得和模式化的方式来行动、思考与感受的性情倾向与他们对世界的感知纳入考察（Bourdieu, 1989b）。简而言之，社会学必须包含一种置于结构中的现象学（structurally situated phenomenology），并探索具有结构性根源的主体性（structurally rooted subjectivity）。但**即使是主体性，也可以通过空间视角来分析性地探索和建构**。性情倾向是由认知图式的安排构成的，这些图式通过范畴的对立（男/女、高/低、内/外等）来切割和组织世界；除此之外，更根本之处在于，性情倾向也是由身体在具有符号性标记的物理空间与社会空间中的移动而构成的，这些身体移动体现出"实践的几何学，或者最好称为**几何学的实践**"（Bourdieu, 1980a: 157）。性情倾向本身也是借助能动者的位置而定位于物理世界和社会世界中的。布迪厄解释道：

> 如果有位相 [*situs*，复数] 空间，如果有位置空间，那么作为位相 [*situs*，复数] 分析的社会学，即关于这种

39

空间的拓扑学分析，既意味着关于位置的分析，也意味着关于能动者对其自身及他人位置的表征（representations）的分析，同样还意味着关于立场表达（position-takings）的分析——立场表达作为能动者的表征、位置和性情倾向的函数，由能动者以行动、意见声明等形式在该空间中或针对该空间而展开。（Bourdieu, 2015: 560）

换句话说，正如布迪厄在1985年3月的一次演讲中指出的那样，对（客观）社会世界进行建构的（主观）结构本身也是一种拓扑。在那次演讲中，他提出了"惯习分析"（*analysis habitus*）的同族概念，即性情倾向的拓扑学（Bourdieu, 2016: 461—462）：

因此，对人们观点的分析与对位置的分析是分不开的，而位相分析，亦即对空间结构、位置结构的分析，是分析人们对世界之构想的基础。更确切地说，位置分析是对作为世界结构化原则的惯习进行分析的基础。我本来可以说"构想分析"（*analysis visus*）[即观点的拓扑学]，但我采用"惯习分析"（*analysis habitus*）[即性情倾向的拓扑学]。因为在我看来，当我们想要研究人们对世界的这些构想时，论述这些构想不如论述组成这些构想背后的原则更重要——考虑到社会学的目标之一不仅是把握位置空间和能动者对于这些位置的表征，还要把握能动者借以拥有这些构想的感知结构。

（1）这是跟 Fligstein 和 McAdam 在 *A Theory of Fields*（2012）一书
中提出的互动主义概念"策略行动场域"（strategic action fields）的主要
区别之一。这也将布迪厄与"社会世界视角"（social worlds perspective）
（Strauss, 1978）区分开来，后者衍生于扎根理论，在科学技术研究
（Science and Technology Studies）、传播学和管理学中非常流行（Clarke
and Star, 2008）。

（2）在 1982 年的"普通社会学"讲授课上，布迪厄（Bourdieu,
2015: 556）解释说："我们得到了一种拓扑学，其中所有元素、位置、
场所、点的所有意义都只存在于其与其他点的关系中。某物之所以是
其本身，是因为它不是其他事物。"这是对作为一种思维方式的结构主
义的完美极简描述。

（3）以下事实表明了该书的重要性：1977 年，布迪厄在与午夜
出版社（Éditions de Minuit）合作推出的系列丛书中请人翻译了这本
枯燥的大部头书，并添加了一个醒目的副标题："概念理论的要素"
（"Elements for a Theory of the Concept"）。卡西尔的这部著作于 1923 年
出版了英文版，并增补有他的论文"Einstein's Theory of Relativity"。关
于这方面的简要讨论，参见"Ernst Cassirer and the Structural Conception
of Objects in Modern Science"（Ihmig, 1999）。

（4）"当卡西尔在描述思维方式的起源以及现代数学或物理学所运
用的概念时，他完全否定了实证主义的构想，因为他表明最先进的科
学设法建构了自身，并且这只有通过优先考虑关系而非实体（如经典
物理学中的力）才在最近实现。他还以同样的道理证明，以科学方法
论的名义提供给我们的那些东西，只不过是开展科学研究的合法方式
的一种意识形态表征，与科学实践中的任何现实都不对应。"（Bourdieu,
1986: 53—54）

（5）"'独立'变量的最独立之处① 遮蔽了一个完整的统计关系网络，这些统计关系隐秘地存在于其与某种观念或实践的关系中"（Bourdieu, 1979: 115）。要深入探讨多重对应分析如何转变了布迪厄的研究，以及布迪厄反过来如何改变了多重对应分析的实践并使之成为社会科学中对回归技术的主要替代方法，参见 Frédéric Lebaron 的清晰文章"Quantifying Bourdieu"（2009），以及 Lebaron and Le Roux 所编的指南（2015）。

对行动中理性主义的修正，对肆意多变的社会形式及其在制度与社会化身体中的沉淀进行的彻底历史化，对符号空间、社会空间、物理空间三元辩证法的寻索，对精神构念的实在化过程的探究，这些原则共同形成了一种关于城市的科学观点。与社会科学中占据主导地位的实证主义、实在论和阐释学等认识论所衍生的观点截然不同，这种观点要求研究聚焦于清醒而积极的"对象的建构"之上，摒弃空洞的形式主义和漫无目的的经验主义，借助普遍化分析的优势来探究历史案例的特殊性（Bourdieu, 2001a）。除了这些原则之外，我们还可以从布迪厄的科学实践中提炼出三条一般性的注意事项，这些注意事项将助益那些希望在文字或精神上借鉴布迪厄作品的城市研究者（或任何其他具体研究课题的研究者）。

第一，**避免概念拜物教**。布迪厄经常被误读为一名"理论家"，但他其实坚决反对那种"惹眼的理论化"。[21] 他没有把理论当作傲慢的主人，而是将之视为服务于经验调查的谦卑仆人，

41

---

① 此处为双关语，"独立变量"（independent variables）亦即"自变量"。——译者注

并且他总是通过发展一个理论来推进另一个理论（Bourdieu and Wacquant, 1992: 29—35，多处可见）。概念拜物教典型体现在期刊《人文地理学进展》（*Progress in Human Geography*）上发表的大量文章，在此无法一一列举。纠正这种常见学术歪曲的方法是，将概念的文字定义置于背景性的地位上，转而密切关注布迪厄是如何将概念转化为具体的研究操作以锤炼他的经验研究对象的。[22]

第二条与第一条相关：**谨防修辞学陷阱**。有无数的作者将自己的研究抹上布迪厄色彩，而实际上布迪厄的概念在他们的分析中没有发挥任何作用。文字在，但概念不在。事实证明，他们的研究发现和论点与运用任何其他方法得出的（而且通常都是如此得出的）研究发现和论点没有什么不同。在这方面，"场域"（field）概念可能是被滥用得最严重的，因为它常被当作"领域"（domain）或"舞台"（arena）的一个普通乏味的同义词，却没有展现出布迪厄论述中"场域"所具有的极其独特的属性（分化、自主性、垄断性、交错组织、棱镜效应等）。这些作者不合时宜地"讲布迪厄语"，不仅将修辞混淆为分析，还遮蔽了有效运用布迪厄的学术工具所能带来的理论及经验裨益。这种贫瘠的声音很容易沦为毫无意义的文字游戏——在最近的学术研究中，以城市为名的各种惯习的滑稽陡增就说明了这一点："大都市惯习"（metropolitan habitus）、"郊区惯习"（suburban habitus）、"士绅化惯习"（gentrification habitus）、"互联网惯习"（dot.com habitus），更不用说荒诞不经的"迷你惯习"（mini-habitus）[也许在为即将到来的纳米惯习（nano-habitus）铺平道路]。所有这些都表明，它们的发明者并不理解惯习的基本含义和构造（Wacquant, 2016）。

路易·沃思（Louis Wirth, 1938）强调社会和文化层面的异质性是"作为一种生活方式的城市性"的一个显著特征，这很正确。

42

这一特征是大都市的重要组成部分，包含多种多样的人口和范畴、跨度广泛的社会环境，以及大量有界的社会微观世界，其中每个微观世界都孕育着相互对立的感知与理解图式。从逻辑上讲，该特征会催生各种各样相互竞争的性情倾向（对应于众多不同的位置和轨迹），而非作为城市本身特点的某个单一的、统一的惯习。城市是相互冲突的多种惯习的生产和碰撞之地。这些惯习或多或少具有内部连贯性，也或多或少具有外部一致性，这往往会引发丰富的行动路线，而非线性的再生产策略。关于"大都市惯习"（或"郊区惯习"等）的说法虽然听着响亮，却是空洞的"布迪厄废话"。相比之下，如果足够严谨，我们可以富有成效地谈论贫民窟惯习（ghetto habitus）和小镇惯习（small-town habitus），因为这两个社会空间集群构成了相对封闭、独特和同质的微观世界，具有其自身的关系特征和符号特征。[23] 在本书的结论部分，我将回到这个主题，指出城市性如何促成内部连贯性和外部一致性都较低的惯习。

第三，要将布迪厄的理论概念彼此分离，以确保对这些概念的单独使用能带来真正的回报。在最终将这些概念根据需要进行重新组合以理解和解决当前的经验难题之前，这样做不仅是可能的，而且往往是可取的。我很清楚，布迪厄和我在《反思社会学导引》（*An Invitation to Reflexive Sociology*）中曾主张与这一原则相反的策略，强调"惯习、场域和资本等概念只能在它们所构成的理论体系中来界定，而不能孤立地界定"（Bourdieu and Wacquant, 1992: 96）。但是，1992年时的首要任务是提供一个关于布迪厄理论框架的体系结构和内在逻辑的总体视图，以及向很大程度上并不熟悉布迪厄种种概念的读者说明这些概念之间的协同作用。在此后的二十年间，受布迪厄启发而创作的作品中，成果最丰硕的是那些运用了该框架中部分元素的作品，而那些试图全面驾驭整个理论框架的作者却常常陷入困境。因此，我们必须听从巴什拉关于"认识论是历史性的"这一教导，并针对手头知识所面临的最大威胁而有策略地改变它的处方。

　　除此之外，对布迪厄经典的神学化解读会规定一个人要从头到尾、照本宣科地贯彻他的核心概念，而这与任何研究项目的实用性之间都存在张力，甚至充满矛盾，并且与布迪厄本人对概念的运用方式相抵牾。例如，在关于阿尔及利亚的作品中，这位法国社会学家在探究"惯习"和"符号权力"时全程都没有使用"场域"概念（Bourdieu, 1972, 1977b, 1980a, 2008）。原因很简单，卡比尔乡下的农业共同体中不存在场域。对于那些仍在摸索如何超越对布迪厄思维方式的基本理解的研究者来说，这种审慎策略尤为合适：与其仅仅为了达到宣示的效果而南辕北辙地援引五个概念，不如在适当的分析范围之内运用好一个概念。正如这位法国社会学家在谈到自己对分析性构念的使用方式时曾说的那样："还概念以灵活性"（Bourdieu, 2005: 326）。

　　作为例证，我们可以看看内森·马罗姆（Nathan Marom, 2014a）对"特拉维夫空间区隔的百年历史"（"One Hundred Years of Spatial Distinction in Tel Aviv"）① 的概述。该文提供了一个经济、高效并富有成果地运用布迪厄思想的典范案例，验证了上述三条建议。[24] 为了理解这座充满争议的城市内社会空间对立在整个生命历程中的演变轨迹，马罗姆聚焦于一个单一操作："将社会空间转译为物理空间。"他只是优雅地借鉴了两个概念，即社会空间和符号权力，而这两个概念的二重奏恰好是布迪厄思想的核心

---

① 特拉维夫（Tel Aviv）是以色列的一座港口城市。——译者注

（Wacquant, 2019）。运用这两个概念，马罗姆打破了从城市生态学中继承而来的对隔离的自然化问题，并克服了政治经济学研究进路对符号性分类和分类斗争的展演效力的忽视。

在布迪厄的启发下，马罗姆提出了一个新的问题，将其中的术语历史化，并挖掘数据以使之能够记述相关现象的新鲜经验内容，最终对特拉维夫多个尺度上不断变迁的空间构想与区分原则（principles of spatial vision and division）① 提出一种其他理论视角无法带来的原创性理解。他的文章还表明，虽然贯穿布迪厄著作的七个主要概念中——惯习、资本、社会空间、场域、符号权力、信念、认识论反身性，每一个都可以被城市集群研究者调动起来以产生丰硕成果，但其中最有力和最有成效的无疑是社会空间。这不仅因为社会空间以地理学隐喻为支撑，而且因为它是"母范畴"（mother-category），从中涌流出场域、身体（*corps*）、机器（apparatus）等更为有限的概念，构成了社会行动生根和流动的多种特定环境类型（Wacquant and Akçaoğlu, 2017）；还因为社会空间是多维的，是同城市的"天作之合"——城市则是相互竞争的资本形式得以孕育、多元化和增值的促成环境。事实上，社会空间是布迪厄学说区别于所有现有城市理论（包括芝加哥学派生态学与民族志、政治经济学、后殖民主义城市性、组合理论、星球城市主义、城市土地联结研究，参见 Storper and Scott, 2016）的一个最具决定性的范畴，并填补了现有城市理论中的空白。

在确立了布迪厄与城市研究的关联，并阐明推进其工作的原则之后，《国际城市与区域研究杂志》的两期"将布迪厄带入城

44

---

① 显然，这里化用了布迪厄"构想与区分的原则"（principle of vision and division）的相关学说。参见本书"前言"中内容及相关译者注。——译者注

市"专题（vol. 42, no. 1, 2018 和 vol. 45, no. 2, 2021）提供了一些研究应用加以例证。第一组文章采取自上而下的宏观社会学视角，运用上文提及的三元辩证法探究了如下议题：巴黎高层资产阶级再生产的独特空间策略（Pinçon and Pinçon-Charlot, 2018）；构成波尔图城市街区中阶级地位、社交活动和文化实践之间的对应性（Pereira, 2018）；世界主义文化资本在布鲁塞尔和伦敦的兴起及其相关因素（Savage et al., 2018）；法国城市政策中的"高危街区"、美国城市再开发中的"遗产区"等空间标签的发明、传播和影响（Tissot, 2018）；住所在穷人生活策略中的核心地位与美国城市社会学在解决住房问题上的持续失败之间的醒目脱节，以及由此导致的关于"把房东带回来"至地方权力场域中的呼吁（Desmond, 2018）。

富人和权贵的城市在哪里

城市学者一直忽视富裕、权贵和特权地区，原因很简单：这些地区很少给城市管理者带来"社会问题"，而且社会学家长期以来对下层地位的社会群体和地域怀有一种浪漫主义的迷恋。

一个世纪以前，在美国城市社会学诞生之初，芝加哥学派社会学家几乎只报道"穷人、外来人口以及多少有些不体面的人"（Hannerz, 1980: 45），并对他们经常出没的地方产生了名副其实的迷恋。哈维·佐尔鲍（Harvey Zorbaugh）的《黄金海岸与贫民窟》(*The Gold Coast and the Slum*, 1929）对芝加哥近北区的六个"自然区域"①进行了实地研究。该书将被称为"四百

---

① "自然区域"(natural areas)是芝加哥社会学派进行城市研究时经常使用的概念，指城市中根据某种优选竞争或文化特征而彼此有所区分的群体或社区。该术语借用自植物生态学。——译者注

人"（"the Four Hundred"）的城市上层阶级的生活空间纳入了考察，因而成为少有的偏离上述关注点的专著。

这种平民主义的异域情调所滋生的短视一直持续到了今天。牛津大学出版社出版的大部头著作《城市民族志读本》（*Urban Ethnography Reader*）（Duneier et al., 2014）就是一个例证：该书的近900页内容中不含对上层阶级的空间、制度和实践的任何分析。"市政厅"（city hall）和"资产阶级"（bourgeoisie）这两个词在书中一次也没有出现；"上层阶级"（upper class）一词只被偶然提及了（不到6次）；其52章内容中有39章直截了当地聚焦于受剥夺地带的下层阶级和族群；令人震惊的是，全书有27章——占整卷书的一半以上——在专门讨论美国"内城"的贫困黑人。在这种视角看来，大都市中充满了无家可归者、越轨者和成问题的黑人（甚至有还以鸽子为食的人），但奇怪的是其中没有公司、职业、政治家、检察官、权贵豪门、房地产中介、官僚、主教、科学家和记者（1）。

精英社会科学的复兴和超级富豪研究的姗姗来迟（Khan, 2012; Keister, 2014; Killewald et al., 2017; Korsnes et al., 2018）只是上述研究模式的一个表面上的例外，因为这些研究很少涉及上层阶级的保有空间以及他们**保护社会空间、超越物理空间**的能力（2）。在填补这一空白方面，没有人比"潘松夫妇"（the Pinçons）（这是他们的法国同事和阅读其畅销书的广大民众对他们的亲切称呼）做得更多：他们在二十年间致力于探究城市顶层社会不平等得以生产和延续的空间机制［Pinçon and Pinçon-Charlot, 1989, 1992, 1996,（2007）2010］。其他值得注意的例外还有：特蕾莎·卡尔代拉（Teresa Caldeira, 2000）对圣保罗精英的坚固飞地的经典研究、蒂埃里·帕科（Thierry Paquot, 2009）关于门禁式社区的世界之旅、米卡尔·霍尔姆奎斯特（Mikael Holmqvist, 2017）对大斯德哥尔摩地区中最高档的郊区于什霍尔姆（Djursholm）之"神圣化"的深入民族志研究，以及伊兰·威塞尔（Ilan Wiesel, 2018）对澳大利亚三个上层阶级街区的权力、魅力和焦虑的比较田野研究（3）。

新布迪厄主义城市社会学的任务是去探究社会空间和物理空间的整个区域，无论高低贵贱；并且要将它们当作一个**关系集群**（relational constellation）来把握，这样一来，穷人和富人的命运、不稳定无产阶级和超级资产阶级、城市中的污名街区和光环地带就会联系起来得到研究。此外，资产阶级本身也分布在不同的社会空间中，这种差异化空间也被差异化地铭刻在城市地理中——因此巴黎的经济资产阶级集中于塞纳河的右岸，而文化资产阶级则集中在左岸（4）。巴黎资产阶级的这两个分群往往会发展出不同的社交场所和社会地理流动圈。这凸显了**对支配阶级的社会学研究进行空间化**的必要性。此处的空间化是双重意义上的，既要审视他们的保有空间，又要探究其如何塑造了城市中的空间，进而决定了其他阶级的生活机会和生活空间（5）。

（1）与其他典型的同类著作一样，这本庞大的汇编也仅含有一个单独的篇章及作者、两位人类学家是位于美国以外的，并且欣然不知其他国家和学科中发展出的城市田野调查相关丰富传统。对于初学者来说，可以感受一下 Deckard 和 Auyero（2022）对拉丁美洲城市边缘性所作的详尽民族志全景，以及美国和全球各地的城市人类学家研究对象的惊人多样性（Low, 1999; Jaffe and De Koning, 2015, Pardo and Prato, 2016）。法国的城市社会学家也更倾向于顶层研究而非底层研究，并将整个城市作为他们的分析单位，例如法国探索出版社（Éditions La Découverte）出版的关于巴黎、里昂、马赛、波尔多、南特、里尔和圣艾蒂安的社会学专著系列。

（2）这一研究模式在以下文献中有所探索：Pinçon 和 Pinçon-Charlot 的 *Les ghettos du gotha*［（2007）2010］; Brooke Harrington 的 *Capital without Borders: Wealth Managers and the One Percent*（2016）; Cristobal Young 的 *The Myth of Millionaire Tax Flight*（2017）以及 Ashley Mears 的 *Very Important People: Status and Beauty in the Global Party Circuit*（2020）。

（3）另见 Sylvie Tissot, *De bons voisins. Enquête dans un quartier de la bourgeoisie progressiste*（2011）; Andreotti 等在 *Globalized Minds, Roots in the City: Urban Upper-Middle Classes in Europe*（2015）中对米兰、马德里、巴黎和里昂的比较; Hay, *Geographies of the Super-Rich*（2016）; 以及 Forrest et al., *Cities and the Super-Rich: Real Estate. Elite Practices and Urban Political Economies*（2017）。

（4）这一点在 Bourdieu 的 *Distinction*（1979）一书中有所证明。该书用最长的一章讨论了三大阶级的品位，以论述资产阶级内部如何在经济和文化层面分化为对立的分群。此外，Pinçon 和 Pinçon-Charlot 在他们的 *Sociologie de Paris*（2008）一书中也证明了这一点。

（5）美国社会科学已经生产出了整整一图书馆的种族隔离研究，而对阶级隔离的研究却寥寥无几。一个重要的例外是 Jessica Trounstine 的 *Segregation by Design: Local Politics and Inequality in American Cities*（2018），其涵盖了社会分隔和种族分隔。

"将布迪厄带入城市"的第二组论文采用自下而上的视角，通过民族志田野调查来追踪城市中的实践，走进行动的政治现象学，并对布迪厄进行了新葛兰西主义（neo-Gramscian）的修订，使之适合于描摹如下内容：过去半个世纪以来，伊斯坦布尔在物质、社会和符号层面经历了重构（Tuğal, 2021）；不断变化的住房美学成为玻利维亚城市中崛起的本土资产阶级的力量体现（Poupeau, 2021）；大布宜诺斯艾利斯地区污染最严重的棚户区居民经历了"有毒的不确定性"，因为他们只能等待永远未曾到来的环境补救行动（Auyero, 2021）；以及丹麦一座老工业城市中的空间污名和社会分化现象（Jensen et al., 2021）。

最后这篇论文值得在此简要展开，因为它是将布迪厄的理论与方法论相结合的典范，并把我们带回到原点，突显了布迪厄社会学多维度与多方法的特征。作者延森等人（Jensen et al., 2021）首先利用调查、访谈和民族志材料来进行多重对应分析，证明社会空间——经济资本和文化资本的分布——近乎完美地映现到了街区的地理空间上。然后，他们通过评估这些街区的声望排名来勾勒出符号资本的分布情况，并邀请有代表性的样本居民说出该城市中他们最喜欢和最不喜欢居住的地区。在这一步中，他们再次发现社会空间与符号空间基本一致，但有三个意外差别。47

首先是明显的代际差异：年轻的受访者认为市中心最理想，而年长的受访者则认为市中心是最不好的。其次，由于客观分布的"夸张和戏剧化"过程，声望的拓扑结构比社会经济地位的拓扑结构更加两极化，因而居民心智地图中的街区位置比这些街区实际上的位置更加遥远和两极分化。所以在民众的想象中，资产阶级所在的哈塞里斯区（Hasseris）比实际情况更加富有、受教育程度更高、更为高档，而被普遍认为是最底层的奥尔堡东区（Aalborg East）（有时被称为"孟加拉国"，因为那里有引人注目的非西方移民）则被想象得明显比实际情况更加贫穷、肮脏和危险。

对于奥尔堡东区的居民而言，他们并没有将附着于自身街区的污名内化，而是普遍对生活在这里感到满意。这无疑是由于不平等程度相对较低，以及北欧社会国家所提倡的平等公民文化所致。符号强化（symbolic accentuation）证明了符号空间的相对自主性和独特影响力。与个人或群体一样，地点也是"被客观地定义的，但不仅由它们是什么而定义，还由它们被普遍认为是什么而定义，由一个被感知的存在（perceived being）而定义。这一被感知的存在即使密切依赖于其本身的存在，也永远不会完全还原为其本身"（Bourdieu, 1980a: 233）。在下一章中，我们会看到贬逐街区的种族化是新自由主义城市中符号强化的一种形式。

《国际城市与区域研究杂志》2018 年和 2021 年两组专题中收录的文章都在将布迪厄带入城市，每一篇都对某方面城市生活的构成要素和决定因素进行了富有启发性的研究，并且每篇文章都展现了不一样的布迪厄：作为阶级、空间和文化研究者的布迪厄，作为国家研究者和符号劳动研究专家的布迪厄，作为美学、时间和支配研究者的布迪厄，作为社会存在与符号暴力理论家的布迪厄。这些文章共同呈现了布迪厄的关键概念、方法论举措、经验指针的可塑性和生产力，以及其主要理论构念在分析工作中的大致分工——我将在第三章中再次论及该内容。这些研究彰显出这位法国社会学家能够如何在不同尺度上激发、丰富和调整城市研究，甚至将城市研究融入更广泛的拓扑社会科学之中——后者能够将城市纳入符号区分、社会空间、建成环境之间动态关系的一般性分析中。

48

城市熔炉中的惯习与场域

事实上，布迪厄的三元辩证法具体表现为多种历史形式，这些表现形式都位于一个**连续统**上，其一端是**完美同构**（perfect homology），另一端则是**完全脱节**（complete disjuncture）。由于三种空间中的每一种都有其相对**自主性**和**惰性**，所以大多数经验案例会落在这两端之间的某个位置。"完美同构"和"完全脱节"这两个端点是**逻辑构念**，无法在**历史现实**中完全体现。考虑到社会空间存在"语义弹性"、物理空间存在相对刚性，以及符号空间是由实践范畴组织的，而实践范畴本身是模糊的，并且是根据避开了抽象逻辑的实践逻辑来调用的[25]，所以三元辩证法在某种程度上往往不是完美同构的。同样，完全脱节也是不可能的——除非在像内战这样的社会符号完全打乱的情况下，但即便如此也不会完全脱节，因为任何社会宇宙都是在最低程度上锚定于物理空间中，并在一定程度上孕育出表达其形态的符号范畴的。

符号空间的相对自主性是随着文化生产场域（宗教、艺术、科学、法律、新闻报道、政治等）的出现、巩固及其自我指涉特性而产生的。在文化生产场域中，符号形式是由专家根据内部标准来精心制定的（Bourdieu, 1994b）。例如，我们可以想想法律是如何脱嵌于日常生活的，以及是如何被那些依据具体法律规则来制定法典的法学家所垄断的（Bourdieu, 1986b）。社会空间的相对自主性来自资本积累、分化和转移的规律，而资本的积累、分化和转移是借助社会再生产与转换的既有工具而实现的（Bourdieu, 1989a: 386—396, 1994c）。物理空间的惰性存在于它对定位、位置和移动所造成的物质制约及其提供的便利，以及改造物理空间所需的资本、劳动力、时间等方面的成本。

49

相比于仅仅将布迪厄添加到城市研究准则中，或者把他的这个或那个概念塞进某个研究项目中，我们其实可以做得更多、更好。我们可以将符号空间、社会空间和物理空间的三元辩证法作为一个框架，来重述城市研究的核心问题。因此，请允许我在此提出一个新布迪厄主义城市理论的临时纲领，以邀请大家将城市视作资本和惯习之独特构成的熔炉来重新思考城市。在制度或者说在客体化的历史方面，大都市是一种独特环境，因为其孕育着以下内容：

（1）多种资本的积累和聚集。这是通过吸引大都市边界内部的人力资源、物质资源和符号资源而实现的。对此，马克斯·韦伯［Weber,（1921）1958］关于中世纪城市起源的研究和查尔斯·蒂利（Charles Tilly, 1989）关于11至18世纪欧洲城市与经济资本之共同兴起的研究中都有精彩论述。

（2）资本分化为经济资本、政治资本、宗教资本、司法资本等不同的竞争形式（Bourdieu, 2022）。这一过程是伴随着功能分化的确立而展开的，并导致了不同资本种类及其持有者实现再生产的相关专门机构的增加——正如涂尔干［Durkheim,（1893）2007］对劳动分工的论述和布迪厄（Bourdieu, 2012）对国家作为"元资本"持有者的兴起的相关研究所阐明的那样。

（3）资本之间的竞争。其源于资本的分化这一事实：多种资本在同一个紧凑的社会空间和物理空间中有形共存，这便提出了关于资本的相对价值与等级的严峻问题，进而引发了不同资本持有者之间围绕最高地位的斗争，以及无资本者自下而上的挑战——正如布迪厄（Bourdieu, 2011, 2022）在他关于"支配分工"（division of the labor of domination）[1] 和"权力场域"起源的论述中所指出的那样。

就性情倾向，或者说历史的身体化而言，城市同样是独特的，因为它将具有不同出身与生活经历、从事不同活动的人群紧密地、持续地联系在一起，从而也带来了各种各样的主体性。它不仅促成了物理空间和社会空间中位置的流动性（positional mobility），还促成了性情倾向的流动性（dispositional mobility）。这是凭借以下内容实现的：

（4）各种各样惯习的激增。这根植于密集而独特的社会关系和文化价值观集群，并且这些集群已经超过关键人口阈值，因而能够持续存在并蓬勃发展。基于路易·沃思（Wirth, 1938）"作为一种生活方式的城市性"观点，克劳德·费舍尔（Claude Fischer, 1995）在城市性的亚文化理论中对此有所论述。

（5）不成熟和脱节的惯习的形成。这同样是来自社会经历和社会接触的扩散，以及性情倾向与位置的脱节——正如布迪厄（Bourdieu, 1977a）研究阿尔及利亚中亚无产阶级的社

50

---

[1] 关于"支配分工"（法文：la division du travail de domination）这一概念，布迪厄曾论述如下："在权力场域内，支配阶级不同分群之间的客观关系以两种不同的甚至对立的方式呈现：当我们考虑这些关系本身时，就好像权力场域是完全自主运转时，这些关系表现为支配关系（经济资本最丰富的分群对文化资本最丰富的分群的支配关系）；当我们将这些关系和界定权力场域的支配者与被支配者之间的支配关系一同理解时，我们则会看到一种支配分工形式得以通过这些内部关系而实现——无论这些关系之间如何充满冲突。"（Bourdieu, 2011）——译者注

会流动时所剖析的那样，亚无产阶级投身于理性化的、以市场为基础的城市世界中，却怀有植根于名誉和亲属关系的乡村范畴。

（6）在社会空间与物理空间中，**各种各样惯习之间的碰撞**。这些惯习相互之间不一致或不协调，这再次导致生存焦虑、策略性创新和自我拷问时刻。格奥尔格·齐美尔［Georg Simmel,（1903）1950: 326］对此有所论述，他认为大都市生活的特点是"通过意识的强化而实现的精神支配"。

简而言之，城市是一个宇宙，它不仅孕育了马克思式的剥削、涂尔干式的专门化、韦伯式的理性化和杜波依斯（Du Bois）式的（非）名誉区分，而且还培植了布迪厄式的反身性，因为城市使居住于其中的人暴露在各种各样的社会评价实践与标准中，这些实践与标准在客观上和主观上都会使他们将自身相对化。[26]从长时期来看，由于城市化催生了文化与社会层面的扰动，所以**城市化是主信念（Doxa, 首字母大写的 doxa）的溶解剂**，也是集聚于城市中的各微观宇宙特有的各种信念（doxai，复数形式的 doxa）的催化酶。因此，我将在本书的结论部分指出，将布迪厄"城市化"、将城市作为社会分化的熔炉来纳入布迪厄的理论模型中，会强化布迪厄关于结构（场域）的论述，但会动摇他关于行动（惯习）的论述，从而邀请我们更好地详细论证惯习和世界彼此达成一致（或未达成一致）的条件。

为了概括符号空间、社会空间和物理空间的对应关系和相互转换关系，我们可以尝试将其以图示描绘。但是怎么做呢？布迪厄喜欢用图示来浓缩展示丰富的数据，并阐述复杂的论点，这与他的拓扑学本能反应是一致的。[27]他早期所作的著名图示包括对卡比尔传统住宅的符号意义的描绘，以及在《再生产：一种教育系统理论的要点》(*Reproduction in Education, Culture and Society*)①一书中关于惯习在从家庭到各层次学校系统中的排列组合的图表。他对韦伯宗教社会学的再阐释也被提炼为一个关键图示，其中展示了牧师、先知、巫师和平信徒之间的结构性关系。《区隔》一书中有多个图表用来阐明惯习、资本和场域之间的关系，其中包括一张叠加在社会空间位置地图上的文化消费地图，该图以性情倾向地图为中介，视觉化地表达了有关三者之间对应性的核心论点。[28] 在《实践感》(*The Logic of Practice*)一书中，布迪厄总结了卡比尔人仪式和神话的意义层次，其借助的是关于组织起这些仪式与神话的一系列符号性对立的概要化圆圈。

与之相似，在《艺术的法则》(*The Rules of Art*)一书中，布迪厄将居斯塔夫·福楼拜的划时代小说《情感教育》中人物的地理位置和游历路程绘制在了巴黎的地图上，借助塞纳河左岸（文化资本的汇聚之处，是艺术家和知识分子的场所）和右岸（金钱和商业的中心，是实业家和银行家的聚居地）的二元对立，标示出支配阶级的内部结构。在这本书中，有一张图描绘了文学场域的内在动态构成，还有一张图呈现了社会空间、文化生产场域和权力场域之间的嵌套关系。当然，在布迪厄的主要著作中，还有通过对调查数据和拟人法（prosopopoeia）材料的多重对应分析而实现的个人及其属性云图的视觉化映现［例如《学术人》(*Homo*

---

① 该书法文原版标题为 *La Reproduction. Éléments pour une théorie du système d'enseignement*，后以 *Reproduction in Education, Culture and Society* 为题出版英文版。目前中文版（商务印书馆 2002 年版）译自法文，并取法文版图书标题。这里采用本书已有中文版的标题，以方便中文读者查阅。——译者注

Academicus）、《国家精英》和《经济的社会结构》]。在《论国家》（*On the State*）讲授课中，这位法国社会学家甚至将王朝国家向官僚国家过渡的相关理论浓缩为一个由国王、国王的兄弟和大臣为主要内容的简易三角形。

图示有助于我们思考，但也有一定的风险。布迪厄担心图示带有一种历史无意识，会在无形中限制我们的思考。在《普通社会学》（Bourdieu, 2016: 30—31）讲授课中，他警告我们："对社会世界进行科学思考的障碍之一……是关于建筑形制世界的哲学，而马克思主义利用底层基础（infrastructures）、上层建筑（superstructures），以及诸如此类的各种结构（structures），极大地强化了这一哲学。"布迪厄指出了运用房屋（有地基、房间、楼层）或金字塔（有宽阔的底座和尖尖的顶部）的隐喻来构想社会的危险。[29] 在他看来，一个社会的总体社会空间最好被视为一个多维度的"多种空间的空间、多种场域的场域"（Bourdieu, 2016: 29），其边界大体上是清晰的，又是不断变化的，在某种程度上还是多孔的（porous）；其等级制是处于斗争中的，因此是不停移动的（Bourdieu, 2022: 635—648）。

尽管如此，为了谨慎起见，我提出三种而非一种方式，来描绘符号空间、社会空间、物理空间之间的关系，而每种方式都有其优点和不足（见图1）。第一种方式是环形图，三个空间在其中被视为处于同一个平面上的锚点，该平面具有分析上的平等性和相互性，而研究者将沿着这个阐释学的圆环旋转。第二种方式是三角形图，"精神"层面的符号空间在其中凌驾于"物质"层面的社会空间和物理空间之上，表达出三者在分析上的主次，也表明了"多种空间的空间"是自下而上定向的（尽管该图也可以理解为暗含了自上而下的因果性）。在第三种图示方式中，三种空间被

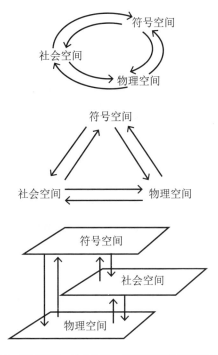

图1 符号空间、社会空间、物质空间的三元辩证法

呈现为三个相互平行的平面，它们或多或少是直接和同构地"映现"到彼此之上的。与本书作者一样，本书的读者必然对符号、社会和物质之间的关系有一个默会意象。有鉴于此，我建议我们一致牢记第三种构型，并认可每个平面都有自己的规则、内部历史和特定斗争，也存在适用于三个平面之间关联的同样内容。

无论怎样以图示的形式简缩，每个理论都有其分析上的漏洞、逻辑上的盲点和经验层面的局限性，这提出了内涵（构成概念的元素）和外延（这些概念可以应用的情形范围）方面的问题。这些问题也曾在围绕2017年发表于德国城市研究期刊《城/郊：批判城市研究杂志》上的本章内容早期简短版本的研讨会上提出，而我接下来将回应这些问题。

布迪厄的拓扑（*topos*）、空间与地点：对德国评论者的回应

感谢我的德国同仁参与讨论我提出的"城市的布迪厄化"（"Bourdieusification of the city"），亦即将布迪厄的独特思维方式运用于城市区域（*urbs*）和市民共同体（*civitas*）意义上的大都市研究中（Isin, 2003）所引发的认识论、理论和经验上的多方面议题。我将逐一回应他们的评论，时而反驳，时而修正，时而扩充，但始终是为了澄清我的论点，并为城市研究者提炼出这些论点的意涵。

1. 对"城市"的精英式与学术式预建构：卡塔琳娜·曼德沙伊德（Katharina Manderscheid, 2017）正确地指出了《世界的苦难》中题为"场所效应"的一章对德国社会科学家的过度影响（Bourdieu et al., 1993）；在他们的法语、西班牙语和英语国家的同行中，同样存在着对这一文本的短浅关注。这是因为该书是布迪厄的成熟作品中唯一一本表面上处理城市主题的书：涉及城市中社会苦难的结构和体验。这种独特的关注点表明，他们天真地接受了对城市的精英式预建构，即将之作为大都市内部或关于大都市的令人讨厌的"社会问题"的封面术语，而社会科学往往对这一做法予以认可而非质疑。正如我在本章前半部分所做的那样，回到布迪厄表面上关于乡村主题的早期作品，可以帮助我们避免在对象构建中出现这种基本错误。事实上，这将邀请我们通过乡村的视角来重新构想城市，并扭转城市社会学的惯常视角，即将"城市"视为给定的，并往往从源自民间或行政构造的不成熟观念而着手。

我们要从中吸取的教训，不仅仅是要注意巴什拉关于认识论断裂的提醒，而且在向布迪厄寻求分析指导时要努力涵盖其更

广泛的著作，甚至是布迪厄主要研究的全部范围。就此而言，我建议超越布迪厄著作的封面标题而进行挖掘：令人感到奇怪的是，城市学者没有注意到布迪厄的《经济的社会结构》（Bourdieu, 2000）一书，但是这本书含有一个关于住房市场之政治生产的理论模型及抽丝剥茧的经验分析，而对城市研究而言，还有什么主题能比住房更加重要呢？（参见 Brenner et al., 2012; Pattillo, 2013; Desmond, 2018）勇敢的读者还应该更进一步去尝试涵盖那些在布迪厄启发下产生的重要城市研究，例如米歇尔·潘松（Michel Pinçon）和莫妮克·潘松（Monique Pinçon）的多部著作，他们是三十年前将《区隔》中的模型应用于巴黎及其高档区域之物理构成的真正先驱（参见 Pinçon and Pinçon-Charlot, 1989, 1992）；或者去涵盖那些由布迪厄设计和指导的城市研究，例如让-克劳德·尚博勒东（Jean-Claude Chamboredon）和玛德琳·勒迈尔（Madeleine Lemaire）的经典文章《空间临近性与社会距离：大型住宅区及其人口》（"Spatial Propinquity and Social Distance: Large Housing Estates and their Populations", 1970），该文的田野研究展开于法国南部的社会主义小镇安东尼（Antony），而当时布迪厄居住于此，并计划将其改造成一个"生活实验室"，以供他当时领导的欧洲社会学研究中心（Centre de sociologie européenne）进行全景式的调研（Pasquali, 2012）。[30]

曼德沙伊德邀请我们研究"社会空间隔离与回避"的微观结构，而这是诸如居住分异指数（residential dissimilarity index）等传统的人口学宏观指标所不能充分反映的。我对此表示附议。21世纪以来，富裕和权贵群体及其家族和企业越来越有能力在物理空间和社会空间的顶端进行有组织的自我封闭，来精心打造高密度聚拢着各种资本和预留设施的专属场所（Wacquant,

2010a）。他们还能够利用地点的多重性，甚至制造虚构的无地点性（placelessness），来逃避税收或刑事起诉等。[31] 与之相反，在大都市秩序脚下受到剥夺和贬损的群体则越来越多地被锁定在污名化的住宅区里（例如 Keller, 2005; McKenzie, 2015），或者无处立足——正如无家可归者那样，在街头、庇护所和不稳定住房之间徘徊，或者建立临时营地，而正是这些营地的可见性使他们成为地方政府管理或刑罚干预的目标（例如 Herring, 2014; Jackson, 2015）。处于顶层的群体在城市中塑造了他们所在地点的物质现实和形象，而底层人群的空间和地点则在很大程度上是由外部力量为他们定义的。布迪厄可以帮助我们揭示这些多重层次上社会空间分化和支配的"区隔"（*feine Unterschiede*）①。

2. 空间与支配：不同于博伊克·雷拜因（Boike Rehbein, 2017）对我观点的解读，我认同他的观点，即布迪厄在本质上是一位支配社会学家，实际上是**唯一的**支配社会学家——甚至取代了马克斯·韦伯在这方面的地位。这是因为，布迪厄最具独创性的核心概念是作为有效命名和相应分类法的"符号权力"，即通过形塑社会世界的表征（representation）来塑造、改变或维持社会世界的能力。[32] 布迪厄的支配社会学必然也是对社会世界的批判，因为其揭示了被视作理所当然从而被隐匿的支配机制。我也同意，不存在所谓的"空间资本"，除非它是其他基础资本种类的历史与地理沉淀——无论是经济资本的，政治资本的，还是符号资本的（神话、宗教、法律等方面）。空间性（spatiality）是所有人、物和行为的属性，而不是社会空间的独有维度，有自己的形成、积

---

① 作者在这里借用了布迪厄《区隔》一书的德文版标题 *Die feinen Unterschiede*, 以表示同德国学者的对话。——译者注

累、传递和转换规则。当资本的效应在特定的物理位置上积聚，并将抽象空间变成具体地点时，如果我们不能辨识出这些资本效应，那么就会陷入**空间拜物教**的类型之一：将通过其他禀赋而获得的属性归因于空间。[33] 如果说在布迪厄（Bourdieu, 1986a）一篇经常被引用但多少有些杂乱的编目中 ①，缺少一种基本的资本形式，那么所缺少的不是空间，而是**物质力量**（physical force），其涵盖范围从特定个体的攻击能力，到群体协调形成的力量（如大屠杀），再到国家对有组织暴力的垄断——这就是另一个辩论话题了。

56

然而，这丝毫没有削弱莱布尼茨—涂尔干**拓扑学论证模式**的重要性；正相反，这种论证模式显然不局限于符号领域、社会领域与物理领域之间的直接复制。布迪厄并没有提出一种抽象的空间社会学，也没有提出一种仅仅满足于依据地理坐标来定位客体、能动者、资源和活动的科学（就像 Logan, 2012 所做的那样）。他提供了一种概念三要素，用以理解物理空间如何通过被赋予物质价值和符号意义而被转变为地点，以及地点如何反过来促进那些孕育了地点的社会结构和符号结构实现再生产或转变，从而形成一种**递归转换**（recursive conversion）的无限循环动态。在这个框架中，空间位置和空间距离都被理解为斗争的结果，以及旨在校准或推翻符号范畴与资本的社会分配之间对应性与转置关系的斗争素材。

3. 跨越时间、空间和尺度来贯彻布迪厄的三元辩证法：这为克里斯托夫·哈费伯格（Christoph Haferburg, 2017）的担忧提供了一个答案：能否将布迪厄的模型带出西方发达国家，带入前殖

---

① 在这篇名为《资本的形式》（"The Forms of Capital"）的文献中，布迪厄区分了经济资本、文化资本、社会资本等多种资本形式。——译者注

75

民地并有效地覆盖全球？我首先要指出的是，布迪厄年轻时对城市社会学的初步研究，尤其是他关于军事驱动的再安置营地既是初始城市形态又是反城市形态的大胆而细致的分析（见上文，边码第27—29页），其中的一个侧面即是处于阿尔及利亚殖民秩序崩溃的风口浪尖之上。他的分析捕捉到了帝国统治体系的结构性矛盾，即帝国统治体系激发出了狂热民族主义与快速城市化的社会力量，而正是这些力量引领了后殖民社会。在这方面，值得注意的是，那些专注于这些营地的地理学家已经向吉奥乔·阿甘本（Giorgio Agamben）、卡尔·施密特（Carl Schmitt）和米歇尔·福柯等人的高远理论寻求了帮助，却完全忽视了布迪厄扎根于经验的研究模型。[34] 难道他们更感兴趣的是纯粹理论的优雅文字游戏，而不是去探究实际存在的营地的肮脏结构和阴暗功能吗？

其次，符号性分类、有效资源的社会分配以及作为被占有物理空间的建成环境之间的三元辩证法是足够抽象的，因而不论是在柏林还是波哥大、迈阿密还是孟买、都柏林还是达累斯萨拉姆①，我们都可以坦然地探究这种三元辩证法的经验表现。没有什么学说将自身的应用局限于西方城市，或局限于某个城市中。[35] 三元辩证法不仅在小城镇和乡村中运行，也同样运行于大都市中。事实上，布迪厄理论模型的一大优点，即能够顺利跨越不同的地理区域和尺度［跨越不同的规模、密度和异质性，即沃思（Wirth, 1938）笔下的三要素］，从最偏僻的乡下小村到蔓延庞大的城市群。

就过去而言，布迪厄的三元辩证法提供了一个强有力的工具，

---

① 请注意作者在这里使用了押头韵的英文写作技巧，以表明可以随意列举出许多城市。——译者注

用以分析殖民主义城市性（colonial urbanism）的形成，即欧洲和日本的殖民帝国在非洲、拉丁美洲和亚洲，或是联合当地精英，或是对抗当地精英而发展出的独特社会空间形态和建筑形态。殖民地区对于城市研究的理论建设尤其有益，因为其涉及不同分类与分层结构之间的冲突和矛盾性的结合，以及以城市形态为社会控制工具的刻意设计。[36] 因此，殖民城市的物理构成、制度表达和人口分布都受到了殖民者所持符号结构的有力形塑。例如，严格的族群种族区分（ethnoracial categorization），以及关于土著民是传染病携带者的信念，致使殖民者实行严格的隔离，强化了笼罩在本地城市主义形态之上的持久神秘感（Metcalf, 2013）。

在过去的二十年里，历史学家、地理学家和建筑师出版了许多关于殖民城市的书籍，研究内容包括城市规划、大都市制度移植、空间使用冲突、物质和道义的关系以及族群种族分隔的强制执行，这些著作表明了城市化在殖民化中的中心地位。[37] 对于殖民城市化，新布迪厄主义者的初步看法是：在第一阶段，城市通过将殖民者的精神范畴印刻在殖民地的物理空间和社会空间上，进而巩固殖民统治；而在第二阶段，城市社会空间使被殖民者从控制城市和农村的物理空间开始，逐渐积累破坏殖民秩序所需的文化资本和符号资本，进而破坏帝国统治。借助图示法，这两个阶段可以用如下公式表示：

阶段一：殖民主义的印刻

符号空间→物理空间→社会空间

阶段二：民族主义的挑战

社会空间→符号空间→物理空间

58

这种三元辩证法在微观层面上发挥着作用，例如布迪厄（Bourdieu, 1970）所剖析的卡比尔人的神话范畴、其在传统房屋内部符号性布局上的投射、男性和女性的物品和任务在家庭领域中的分布与分配之间的对应性。该三元辩证法也在更加宏观的层面上发挥作用，正如布迪厄（Bourdieu, 1992: Prologue）所论述的，权力场域的两极（艺术和金钱）以及支配阶级的两个分群（文化资产阶级和经济资产阶级）中的二元对立影响了福楼拜的著名小说《情感教育》中不同人物在 19 世纪后期法国塞纳河左右两岸的物理位置、游历路程和联系。此时，搭建起权力场域的经济资本和文化资本之间的交叉对立是一种抽象的二元论（属于理论思维的拓扑），是不能被观察到的，因而必须凭借社会空间的概念（权力场域在其中占据更高的领域）来建构，而社会空间则被印刻在能动者通过同样的符号对立所感知到的物理地点中。

4. 城市中的符号性：拉尔斯·迈耶（Lars Meier, 2017）呼吁关注符号权力在城市集群形成中的作用，我对此深表赞同。事实上，正如我们将在本书第三章中看到的，这是过去二十年来我在城市领域研究议程中的核心内容。我将布迪厄的符号权力与戈夫曼的污名化学说结合起来，形成了"地域污名化"的概念，以说明地点污痕不仅影响受贬损地区居民的自我意识和社交策略，还会影响他们邻居的反应、公共机构和私营企业的行动，以及政府对贬逐街区的政策（Wacquant, 2007, 2008a, 2010b）。在《城市放逐者》和本书第二章中，我提出空间污名是"发达边缘性"的一个新颖而独特的方面，研究城市的学者在分析 21 世纪城市不平等的结构时必须将其放在突出位置。

同样，在过去的二十年里，我坚持不懈地批评对"贫民窟"

59

（ghetto）一词在修辞和隐喻上的误用，认为这带有对城市贫民的毁谤话语性质，将有关城市不稳定无产阶级在两极分化的大都市中所处困境的新社会问题错误地空间化和族群化了。美国和欧洲的情况都是如此。在美国，福特制工业时代的共同体贫民窟（communal ghetto）在20世纪60年代经历内爆，并被**超贫民窟**（hyperghetto）所取代；在欧洲，工人阶级的领地已经演变成贫困化和刑罚化区域，其可以被称为**反贫民窟**（anti-ghettos），因为它们在各个方面都远离了贫民窟的典型形态：它们在族群方面变得更加异质化、更具渗透性（porous），它们的包容性更弱，组织能力也被剥夺，无法为其居民培育共同的习惯用语和统一的身份认同（Wacquant, 2015）。

除了批评之外，我也提出主张。运用布迪厄的认识论反身性与三重历史化的相关原则，我建立了一个强有力的**分析性贫民窟概念**，将贫民窟视为族群封闭的空间工具，且是以范畴和地域的相互指定为基础的。这一概念旨在取代流传于学术界、政治辩论和新闻报道中的不成熟且多变的观念。在《贫民窟的两副面孔》(*Two Faces of the Ghetto*)（写作中）一书中，我将证明，与学术和政策上的常识相反，贫民窟化（ghettoization）与种族隔离并不相关，也不是社会解组的载体；相反，它是一种**分支整合形态**（modality of bifurcated integration）：它将被污名化的人群带入城市，这些人群在其劳动分工中扮演着明确的角色（通过经济榨取而实现结构性整合），但在面对面关系和亲密接触中却没有获得平等性（通过驱逐排斥而拒绝社会性整合）。

借助欧洲文艺复兴时期的犹太人、美国福特制时期的黑人以及日本后德川幕府时代的部落民（Burakumin）这三个典型案例，我聚焦于其中的强制空间隔离来阐明布迪厄主义的符号空间、社会空间与物理空间三元辩证法。这有助于关注将这些遭受污名的群体贫民窟化所实现的自相矛盾的利好，从而恢复关于互惠与尊严的"水平"维度——该维度产生于任一支配体系中关于下层与贬损的"垂直"维度，并与之形成互补。[38] 这还为我们提供了一种方式来理解贫民窟、监狱、保留地、营地①在结构与功能上的亲缘性，而这种亲缘性因同为社会空间隔离工具而来（Wacquant, 2010a），正如发达社会中的国家管理者越来越多地诉诸边界、围墙和有界地区作为界定、限制和控制问题类别的手段一样。

以上是一个具体的例子，说明了追随布迪厄去探索拓扑、空间和地点在城市中的联系所产生的科学效益。布迪厄不喜欢为了惹人注目的理论化而去进行枯燥乏味的理论研究。他对新的经验论据永远充满兴趣；这些经验论据使我们能够磨炼概念、勾描理论，并通过生产新的研究对象来展示范式的力量。希望本章提供的建议能够激励德国以及全球北方与全球南方国家的诸位同仁继续努力，让布迪厄主义的城市绽放出千万朵经验之花。想要探究布迪厄主义城市中实践、经验和结构的逻辑，就需要阐明符号权力在理论和实践中的运行方式，这便是下一章要讨论的问题。

---

① 关于此处的"保留地"（reservation）和"营地"（camp）两概念，作者曾作出如下解释：当支配群体在不想或不能从下层人群那里榨取劳动力，却想要占有他们的领地时（这尤其可见于殖民过程中），便通常会为他们在经济尚未开发的偏远地区划定"保留地"，即大片有界的被保留土地，并通过旨在重组和固定化这些群体的特殊法律和习俗进行管理；"营地"则是为了获得下层群体的劳动力的同时阻止他们进入城市而创造的空间形态，因为全面城市化会提高他们的再生产成本，也会带来混合的压力因而破坏族群种族的纯洁性和等级制。参见 Wacquant, 2010a。——译者注

注　释

[1] 这一代学者是基于前人的模范作品而成长起来的，这些前辈在一开始就应该受到赞扬。从 20 世纪 90 年代开始，Michel Pinçon 和 Monique Pinçon-Charlot［1989，1992，（2007）2010］在他们的开创性著作中，就将布迪厄对阶级、权力和文化的分析用于描绘大巴黎的高档社区（后文将详细介绍）。除此之外，还有两本专著大胆地拓展了《区隔》中的理论模型和方法论原型，使之用于分析城市的空间构成，分别是 Lennart Rosenlund［（2001）2009］对挪威斯塔万格（Stavanger）港口的后工业化转型的研究，以及 Virgílio Pereira（2005）对波尔图（Porto）的阶级、邻里和社交活动之间关系的考察。莱弗休姆基金会（Leverhulme Network）的"发达城市边缘性"（Advanced Urban Marginality）相关活动（2008—2012 年）也将布迪厄的理论带入了对四个大洲中贬逐地区的分析（详见本书第二章）。

[2] 城市研究中抽象的城市星球主义（urban planetarism）和具体的城市民族志之间的两极分化，让人想起半个世纪前 C. Wright Mills 在 The Sociological Imagination（1959）中所哀叹的塔尔科特·帕森斯（Talcott Parsons）的"宏大理论"和保罗·拉扎斯菲尔德（Paul Lazarsfeld）的"抽象经验主义"之间的两极分化（Mills 该书第 2—5 页可见相关概述）。

[3] 请特别注意 Bourdieu（1980a: Ch. 9）关于"主观的客观性"（The Objectivity of the Subjective）和社会现实的"内在双重性"（intrinsically double）特征的讨论。

[4] 这三个特征在 The State Nobility（Bourdieu, 1989a）中得到了最好的呈现。该书结合了民族志观察与访谈、人物传记、档案数据以及定量分析，来追踪社会结构和心理结构在多个尺度上的相互转化。这些尺度层次包括精英学校中学生的日常经历和学业策略，以及经济场域和权力场域之间的结构性对应，再到科层制国家在历史上的发明及其与文化资本之兴起的关联。

[5] 布迪厄的全部著述（包括二十多种语言的译本）共有 736 个原始条目，长达约 300 页（Delsaut and Rivière, 2022）。

[6] 布迪厄在帝国主义下的卡比尔和他的家乡法国西南部贝阿恩地区中，运用混合方法针对乡村社会中的社会死亡所作的跨地中海探索，是他的经验与情感基石。这孕育出了他对社会结构与精神结构之间辩证法的核心关切、对实践逻辑特性的发现，还孕育出了他关于认识论反身性的实用主义概念。这些工作还驳斥了有关布迪厄是"再生产理论家"的学术迷思，揭示出布迪厄是历史转型、文化脱节和意识断裂方面的一名高超分析家（Wacquant, 2004），而这三个属性是典型的城市性的。Amin Perez 的 Combattre en sociologues. Pierre Bourdieu et Adbelmalek Sayad dans la guerre d'Algérie, 1955—1962（2022）一书对布迪厄在阿尔及利亚的政治学和社会学训练进行了深入细致的描述。

［7］这些出版作品包括：1962 年的文章 "Bachelorhood and the Peasant Condition"，后被收录于专著 The Bachelors' Ball（Bourdieu, 2002）；1958 年出版的专著 Sociologie de l'Algérie（在 1962 年被扩展翻译为英文版著作 The Algerians）；一组研究：Uprooting: The Crisis of Traditional Agriculture in Algeria（Bourdieu and Sayad, 1964）和 Work and Workers in Algeria（Bourdieu et al., 1963）；以及在作者去世后整理出版的 Algerian Sketches（Bourdieu, 2008）。想要查找这些研究并作关联考察，请参阅 Ethnography 的特辑 "Pierre Bourdieu in the Field"（vol. 5, no. 4, 2004 年 12 月）。

［8］女性也以用脚投票的方式，来反抗以土地资产、家族名誉和男性长子继承制度为基础的乡村社会的延续："向外出走主要是因为女性比以前更有能力应对城市的生活，并且更渴望逃离农民生活的奴役。"［Bourdieu,（1962）2002: 67］

［9］城市和农村之间的社会符号不对称在一个敏锐的观察中得到了体现："一般情况下，小乡村里的人绝对不会梦想着去参加附近城镇里的舞会，而城市人则经常成群结队地来参加乡村的舞会；在这里，他们的都市魅力使他们和农民相比处于显著的优势地位。"［Bourdieu,（1962）2002: 84］

［10］到 1960 年，约有 210 万阿尔及利亚人被强行迁往军事化的营地，另有 100 万人被迁往城市。这些人口加起来足足占到原农村总人口的一半，这使这场"人口迁移成为历史上已知最残酷的人口迁移之一"（Bourdieu and Sayad, 1964: 13）。

［11］围绕营地居民食物预算和习惯，作者基于统计学所做的细致分析（Bourdieu and Sayad, 1964: 144—149）构成了 Distinction（Bourdieu, 1979）中阶级品位和饮食状况相关章节的精彩预兆。

［12］营地居民的主观定向迷失源自他们后天养成的性情倾向与其被迫演化所在的物理空间之间的脱节："由于他的整个身体惯习是经由其惯常活动空间，并且是为了其惯常活动空间而'打造'的，被连根拔起的农民在其内心深处受到了沉重的打击，以至于他无法明确表达自己的混乱状态，更不能确定其产生原因。"（Bourdieu and Sayad, 1964: 152）

［13］这与传统的时间观念形成了鲜明的对比，因为传统时间是由集体活动、群体义务和习惯性的预知（基于"前知觉的预期"）对理性预测的优先性所印刻的（Bourdieu, 1963）。

［14］因果链是以权力为起始的，这一点在 Uprooting 的开篇就说得很清楚："阿尔及利亚是一个实验场，军事思想在这里印刻下了它的结构，就像在一个投射测验中一样"（Bourdieu and Sayad, 1964: 26—27），"对空间的规训"是"对人口的规训"的载体。Bourdieu（1958: 106）在对殖民渗透的概括中强调，殖民化的基础是"有意为之且有条不紊地制造的破坏，以确保支配权力所施加的控制"。他特别指出，土地征用是"瓦解（本土）经济与社会基本结构的工具"。

［15］这场为期两天的工作会议由我组织，由拉塞尔·塞奇基金会（Russell Sage Foundation）和人类科学之家基金会（Maison des Sciences de l'Homme）赞助。除

了我的两位导师布迪厄和威尔逊之外，还有来自五个国家的与会者，包括 Philippe Bourgois、Godfried Engbersen、Enzo Mingione、Alejandro Portes、Paul Osterman、Saskia Sassen、Roger Waldinger、Margaret Weir，以及包括 Abdelmalek Sayad 在内的几位欧洲社会学研究中心成员。

［16］这些关于布迪厄主要理论的"知识胶囊"（总是局限于已译为作者自己语言的几本主要出版物）通常会忽略布迪厄作品集中的一大部分，还会受到可想而知的学科偏见与思想盲区的影响，并且基本上没有指明如何将这些理论转化为切实可行的研究设计和研究操作。例如，Fogle（2011）雄心勃勃地试图建构的一般化"布迪厄主义拓扑学"（Bourdieuan topology）就是这种情况。

［17］这几位都不是关于布迪厄的标准化介绍中会提及的"老面孔"，这说明了布迪厄作品的实际灵感和内在构成与他的学术形象之间存在着巨大的差距。而其学术形象则是由数十年来的删节化或神秘化的读物所累积形成的。

［18］同韦伯一样，对于布迪厄而言，社会研究必须从对其独特的"科学理论"（*Wissenschaftslehre*）的敏锐感觉出发，这种反身性的"科学理论"与韦伯的唯物主义宗教社会学一起，构成了布迪厄在青年时期对韦伯学说的初步了解，并决定性地塑造了他从哲学向社会科学的转变。关于布迪厄与《经济与社会》（*Wirtschaft und Gesellschaft*）一书作者［即马克斯·韦伯。——译者注］的双重关系，参见"With Weber, Against Weber"［Bourdieu,（2000）2011］。

［19］康德这种反形而上学的观点被马堡学派（Marburg School）所推崇。该学派中的卡西尔在格奥尔格·齐美尔的指导下接受训练，并且该学派通过与之竞争的新康德主义巴登学派（Baden neo-Kantianism）旗手文德尔班（Windelband）和李凯尔特（Rickert）的作品间接影响了韦伯。

［20］Elke Weik（2010）正确指出了莱布尼茨和布迪厄之间的相似性与亲和性：前者认为构成世界的创造性力量是上帝，后者认为是历史本身。但她主要是聚焦于惯习来论述的，而这两位思想家之间更强的关联是他们共同的关系性空间哲学（relational philosophy of space）（关于莱布尼茨的观点，参见 De Risi, 2007）。这里值得注意的是，恩斯特·卡西尔在 1902 年出版的第一本书正是将莱布尼茨的思想放在其科学语境下所作的剖析。

［21］"我喜欢那些理论无处不在却又无从可见的书——理论藏于注释的迂回中、对旧文的评论中，或藏于阐释性话语的结构中；理论就像人们呼吸的空气一样。有些作者让我感到非常舒服，因为他们懂得如何将最精辟的理论问题注入精心开展的经验研究之中。他们对概念的使用既谦逊恭谨又有贵族气质，有时甚至将自己的贡献隐藏在对理论的创造性再阐释之中，而这些理论是内在于其研究对象的。"（Bourdieu, 1992: 250）

［22］一个例子是 Bourdieu（2014: 554—567）在重现马奈（Manet）的"割裂的惯习"（cleft habitus）时所采取的分析步骤和他精心收集的数据。"割裂的惯习"既有

循规蹈矩的一面，也有离经叛道的一面，是"一种非常剧烈的张力，导致他走向矛盾的双向拒绝"，并使他成为一个"模糊的、撕裂的、双面的人物"，与他所属的资产阶级和艺术世界不相合。

［23］David Showalter（2022）讨论了"小镇惯习"的独特特征，包括"不慌不忙、接受意外延误、怀念和谐的过去、对自然力量的存在主义谦恭"，也包括"隔绝于外部社会与嵌入于本地社区之间的张力、自给自足与邻里互惠之间的张力"。

［24］有关特拉维夫的更多内容，参见 Marom, 2014b。另外，Marom, 2019 将这一规则延伸到了对孟买和开普敦城市规划的比较。

［25］关于这一点的理论阐述参见"The Logic of Practice"（Bourdieu, 1980a: 135—165），经验证明参见"The Demon of Analogy"（Bourdieu, 1980a: 333—439）。

［26］基于族群民族（ethnonational）以及族群宗教（ethnoreligious）的亲缘关系而形成的飞地或集群致力于最大程度地减少这种暴露，并保护群体在精神和符号层面的完整性。Drake 和 Cayton 在 *Black Metropolis*［（1945）1993］中对非洲裔美国人的研究、Humbert Nelli 在 *Italians in Chicago, 1880—1930*（1973）中对进入风之城［Windy City, 美国芝加哥市的别称。——译者注］的白人移民的研究、Lepoutre 和 Cannoodt 在 *Souvenirs de familles immigrées*（2005）中对进入法国城市边缘住宅区的移民的研究，都证明了这一点。

［27］图示是更高级科学的一种形式化或"生成性简缩"特征体现（Bourdieu, 2001a: 140）。

［28］这一分析的最初版本是 1976 年发表在期刊 *Actes de la recherche en sciences sociales* 上的一篇文章。在其中，消费（符号）空间向位置（社会）空间的同构性映现通过将前者印刷到可翻页并盖在后者之上的单独一张描图纸上而被生动地呈现出来（Bourdieu, 1976）。

［29］Bourdieu（2016: 30）在列举了各种（错误）呈现社会的图示法之后，课上让学生拿出一张纸，挑战**不依赖金字塔**而画出社会世界，学生们爆发出了笑声。

［30］我将在后记中再次提及这项未完成研究的内容片段，见后文边码第 180—181 页。

［31］在 *Capital Without Borders*（2016）一书中，Harrington 揭露了那些"前百分之一群体"的财富经理人是如何操纵地点的，以使这些群体能够将自己的资金置于民族国家的财政范围之外。

［32］我已经在为布迪厄的新老读者所写的多个出版物中提出过这一观点，例如 Wacquant, 2005a, 2008b, 2013。

［33］Ripoll（2019）对"空间资本"这一概念在分析上的混乱、语义上的含糊和衍生概念上的发散进行了强有力的论证。"空间资本"概念由法国地理学家 Jacques Lévy（1989）创造，后经 Ryan Centner（2008）和 Nikolaus Fogle（2011）再度发展，是支撑多个松散派生的空间标签的基础，这些空间标签一个比一个不成熟："栖

息地资本"（habitat capital）、"居住资本"（residential capital）、"地域资本"（territorial capital）、"环境资本"（environmental capital）、"流动资本"（capital of mobility）等。

［34］例子参见 Ek 及其在期刊 *Geografiska Annaler: Series B, Human Geography*（2006）所组的特辑，另见 Minca, 2015。欲了解新的理论方向，请参见由 Picker 和 Pasquetti 在期刊 *City* 受邀编辑的特辑 "Durable Camps: The State, the Urban, the Everyday"（2015）。

［35］Franck Poupeau 在 *Altiplano*（2022）一书中对拉巴斯（La Paz）过去二十年间的地点与空间政治所作的巧妙剖析，即是例证。

［36］关于这一主题的文献特别丰富而广泛。Wright（1991）、Demissie（2012）、Bigon（2016）、Njoh（2016）对法国的建筑和殖民主义城市性进行了探讨。

［37］参见 Yeoh（2003）关于新加坡的研究；De Barros（2003）关于圭亚那乔治敦的研究；Brockey（2008）关于葡萄牙殖民城市的研究；Glover（2008）关于拉合尔的研究；Home（2013）和 Hunt（2014）关于英国殖民城市的研究；Candiani（2014）关于墨西哥城的研究；Abowd（2014）关于耶路撒冷的研究；Bigon（2016）关于达喀尔的研究；García（2016）关于哈瓦那的研究；Dawley（2020）关于中国台湾的研究；Peterson（2020）关于波士顿的研究。

［38］我要补充的是，被隔离人群的团结本身就是支配群体的社会排斥带来的产物。作为被支配者的盾牌的贫民窟所带来的好处，被作为支配者的利剑的贫民窟化所付出的代价而淹没。这两个维度的交织，反过来解释了贫民窟居民对他们单独的生存空间（Lebensraum）的矛盾情感：既自豪又羞愧，既依恋又排斥。（此处的 "Lebensraum" 是德语词，曾被德国纳粹分子用于指国土以外可控制的领土和属地。作者用在这里以表示同德国学者的对话，也表达出相关概念的某些负面含义。——译者注）

第二章
地域污名的苦涩

2008 年 9 月，在国际社会学会（International Sociological Association）于巴塞罗那举办的会议上，一群对各个国家中不断演变的城市边缘性结构、动态和体验感兴趣的年轻学者聚集在一起，检验我在《城市放逐者》（Wacquant, 2008a）一书中提出的经验主张，并尝试将分析框架拓展到新的城市、国家和主题。[1]他们的共同观点也是那本书的核心论点，即尽管跨国力量在不断增强，话语也日趋同质化，但城市中的贬损现象并非处处都是相同的；然而这些现象遵循类似的机制，并在不同地点表现出了许多值得详细说明的相关空间特征与社会特征。这些学者希望能避免在社会空间中人为地隔离穷人的常见错误，并寻求将扰乱大都市下层地区的变迁与权力圈层内外的策略和斗争紧密地联系起来考察（Pereira, 2005）。

这些学者渴望进行理论指导下的跨国对话，以帮助他们避免陷入本地化辩论的狭隘范围中，并防止学术暗中从属于政策议程（Slater, 2006）。很快，他们形成了一个国际网络（通过网站 advancedurbanmarginality.com 来协调），将来自多个国家和不同学科的大都市研究者汇聚在一起。这些研究者采用基于田野的方法

（或是单独使用，或是结合历史方法和统计方法）以贴近日常生活的肌理，努力探索空间格局、符号区分和社会行动之间的动态相互作用，并热衷于强调国家和各种经济资本与文化资本的持有者在城市问题群体与问题地域的生产、分配和表征中的多方面作用。

在莱弗休姆信托基金（Leverhulme Trust）及上述研究网络的核心成员所在机构的支持下，该网络组织了一系列活动，其中包括 2010 年在爱丁堡大学举办的一个工作坊、2011 年 6 月在波尔图大学举办的"地域污名化"国际研讨会，以及 2012 年春季在法兰西学院举办的为期两天的"城市边缘性与国家"会议——这场会议吸引了来自十几个国家的研究人员齐聚巴黎。两年后，期刊《环境与规划 A》（Environment & Planning A）在这些活动的基础上，借助该网络在社会学、地理学、人类学、政治学、历史学、犯罪学、城市规划与建筑、社会工作等领域中的合作机构的共同努力，发表了关于"地域污名化"研究的专题特辑。这项成果旨在综合并促进关于城市光谱底端中符号空间（用以界定范畴的心理区分）、社会空间（有效资源在这些范畴之间的分布）和物理空间三者之间关系的研究。

在此后的十年间，有关地域污名化的研究在多个学科和国家中都获得了蓬勃发展。在最近的一份全景式文章中，舒尔茨·拉森和德利卡（Schultz Larsen and Delica, 2019）进行了系统的文献检索，发现有 784 份出版物提到了地域相关变体（如空间、街区等）的污名化，并从中选出了 119 篇包含"地域污名化"一词的文章进行重点考察。这 119 篇文章发表在 61 种不同的期刊上，涉及 20 个学科，覆盖六大洲，研究尺度涵盖从单一的街道和建筑物到住宅区、再到街区和城镇的整个范围，以及从内陆农村到世界城市的整个范围。这些文献证实，地域污名不仅仅是后福特主义时代城市转型中的一种新颖、广泛和突出的现象，还是一种通过精神表征和客观表征来衍生行动的深刻而重要的形式［Bourdieu，(1982) 1991: 220—221］。此外，空间污名化已成为"对社会不安定的当代新自由主义式治理中的必要部分"(Schultz Larsen and Delica, 2019: 557)：政府官员，特别是地方政府官员，将空间污名化操纵为符号性的隐患，以推进规训式监视、驱逐、搬迁、拆除和私有化，并用这些治理方案来解决受剥夺地区的持续恶化，以及通过在这些地区开展宣扬法治的行动来营造某种统治权气氛。

布迪厄与戈夫曼在城市中的相遇

我在其他地方讲述过我是如何在20世纪90年代初跨越大西洋的田野调查过程中遭遇"空间污名"这一棘手现实的；那项田野调查致力于比较芝加哥内城中受剥夺的超贫民窟和巴黎周边的衰落住宅区的日常生活体验(Wacquant, 2009c: 115—117)。这两个地方的居民都无情地大声附和城市居民、政府官员和商业媒体的看法，将他们自己的街区贬低为社会恶意、堕落和暴力的巢穴。同样，他们把因居住在一个被认为是社会道德炼狱的地方而产生的污名转移到同自己一样的其他人身上，从而证实了这一污名，并进一步将其影响传播开来。他们也设计了相似的策略来保护自己不被关联到一个有污痕的地点，比如隐藏自己的地址、避免带外人到家里来、撤退到家庭范围内、减少参与当地活动，以及一有机会就搬出去。[2]

更耐人寻味的是，降临到这些地方的污点也污染了负责制定法国城市新政策的高级公务员的态度和行为。例如，这些公职人员认为收到在官方指定为"敏感街区"中的任务指派是个人的污痕，也是他们职业生涯发展的障碍。而在芝加哥，对破败贫民窟的空间贬损是日常交往的一个传染性特征，助长了对贫民窟居民的普遍蔑视和恐惧。这种蔑视与恐惧是新闻和政治讨论的基本内容，内爆的黑人区在其中被描绘成"美国的磨石"（an American millstone）（Chicago Tribune, 1986）；二者也是蓬勃发展的作坊式学术产业所挖掘的一个观念主题，以探究一个据说正在毁坏贫民窟的城市"底层阶级"的所谓可怕崛起和蔓延。[3]

　　为了论述这一经验现象及其后果，我将欧文·戈夫曼（Goffman, 1963）关于污名的观点与皮埃尔·布迪厄［Bourdieu,（1982）1991］的符号权力理论结合起来，从而形成了"地域污名"的概念。戈夫曼认为污名是一种"败坏名誉的差异性"（discrediting differentness），来自面对面互动中他人的日常凝视；布迪厄则指出符号权力是一种权威机构的"展演性命名"（performative naming），这种权威机构能够使其表征深入人心并成为现实。"地域污名"这一概念捕捉到了最关键的符号属性，其与物质层面的雇佣劳动碎片化一起，构成了世纪之交二元化大都市中的"发达边缘性"（Wacquant, 2007, 2008a, 2010b）。[4]让我们回顾一下戈夫曼和布迪厄是如何发展各自的社会符号分类方法的，以及我们如何将二者结合起来理解空间放逐者的社会生产。

　　戈夫曼以标志性的方式阐述了他的污名理论，将各种"无资格被社会完全接受的人"的分散且看似不相关的经历、策略和处理方式纳入单一的概念体系中。这些人的涵盖范围从天生就有突出身体缺陷的人［《污名》（Stigma）① 的开篇是一封16岁少女因天生没有鼻子而想要自杀的哀痛来信］，到被推入受贬损范畴的人（离婚的人、黑人、精神病患者等），再到从事可疑活动的人（同

---

① 《污名》是欧文·戈夫曼的著作。——译者注

性恋者、罪犯、妓女、酗酒者、政治激进分子等）。戈夫曼首先提醒我们，在"污名"一词的发源地古希腊，污名使其承担者"成为一个有瑕疵的人，从仪式上讲是被污染的，要被排除在外，特别是被排除在公共场所之外"（Goffman, 1963: 1）。这很好地近似描述了贬逐街区之外的人对待贬逐街区内部居民的方式。此外：

> 我们相信有污名的人不是真正的人。在这种假设下，我们实施了各种各样的歧视，并通过这些歧视显著地（即使常常是在不知不觉中）削弱了他的生存机会。我们构建了一种污名理论、一种意识形态，来解释他的低人一等，并说明他所代表的危险，有时还以此来将基于其他差异（如社会阶级）的敌意合理化。（Goffman, 1963: 5）

就我们的目标而言，重要之处在于戈夫曼是从被污名化的人的角度来看待污名的。他并非将污名视为一件事物、一种固定的属性，而是把它视作一种被感知的属性，一种在社会交往中需要管理或弱化的负面符号资本。这位拟剧论社会学（dramaturgical sociology）① 的创始人剖析了"信息控制"的困境和技巧，被污名化的人即借此来确定其与"正常人"的关系。这是一种以紧张和不确定性为特征的关系，因为被污名化的人不知道"正常人"将如何对待他，也不知道这种互动是否会破裂。这种窘境对于生活在城市堕落区的居民来说再熟悉不过了，他们必须不断向外人"管理"有关他们被毁谤的身份"信息"，并决定"展示还是不展示，告诉

---

① 拟剧论是戈夫曼的代表性理论之一，用以说明日常生活中人与人之间是如何互动的。他将社会比作一个舞台，认为社会成员作为舞台上的表演者都十分关心自己如何在观众面前塑造出能被他人接受的形象。——译者注

还是不告诉，袒露还是不袒露，撒谎还是不撒谎，以及这些行为分别要何时、何地、如何以及对谁来做"（Goffman, 1963: 42 ）。

戈夫曼列举了人们隐藏或修复缺陷的努力。他指出"被污名化的人有时会在畏缩胆怯和虚张声势之间摇摆不定"，并可能将自己被贬低的表征形象内化，从而产生"自我憎恨和自我贬低"；他描述了"建立于个体对自身被污名化范畴的依恋之上的矛盾心理"；他还强调了"污名从被污名化的个体向其亲近关系传播的趋势"（Goffman, 1963: 5、18、30 ）——在新自由主义大都市那些遭受蔑视的堕落区居民中，某种程度上都发现了污名管制和传播的诸多特征。

戈夫曼的情境研究方法关注的是互动秩序的独特微观机制，强调行动而不强调社会结构，也不强调权力关系，但其研究并非与这二者不相容。[5] 当他坚持认为"被污名化的人和正常人都是彼此的一部分"，指出"正常和被污名化本身不是人，而是观点"，并强调"令人羞耻的差异的动态内容"是"社会生活的一般特征"而非被称作"越轨"的这一部分所特有时（Goffman, 1963: 133、133、140 ），他便为权力分析打开了大门。事实上，在《污名》的最后几页，戈夫曼承认除了"争取那些没有得到社会支持的人去支持社会"这样一个与塔尔科特·帕森斯的结构功能主义观点完全一致的一般性功能之外，

> 对那些有不良道德记录的人进行污名化显然可以作为一种正式的社会控制手段而发挥功能；对某些种族、宗教和族裔群体的污名化显然可以成为将这些少数群体排除在各种竞争渠道之外的一种手段。（Goffman, 1963: 139 ）[6]

戈夫曼仍然把污名化特征视为一种既定事实，而没有为我们提供它们的谱系；他认为污名具有一致性的后果，而没有提出污名在不同社会空间和社会生活领域会产生不同影响的问题；他将有缺陷的人和正常人描绘成是被锁定在一种二元对立中的，而非群体之间在一个更密集的等级化关系网络中发生的集体对抗。更重要的是，他没有将污名化归因和管理的研究放在一个更广泛的**关于重要社会分类的社会学**中；这些社会分类包括个人在日常生活中所作的决定性评判，也包括由致力于社会正常化和驯化的国家机构（如学校、警察、法院和医院）所作的决定性评判——在这些机构面前，个体的地位并不平等。

67　　　　污名的逻辑提醒我们，社会身份是一场斗争的筹码。在这场斗争中，被污名化的个人或群体，或者更广泛地说，只要是潜在分类对象的任何社会主体，就不能对将她圈定在她**众多属性之一**中的片面认知进行反击，除非她提出自身属性中最好的一个来定义自己，或者更一般地说，除非她通过斗争来强行实施对自身属性而言最有利的分类系统，或者至少向主导的分类系统提供最适合于评价她拥有什么和她是什么的内容。(Bourdieu, 1979: 554)

正如这段来自《区隔》的引文所表明的，皮埃尔·布迪厄提供的符号权力理论恰好是将污名历史化所需要的，也是将戈夫曼所揭示的关于身份制造的微观机制嵌入社会结构和精神结构的一般辩证法所需要的（ Bourdieu, 1979: 543—564, 1989a: 7—15 ）。符号权力是一个千变万化的、多尺度的、多形式的概念，布迪厄运用它做了大量分析性工作；如果要充分阐述符号权力，则无异于阐述他的全部作品，所以我将论述限定于跟地域污名化逻辑密切相关的四个要点。[7] 第一，符号权力存在于产生、传播和灌输符号系统的能力之中，即存在于感知和建构社会世界的认知范畴之中。这是一种通过改变（或维持）人们在世界中的行为和对世界的构想来改变（或维持）世界的权力。符号权力是一种**展演性的权力**（performative power）：它通过阐述世界来创造世界，它在宣扬一些自我实现的范畴。[8]

其次，符号权力相对独立于其他权力，尤其是物质权力（植根于经济资本或有形力量资本），但又是其他这些权力在被误识为其自身时所采取的形式——比如慈善家因其捐赠的金钱而被赋予高尚的道德品质（慈善一词本身就包含了这种神秘化）。"相对独立"中的"相对"意味着符号权力仍然是一种被支配的权力，即使如军事力量和经济劝说等物质形式的权力总是试图披上符号外衣以节省维持其统治所需的社会能量（Bourdieu, 1997: 206—214）。

第三，符号权力聚集在社会空间的较高区域中，并以在个体身体中沉淀的形式弥散到整个社会体当中，这一点并不相互矛盾。符号权力是**聚集的**：它在专门生产自我指涉的世界构想的文化生产场域（科学、法律、政治、艺术、新闻报道）和官僚场域（国家是"符号权力的中央银行"和"合法符号暴力的垄断者"）中积累并分化。[9] 符号权力是**弥散的**：它在每一种社会情境中起着作用，并且它在其中导致的分类具有流通性；它还化身于受其温和而难以察觉的力量所支配的社会化能动者有机体中。换句话说，符号权力是建立在集体信仰的基础上的，但这是一种以认知范畴和道德情感的形式铭刻在身体中的前反思式的（prereflexive）信仰——这一机制的极端情形是先知的追随者所表现出的盲目信仰。当符号权力激活其已储存在社会化有机体中"认知—情感—

意动"的弹簧时，它便开始运转。这就是为什么布迪厄［Bourdieu,（1982）1991: 203］描述符号权力是"一种无形的权力，只有在那些不想知道自己受制于这种权力，甚至不想知道他们本身也在行使这种权力的人的共谋下才得以行使"。

最后一点，符号权力既是不懈斗争的手段，也是不懈斗争的筹码。这些斗争首先发生在日常生活中，是通过我们在日常互动中发表的意见来进行的；这些斗争也发生在文化生产场域和官僚场域，意在将主流观点强加于世界——例如在阶级、种族、住房、宗教、犯罪等方面进行评判，以及在城市堕落区的描述方面进行评判。这种占主导地位的观点锚定了世界，因为它用符号性的划分来反映这个世界的客观划分，导致能动者将之视为理所当然，视为唯一可能的世界。

> 社会世界既是围绕承认（*reconnaissance*）和知识（*connaissance*）的符号斗争的产物，也是符号斗争的筹码；这种斗争其既是认知性的，也是政治性的，两个方面不可分割。我们每个人借助这些承认和知识所追求的，不仅是像戈夫曼所精辟分析的"自我呈现"策略那样，要施加一种对自身有利的表征，还有对最有利于我们自身存在的社会现实建构原则施加合法性的权力。（Bourdieu, 1997: 223）

借助社会空间，布迪厄将戈夫曼（Goffman, 1963: 12）所关注的"混合接触"（"mixed contacts"），即"被污名化的人和正常人处于同一'社会情境'中的时刻"，牢固锚定在客观位置的无形网络中，而客观位置的构型则以多种方式决定了他们之间的互动。借助符号权力，布迪厄清楚地表明被污名化的人的观点和体验是经

69

过正常人的范畴过滤的，二者都陷入了后者所犯下的符号暴力的恶性循环中。这种符号暴力不为二者所知，却在他们相遇时所感受到的情绪紧张中表达出来。[10] **在世界中所处的点位和对世界的观点并不都是平等存在的；人们对他人的评判不是即时做出的，也并非同等重要。布迪厄社会学中的拓扑时刻使我们能够摆脱偶因论幻觉，而这长期束缚着戈夫曼的社会学。**[11]

> 社会空间不能被还原为互动论意义上简单的"意识情境"，亦即无限相互反映的观点宇宙。社会空间是观点共存的相对稳定的场所，这既表现在所处资本（经济资本、信息资本、社会资本）及其相应权力的分配结构中的位置方面，也表现在对于社会空间的实际反应或表征方面。这些反应或表征是从这些观点中经由结构化的惯习而生产出来的，并受到空间结构及运用于其上的感知图式结构的双重影响。（Bourdieu, 1997: 219）

回到地域污名。它是符号权力在物理空间上的印刻。戈夫曼将污名划分成三大类，分别是"身体方面的憎恶""个人性格的缺陷"以及"承袭自血统"的"部落"隶属关系。我则强调空间是社会贬损的独特锚点。[12] 布迪厄的基本命题指出，符号权力以（去）动员其可能成员的方式来切割社会空间，进而"制造和破坏群体"；在此基础上，我要补充地点作为物质容器、社会交汇点以及承载着深刻情感价值的精神意象的重要中介作用。通过这些中介，集体将出现（或消失）于有关建成环境的权利斗争中。

这两种理论观点不仅是兼容的，而且是互补的。人们普遍认为布迪厄和戈夫曼是难以达成一致的社会理论家；据此，延森和克里斯滕森（Jensen and Christensen, 2012）认为这对于我的空间污名概念来说是个问题。但这个看法源于人们对他们两人的传统误读：布迪厄经常被误解为一个机械的"结构主义者"，被认为难以论及微观层面的创造性行动，但他关于惯习和社会空间的核心概念二元体其实能够流畅处理这方面问题；戈夫曼通常被误认为是赫伯特·布鲁默（Herbert Blumer）式的符号互动论者，但他其实是一个兼及齐美尔思想的坚定的涂尔干主义者，致力于揭示"互动秩序"特有的社会规则和集体表征。[13]

布迪厄的工作是自上而下的，追踪来自国家、科学、宗教、法律和新闻报道等符号性权威的有效表征流，直至它们对制度运行、社会实践和个体自我的影响（例如精英学校中支配阶级主体性的形成。参见 Bourdieu, 1989a: part 1）。戈夫曼的工作则是自下而上的，追踪各种相遇中的意义生成过程和"受损身份管理"技艺的微观效应，并探索它们如何聚合成组织。[14]因此，我们可以将二者结合起来，以促进我们理解负面的空间表征是如何在权力场域中被官僚机构和商业机构生产、传播和利用的，以及它们在日常生活中又是如何通过那些能改变社会身份、策略和结构的方式而被生产、传播和利用的。

空间污名在世纪之交的历史特定性

既然布迪厄已经授权我们将符号权力历史化，那么这里值得强调的是，街区污名是一种独特的新现象，是在 20 世纪末形成的，是贬逐地区突然崩溃或逐渐解体的产物。这种贬逐地区是福特制—凯恩斯主义阶段工业资本主义的标志，包括美国的黑人贫民窟、欧洲日益恶化的中心城市或大都市边缘地区中的传统工人阶级地域，以及拉丁美洲大部分地区中趋于稳固的棚户区。上述

71

主张并不意味着贬损地形（topography of disrepute）是后工业大都市催生出的一种新的文化聚合物。事实上，众所周知的是，由于城市化、工业化，以及上层社会对聚集于城市中的"汹涌人群"的恐惧与幻想，城市社会的"可憎成分"自19世纪中叶以来就已经有其特殊处所，如底层社会（*bas-fonds*）、棚户区和贫民窟，以及黑帮（*submundo* and *Unterwelt*）^① 的活动区域。

弗里德里希·恩格斯在《英国工人阶级状况》[*The Condition of the Working Class in England,*（1845）1993]中对曼彻斯特爱尔兰城（Irish Town）的经典描摹，以及罗伯特·梅休（Robert Mayhew）在《伦敦劳工与伦敦穷人》[*London Labour and the London Poor,*（1851）2012]中对考文特花园（Covent Garden）的点彩描绘，都足以证明这一点。在那半个世纪里蓬勃发展的新兴"城市探险家"，预见了现代的实地研究方法，并用恐惧和厌恶的语言精准指出了破败且危险的城市堡垒（Brunt, 1990）。到了19世纪晚期，巴黎的蒙福孔地区（Montfaucon）、纽约的五点区（Five Points）和包厘地区（Bowery）、伦敦的圣吉尔斯地区（Saint Giles）和东区（East End），以及布宜诺斯艾利斯的博卡区（La Boca）和阿尔及尔的卡斯巴哈地区（Casbah）等欧洲之外的地方，都以"贫困、犯罪和堕落"而臭名昭著（Kalifa, 2012: 16）。[15] 但是，困扰着当代受剥夺地区的污名与早期时代的空间污痕是不同的，这至少体现在六个方面。

1. **自主运转和黏性。**地域污名与贫困、劣等族群（包括全国性和地区性的"少数族群"——无论是否得到认定，以及处于下

---

① 此处的 submundo 和 Unterwelt 分别是西班牙语和德语，均为"黑帮"（凭借犯罪手段而谋生的群体）或"阴间、冥府"之意。就词源而言可大致对应于英语的"underworld"一词。——译者注

层阶级的外来移民）、低品质住房、不道德行为和街头犯罪的污痕密切相关，但已经部分地脱离它们而**自主运转**。这导致一种新的通用标签已经在发达国家广为流传，用来指代那些被视为会撕裂和威胁国家结构的城市地区：法国的"郊区贫民窟"（*banlieues-ghettos*）或者其委婉说法"困难街区"（*quartiers difficiles*）、意大利的"衰败街区"（*quartieri degradati*）、德国的"问题街区"（*Problemquartier*）、英国的"贫困住宅区"（sink estates）、荷兰的"问题地区"（*probleemwijken*）等。[16] 这种自主运转解释了空间污名的惊人黏性：一旦一个街区被贴上了城市衰败区、禁区、不法地区等标签，即使该街区的人口已经转变且物质设施有所改善，但要恢复其公众形象也会极其困难且代价高昂，甚至是不可能做到的。[17]

正因如此，即使布朗克斯区（Bronx）① 在过去二十年里获得了经济上的蓬勃发展，并容纳了纽约市最富裕的一些街区，但是在纽约、美国以及通过电影——特别是通过黑帮说唱视频和电视连续剧《火线》（*The Wire*）（尽管其故事背景设定在巴尔的摩）② 而"了解"它的世界各国人群中，这个名字仍然意味着罪恶和暴力之地，引起人们的警惕和恐惧。更引人注目的是，位于芝加哥繁华市中心的臭名昭著的卡布里尼-格林高层住宅项目（Cabrini-Green high-rise project）③ 也经历了同样的命运，即使距它被夷为平地并被重建为混合收入的低层住宅区已经过了二十年（Ruiz-Tagle,

73

---

① 布朗克斯区是美国纽约市五个行政区之一，居民主要以非洲和拉丁美洲后裔为主，是纽约著名的贫民区，其犯罪率居于全国前列。——译者注

② 《火线》是美国一部犯罪类电视连续剧，以美国巴尔的摩市为背景，讲述了警察与犯罪团伙之间交锋的故事。——译者注

③ 卡布里尼-格林公共住宅是芝加哥市著名的公共住房项目，始建于 20 世纪中叶，却由于管理不善和负面报道而逐渐成为破败、犯罪、贫困的代名词。最终，该高层住宅项目在 2011 年被基本拆除。——译者注

2016）。[18] 地域污名的黏性同样可以在西欧观察到。法国耗资数十亿欧元来对官方指定的"敏感街区"进行了大规模改造，包括拆除高层建筑、美化公共空间、降低人口密度、改善公共服务和商业服务等，但都未能改变这些街区的恶劣形象。在荷兰，阿姆斯特丹的拜尔默（Biljmer）街区① 以典型的"荷兰贫民窟"而在全国声名狼藉，它被社会隔离、贫困、毒品和犯罪所毁坏的名声在其被重建并重塑形象为一个城市内部安宁的郊区生活空间后仍然顽固存在（Pinkster et al., 2020）。

在某种程度上，相对于物理空间和社会空间的变迁，符号空间的滞后性是媒体报道偏见的结果。对于媒体而言，关于城市破败与危险的故事总是比社会常态和逐步改善的叙事更有商业价值（Kearns et al., 2013）。但这种滞后性的原因也在于污名化范畴和形象在城市居民和全体公民中的大肆传播，以及其作为一些难以表达的感受而在身体上的印刻。这些感受包括恐惧、厌恶和愤慨，仅需地点名称和地点形象的唤起即可引发——就像是普鲁斯特的玛德莱娜时刻（Proust's madeleine moment）② 在城市中的扭曲版本。符号暴力通过情绪来起作用，而"没有什么比情绪更重要，因为它深入有机体性情倾向的内部"（Bourdieu, 1997: 168）。它会在主体性内部埋藏下持久的残余，并且在其失去物质依托很久之后也很

---

① 拜尔默位于荷兰阿姆斯特丹的东南部郊区，在 20 世纪 70 年代建成后不久就开始面临犯罪、失业等一系列社会问题，导致该地区声誉受损。近年来，拜尔默致力于将自身打造为多元文化街区。——译者注

② "普鲁斯特的玛德莱娜"出典自法国作家马塞尔·普鲁斯特（Marcel Proust）的名著《追忆似水年华》。其中写道叙述者在品尝了浸泡在茶水中的玛德莱娜蛋糕后，不由自主地回忆起了童年的某个片段。此后，"普鲁斯特的玛德莱娜"成为一个文学隐喻，用来形容那些触发无意识记忆或唤起久远情感的事物或体验。——译者注

容易被重新激活。

　　情绪处于地域污名的**符号残余**的核心位置。这表现在，人们在重新评估一个长期被玷污之地的价值时，会对街头犯罪和可见的贫困（表现为无家可归现象）有过度的担忧，并且相应地，维持秩序的警务会被当作城市（再）估值工具而过度发挥作用——特别是在士绅化的开始阶段，此时"清理"街道上的人类污垢至关重要（Herring, 2019a; Beck, 2020; Collins et al., 2021）。从分析的角度来看，这意味着我们需要把警务和监狱纳入符号空间、社会空间和物理空间（反复）交织的图景中——我将在下一章（边码第 137—143 页）回到这一点。从政策的角度来看，这表明在物质方面去改善一个街区并不足以提升它在城市地点等级中的排名；要使之（重新）融入城市的公民结构中，则需要采取专门的空间去污名化措施（Schultz Larsen and Delica, 2021）。

　　2. 国家化和大众化。在每个国家中，都有一小部分城市行政区或城市成为自我肇始并自我延续的贫困与堕落堡垒，其在不同的阶级和空间中都广为所知并遭受唾弃。它们的名字流传于新闻报道、政治和学术的话语中，也作为"城市地狱"的同义词而流传于日常交谈中。更重要的是，在新自由主义大都市里，空间污名的传播是被系统性地强化的，甚至是由国家煽动的。

　　这种令人生厌的形象不仅盛行于社会与文化精英中——就像该形象在一个世纪前的前身那样，而且也盛行于全体公民中，包括那些住在这些糟糕地区的人们，也包括完全远离这些地区的人们。居住在偏远乡村的瑞典人一提到林克比（Rinkeby）、滕斯塔（Tensta）和费蒂亚（Fittja）①这些名字，就会感到恐惧和厌

---

① 这些都是瑞典首都斯德哥尔摩周边较为混乱、贫困的地区。——译者注

恶，即使他们从来没去过也可能永远不会靠近斯德哥尔摩周围这些臭名昭著的"禁区"（no-go areas）（Pred, 2000: 124—130）。标志着城市堕落区的地名甚至通过电影、音乐视频和电子游戏而在国际上传播，而不是像19世纪那样通过小说和报纸连载而传播。于是，"布朗克斯区"已经成为全球通用语，用来指代阿根廷、法国和澳大利亚等国的遥远城市中物质破败、道德堕落、社会沉沦的大熔炉（Auyero, 1999; Wacquant, 2008a; Birdsall-Jones, 2013）。最近，伴随着瑞典足球巨星兹拉坦·伊布拉西莫维奇（Zlatan Ibrahimović）的职业生涯旅程，瑞典马尔默市（Malmö）的罗森加德区（Rosengård）在西欧大部分地区都恶名远扬，因为他在各个国家的媒体报道中都被描述为"来自罗森加德的贫民窟"。[19]

　　3. 国家支撑和神圣化。第三个不同之处至关重要：世纪之交的地域污名是由作为最高符号机构的国家来背书和支撑的。城市中受贬损街区的存在被公共权力官方化、地方化、文件化，其采取的方式使地域污名的存在和特征既充分突显，又看起来无懈可击。[20] 这一举措的典范是，自2010年以来，丹麦政府每年都会大张旗鼓地公布一份官方的"贫民窟名单"（ghettolisten）。作为其全面政策的一部分，这一举措旨在减少和疏散被视为对城市融合和国家完整构成致命威胁的贫穷隔离街区。这份名单包含了丹麦每一个贫民窟的名字和位置。根据法律定义，"贫民窟"是有异常高比例的非西方移民及其后代、失学及失业青年、刑事罪犯的地区。赤裸裸地将种族纳入界定标准中，这让政府将社会不稳定和贫困问题当作空间、移民和文化问题而视而不见；将犯罪背景纳入界定标准中，则使这些地区被贬损为危险地区，使其中的居民被贬损为有罪的人。[21] 但是，包括拆除建筑物、强制从一岁开始接受学前教育、将有前科的人驱逐出住房、加强警务治安等在内的一系列用于"废除贫民窟"的措施,其主要效果是使被认定为贫民窟的地区变得不稳定,并加深了对这些街区的毁谤。因此,到21世纪10年代末,丹麦政府试图撤销该名单的公开传播,但为时已晚。

一旦政府官方认可了一份城市堕落区名录,媒体就会把它当作绝佳素材来撰写耸人听闻的文章,将人们的注意力最大程度地吸引到被认为是在法律和道德之外的城市区域。在法国,各大报纸会定期发布全国地图,标示出被称为"敏感区""困难区""法外之地"或干脆就是"贫民窟"的街区或集镇(cités),而这在全国范围内传播了城市恐慌。这些地图的官方来源各不相同,因为每个国家行政部门,包括警察部门(负责"安全优先区域")、教育部门(负责"教育优先区域")、财政部门(监管"免税区")和城市事务部(管理"敏感城市区域"和"优先街区"),都有不同的管理地理学,而且它们的政策每隔几年就会变,以掩盖计划项目的失败或适应最新的选举周期。以上揭示了街区污名是如何被国家与媒体之间的符号联盟传播和固化的,甚至可以说是完全由其创造的。[22]

4. 受贬损地区作为社会解体的浓缩和载体。在后工业大都市中,受污名化的街区被描绘成社会解体(disintegration)的漩涡中心和载体,拥有根深蒂固的堕落和无可救药的混乱;在古典工业城市中,底层社会的世界则被视为"一个强大的、分等级的反社会",是周围的"组织化社会的倒转替身,也是它的假冒与讽刺版本"(Kalifa, 2012: 61—66)。1843年。托克维尔在一份关于监狱政策的报告中将犯罪社会描述为"大国中的小国",为我们指明了方向。大约一个世纪后,约瑟夫·凯塞尔(Joseph Kessel)在柏林与之遥相呼应,将底层社会(Unterwelt)描述成"国中之国"。这个平行社会的社会组织有其独特的制度、风俗和规范，这方面的证明在于，黑话（argot）作为一种共享语言，它的发展巩固了其文化的统一性。历史学家多米尼克·卡利法（Dominique Kalifa, 2012: 65）在考察了19世纪工业城市的受贬损地区后，总结道："这些底层社会自身无法构成一个宇宙，它们始终是处于其上层的社会的底面。"

新自由主义城市中的那些社会道德堕落区却不是这样。这些地区被反复描绘成与主流的社会、道德和尊严没有任何联系的封闭世界；它们就像社会黑洞——字面意义和比喻意义上均是如此。因此，在20世纪的最后几十年里，"底层阶级"这个恶魔般的故事让美国学者、政策制定者和慈善家们都着迷万分。它被描绘成社会解组的化身，是城市病态的浓缩和载体——病态（pathology）则是惊恐的观察家在描述它时最常使用的术语（Wacquant, 2022a）。"贫民窟"这个标签本身也经常被用来渲染和声讨这种解体。其使用者包括一些学者，他们对贫民窟化的社会学基调视而不见，忽视了贫民窟化是城市中被污名化族群范畴缺乏社会性整合的结构性整合机制（Wacquant, 2011）。在西欧，贫民窟化的用语已经激发人们对部分街区的负面情绪。人们认为在这些街区中，民族受到了"文化分裂"的挑战，国家的原则也受到了平庸化"无法无天"的攻击。在公众的表述中，与在国家管理者和被委任进行管理的工作人员心目中一样，城市堕落地域几乎总是以其缺乏的事物方面被刻画：体面的住房、发挥作用的团结、密切的社交性、积极的未来以及社会及居住的流动性（Duarte, 2000）。[23]

5. 通过选择性强调或虚构性投射而实现的种族化。这些受贬损地区的人口总是被涂上比其人口统计数据更灰暗、更异域的色调。它们的文化差异被夸大，被演变成同国家主流规范的背离，甚至是敌对——宗教往往成为煽动叛乱的隐秘动因，而它们脆弱的阶级地位和得不到社会承认的境遇却被淡化或完全忽视。在这些地区之中及其周边发生的越轨行为或暴力事件通常会被大肆渲染，并被追溯到所谓的当地居民固有的社会文化特征，从而将他们打上被放逐者的烙印。

这种符号性的扣帽子做法可以将任何一个住有稳定的少数黑人或外来移民、犯罪率较低、住房条件单调但还算充足的街区迅速变成一个充满敌意的种族贫民窟幽灵，随时可能爆发骚乱。布里斯托市（Bristol）①圣保罗区（St. Paul）被扭曲的集体形象即体现了这一点（Slater and Anderson, 2012）。当地年轻人和警察之间经常发生街头冲突，并且仅仅因为骚乱者肤色较深，这些冲突就被轻率地上升为"种族骚乱"。然后，有关"战争"的军事修辞就被推出，与殖民主义的种族用语混杂在一起，产生了一种关于无解的全面城市冲突的爆炸性景象。这种景象根植于几个世纪以来与伊斯兰教的无情对峙，是为吸引媒体关注和图书销售而量身定制的——历史学家安德鲁·赫西（Andrew Hussey, 2014）荒唐的《法国的阿拉伯大起义：法国与境内阿拉伯人的长期战争》（*The French Intifada: The Long War Between France and its Arabs*）就是一个例证。

> **"法国的阿拉伯大起义"之荒唐**
>
> "在巴黎北站（Gare du Nord）或郊区的骚乱者也经常把自己描述成参与一场反抗法国与欧洲的'长期战争'中的士兵。从这个意义上说，他们正在与'文明'这个概念作战斗；他们认为'文明'是欧洲人的发明。所谓'法国的阿拉伯大起义'

---

① 布里斯托是英国西南部城市。——译者注

是同警察在法国城市的边缘与中心地带展开的游击战，而这只是与敌人交战的最新和最引人注目的形式。这场战争肇始于 19 世纪初拿破仑对埃及的无情侵略；这场侵略是法国人对一切东方事物的欲望开启的标志。"如今，这场战争正在发展成"第四次世界大战"，使法国与后殖民时代阿尔及利亚、突尼斯和摩洛哥的联盟成为对抗的双方（Hussey, 2014: 12）。

这本《法国的阿拉伯大起义：法国与其境内阿拉伯人的长期战争》并没有引起人们表示怀疑的嘲笑，反而在英国媒体上好评如雷 [《星期日泰晤士报》（*The Sunday Times*）称其"引人入胜、令人信服、极具可读性"]，并且在那些将文辞华丽的夸夸其谈当作研究的低成本替代品的部分学术界中也广受赞誉。这本关于"阿拉伯人"（其中很多是柏柏尔人和非洲黑人！）与法国之关系的片面、浮夸、虚假的历史充满了事实错误，掩盖了被污名化郊区的年轻人对其出生国的深切矛盾心理、劳动力市场的下滑堕力和学校的整合力量、犯罪和监禁的有害影响，也掩盖了法比安·特龙（Fabien Truong）在《激进的忠诚》（*Loyautés radicales*, 2017）一书中捕捉到的伊斯兰教在个人身份和社会身份建构中的可塑性和异质性作用。

2005 年 11 月，年轻人与警察之间的冲突浪潮席卷了整个法国的城市堕落区。这引起了国内和国际社会的反响，成为法国大都市受贬损地区公开种族化进程的关键时刻。[24] 两名男孩在被警察追至一个发电站后意外身亡，此后冲突每晚都会上演，在三周内蔓延到了 200 多个集镇，导致约 10000 辆汽车被烧毁，最终有 3000 人被捕。一场激烈的辩论爆发了，对这起仍在肆虐的事件给出了"社会"和"种族"两种解释（Mauger, 2005）。支持后一种观点的人认为，骚乱者无疑是与法国社会格格不入的邪恶"人渣"先锋［用时任内政部长尼古拉·萨科齐（Nicolas Sarkozy）的话来说，他们是"社会渣滓"（*racaille*）[①]］，并且认为这起暴动是由来自北非和西非的年轻移民策划和组织的——尽管被逮捕的骚乱者中有 95% 是法国国籍；他们认为这些人由于"非洲的一夫多妻制"和激进的伊斯兰教倾向而变得反社会。[25] 因此，他们呼吁采取包括派遣军队进入集镇在内的严厉措施来镇压街头暴徒，以避免国家陷入"内战"。法国政府援引 1963 年为镇压阿尔及利亚对法国殖民统治的反抗动员而通过的一项法律，单独在"敏感街区"设立了紧急状态，助长了这种殖民想象。这个过程使这些地区从"垂危的街区"（neighborhoods in danger）变成了"危险的街区"（dangerous neighborhoods）（Dikeç, 2007）。

这种观点助长了城市边缘地区族群性、深肤色和暴力的结合。但是，抗议的年轻人要求的不是承认他们在文化与公民身份上的他异性（alterity）；恰恰相反，他们要求警察、雇主和媒体结束基于族群性而将他们排除在公民契约之外的对待方式（Rea, 2006; Cicchelli et al., 2007）。无论如何，2005 年的这场骚乱标志着一个拐点，并显著地加速了"种族"这个严峻议题的上升，以及在法国公共领域中种族与骇人郊区之间的联系（Balibar, 2006; Fassin and Fassin, 2006; Kokoreff, 2006）。2011 年在伦敦及其周边地区和 2013 年在斯德哥尔摩周边地区发生的治安事件引发了类似的骚乱，公众及政治界对骚乱的反应也出现了上述种族归类和骚乱道义经济的模糊化过程（Newburn, 2016; Schierup et al., 2014）。在整个欧洲，和美国一样，城市暴力如今与受贬损的族群性捆绑在一起，并被

[①] "racaille"为法语词语，大意为"败类、社会渣滓、流氓"。——译者注

固定在危险地域上。

6. 负面情绪与惩罚性的政策回应。最后，同样重要的一点是，后工业城市中遭受污名化的受剥夺地区引发了难以抗拒的负面情绪以及由恐惧、厌恶和谴责所驱动的严厉矫正反应，而这反过来又帮助发展和美化了国家为了遏制城市边缘性而推出的刑罚部门（Wacquant, 2009a；另见 Clear, 2007; Mucchielli, 2008; Peck and Theodore, 2008; Beckett and Herbert, 2011）。新兴工业城市中的肮脏底层社会对于政治精英和文化精英的矛盾魅力和浮夸的吸引力早已不复存在；这种魅力和吸引力曾使它们成为上层社会制造兴奋的游乐场，成为满足社会偷窥癖、道德越轨、性幻想和艺术灵感的神秘场所，就像集中于大都市遗弃区的"贫民窟"报道和"卧底"新闻的共同发明所证明的那样（Kalifa, 2012）。

在 19 世纪 80 年代，维多利亚时代的伦敦上流社会在午夜乘坐拥挤的公交车，从他们的豪华居住区出发前去伦敦东部的贫民窟游览。在那里，他们可以目睹"贫困"（pauperism）的兴奋景象，并对伦敦贫民的奇异景象、声音和场面瞠目结舌（Koven, 2006）。在 20 世纪 80 年代，却没有一个芝加哥的富人会设想——更别说敢于——开车到芝加哥南区的罗伯特·泰勒家园（Robert Taylor Homes）[①] 附近闲逛，尤其是在晚上。如今，当有权势的人到访这些地方时，往往是采取一种戒严的方式，前来宣布旨在铲除腐败、恢复秩序和惩处不法分子的措施。举个例子：英国保守党政客多次访问格拉斯哥市伊斯特豪斯（Easterhouse）的受贬损街区，以证

---

① 罗伯特·泰勒家园是位于芝加哥的一项公共住房项目，始建于 1962 年。该项目建成不久即面临与其他芝加哥高层住房项目（如前文提到的卡布里尼-格林项目）相似的问题，包括贩毒猖獗、药物滥用、帮派暴力和贫困等。——译者注

实在 21 世纪 10 年代席卷英国的递减式福利改革的必要性并争取支持（Slater, 2014）。[26] 在大西洋两岸，被遗弃与受贬损街区已经成为新自由主义国家推出贫困刑罚化政策的主要试验场，以在社会和空间层面遏制解除经济管制和社会福利紧缩带来的负面影响（Wacquant, 2009a）。

这里需要指出的是，将受剥夺街区玷污为堕落和危险的地狱，与新自由主义普遍使用污名化作为人口定义和管理的符号性技术有关。伊莫金·泰勒（Imogen Tyler, 2013: 212）指出污名化的传播和加剧"不仅是新自由主义意识形态和政策的结果"，而且污名化本身也是"新自由主义治理术"的"核心器官"，以此生产社会耻辱，并激活整个"关于厌恶的政治经济"来重绘符号空间。[27] 因此，政府援助的受益者，如接受社会福利、失业保险和住房援助的人，还有罪犯（作为"惩罚"这一负面公共产品的接受者），都被自动视为嫌疑人。他们仅仅因为是接受者，就被毁谤为较低等级的存在。樊尚·迪布瓦（Vincent Dubois, 2021）通过论述"控制"公共援助接受者（即核查受助人的合法性和行政合规性，使违规受助人受到制裁）这一官僚格言的酝酿和实施过程，揭示了法国政府在过去的二十年里如何部署了一种影响深远的"使最脆弱群体受到污名化和不稳定化的新家长主义政府行为"。强化政府毁谤的对象在不断增加：移民、难民、贫困单身母亲、性犯罪者、被剥夺公民权的年轻人，等等。总之，地域污名只是国家毁谤的一种变体，被用作塑造符号空间的一种手段，以推进对社会和物理空间的自上而下改造。

地域污名的拓扑学

从根本上讲，污名化是一种符号劳动形式：它需要原材料

（在这里是指贫困、族群性、空间隔离、住房破旧、犯罪、肤色、对前殖民地外国人的普遍恐惧和蔑视等），需要符号专家（记者、政治家、学者、政府和民选官员）将这些材料转化为范畴、图像、修辞以及或多或少连贯的话语，还需要传播渠道来传播各种表征和观念并使之成为这个地方和该地居民的固有属性。此外，还存在一种关于毁谤的符号劳动分工，贡献于其中的不同人之间相互呼吁、彼此合作，或者相互影响、彼此合法化；他们依靠各自的权威，基于他们所拥有的特定资本形式，来回应彼此、增强彼此。这种劳动是通过两方面而结构化的：其一是产品的生产者、传播者和消费者在社会空间中所占据的位置，其二是他们应用于这些产品之上的认知图式。那么，布迪厄将如何帮助我们来解释这个多层次、多行动者的过程？

图 2 说明了新自由主义大都市中地域污名的生产（用字母 P 表示）、传播过程，以及影响方面（用字母 I 表示）。该图将社会空间、权力场域、文化生产场域、国家以及分布在物理空间中的各种机构和支持者汇集在一张图中。当然，这是一个示意性的草图，将布迪厄作品的不同图示和文本论证中的元素统合在了一起；[28] 但它可以帮助我们获得一个综合的视角，来考察两极化城市边缘中的实践、结构和符号权力之间的相互关系。

资本总量的纵轴和资本构成的横轴将社会空间界定为主要有效资源、经济资本（以收入和财富衡量，主要集中在右侧）和文化资本（以教育程度衡量，主要集中在左侧）的欧式几何二维分布。位于顶部附近的能动者和机构拥有大量的资本，而位于底部的能动者和机构则完全没有资本；位于该图右侧的能动者拥有的经济资本相对而言比文化资本更丰富（例如位于右侧顶部的资本家或经理、位于右侧中部的商店店主），而位于该图左侧的能动者

82

109

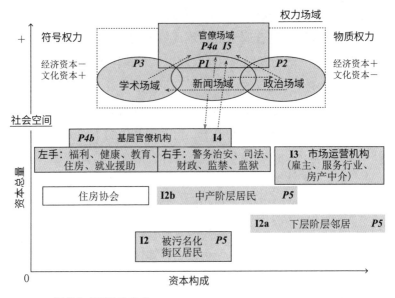

图 2　关于地域污名之生产与影响的拓扑学

Pn = 污名化表征的生产者
In = 地域污名的影响方面

拥有的文化资本则相对比经济资本更多（例如位于左侧顶部的大学教授或艺术家、位于左侧中部的技术人员）；位于横轴中部、纵轴顶部的能动者同时拥有较多的两种资本类型（如医生、律师和高级公务员）。我们可以把该图的第一个部分看作是社会空间的分析性地图，在其上可以覆盖一个城市中街区的相应位置地图：上层阶级的飞地在顶部，城市遗弃区在底部，小资产阶级区在中间。

83

在社会空间靠顶部的区域，一个虚线矩形标示出了**权力场域**（field of power）的边界。布迪厄（Bourdieu, 1989a: 373—396; 2011）将权力场域定义为各形式资本的持有者相互争夺最高地位的空间，特别是争夺物质权力和符号权力之间相对等级的空间（想想封建制度下的骑士与牧师、资本主义制度下的工业与大学）。[29] 在这张粗略的图中，权力场域包含四个主要场域，从右到左排列为物质一极（占据支配地位的、时间性的）到符号一极（被支配的、精神性的），具体表现为资产阶级的经济分群与文化分群。右数第一个是**政治场域**，由竞争政党立场、选票和选举职位的人员构成；第二个是**新闻场域**，占据中间位置；第三个是**学术场域**，包含学者和科学家。[30]位于重心位置偏上并与之有所重叠的是**官僚场域**，即界定和分配公共产品的一系列机构，这是布迪厄用于再思考国家的概念。国家处于中间位置，因为它在不同权力（物质权力和符号权力）之间起到中介作用，并且国家拥有一种"元资本"（meta-capital），一种管控资本的资本，其基础在于国家能够设定不同资本货币（经济资本、政治资本、科学资本、宗教资本等）之间的"兑换率"。[31]

在图中，我用 Pn 来表示地域污名的不同生产者，用 In 来84表示污名的不同影响方面。这些影响是通过编造和传播关于毁谤、危险和混乱的话语而实现的，如法国的"集镇贫民窟"（*cité-ghetto*）（Wacquant, 2007）、英国的"贫困住宅区"（Slater, 2018）、丹麦的"贫民窟地区"（*ghettoområder*）（Schultz Larsen, 2018; Hansen, 2021）、意大利的"衰败街区"（Paone, 2012）、德国和瑞士的"问题街区"（Adam, 2005; Rorato, 2011），以及美国的"底层阶级街区"（underclass neighborhood）（Wacquant, 2022a）。现在，我将借助我曾深入研究的案例，即巴黎周边早前的"红色地带"①，来带着读者浏览该图，简略描绘出地域污名化的环流路径。

在对这些地区进行公开毁谤之初，地方媒体和全国性媒体的

---

① "红色地带"（法文：la ceinture rouge），指从 20 世纪 20 年代到 80 年代巴黎周边一些拥护法国共产党的市镇。这些市镇在传统上是工人阶级居住区，居民多在巴黎周边地区的工业部门中就业。——译者注

记者（P1）在 20 世纪 70 年代中期开始使用"贫民窟"（ghetto）一词。这个词是从美国引进的，表达一种被遗弃的危险街区的意象。但这些记者没有意识到这种意象属于**超贫民窟**，而非贫民窟（Wacquant, 2010a）。他们用该词来标记并生动呈现工人阶级住宅区的生态恶化；而仅仅在十年前，这些住宅区还被誉为通往社会公民身份和城市现代性的大门（Bachmann and Basier, 1989）。政客们（P2）在 20 世纪 80 年代采纳了新的话语，加入了对这些衰落中的街区发出公共生活警报与道德警报的行列，并将之作为在政治场域获得关注和资源的一种手段（Jazouli, 1992）。从那时起，郊区红色地带的社会解体、族群他异性和暴力等修辞就进入了学术场域，而学术场域中的（一部分）研究者（P3）采用了"新贫困""排斥""贫民窟""城市暴力"[32]等流传于政治、新闻和国家交汇之处的民间构念作为分析性范畴（Paugam, 1996; Lapeyronnie, 2012），进而强化了一种观点，即这些郊区是对公共秩序和国家整合的威胁。对这些构念的借用在某些情况下是不假思索地做出的，在某些情况下则是故意做出的，目的是震撼政策制定者的良心，或者吸引那些急于为自己耸人听闻的报道提供科学依据的记者的注意。

政治、新闻和学术这三个场域所传播的有关城市他异性的话语引起了法国政府的警觉，并使政府管理者相信这些街区存在一些根本性的问题，而非遍布于社会空间与物理空间底层区域中（与地理位置无关）的经济不稳定和社会不安定问题。这种狭隘的贬低性观点因"城市敏感区"（*Zones Urbaines Sensibles*，"敏感"区域或风险区域）的官僚主义划定和 1990 年新成立的一个负责城市事务的部门而得以制度化了——这里的城市事务被严格理解为城市边缘区域中那些定期爆发反警察骚乱的贫困地区事务（Dikeç, 2007; Tissot, 2007）。[33]这些举措使国家在全国层面（P4a）权力场域的斗争中，以及在地方层面（P4b）与基层公共官僚机构和相关人群之间的直接接触中，成为地域污名的直接生产者（即使是无意的）。这里并不是说这些地区的居民和邻居没有参与这种毁谤话语的生产（P5，下文将详细介绍），而是想说，这种助长了"对郊区的恐惧"（Rey, 1996）的自上而下话语是在媒体、政治、科学、国家这四个最高符号机构的认证下获得了影响力的。

此外，这些机构密切关注彼此，并将彼此的产品作为自己的原材料：权力场域是符号性生产者之间监视、模仿、借用和相互表达立场的密集经济场所。记者、学者和政客的许多举动都是在回应其他记者、学者和政客的举动，而不是回应城市状况的变迁。作为各个位置的空间以及对各种形式资本展开争夺的相对自主运转的空间，权力场域这一概念有助于我们对这些支配者之间的符号性斗争赋予其应有的分析性意义。

回到世纪之交的法国红色地带。空间贬损的影响首先由贬逐地区的居民感受到（I1）：空间贬损抨击了他们的自我意识，扭曲了他们的社会关系，并在许多情况下促使他们不认同甚至离开自己的街区（Wacquant, 2008a: Ch. 5）。此外，地域污名也影响了这些人的下层阶级邻居（I2a），尤其是附近独栋楼阁（法文 *pavillons*，指中低阶层家庭所拥有的小型独立房屋，成排坐落于高层公共住宅的阴影之下）中的居民，并引发了敌意、恐惧和憎恶（因为成群的野蛮集镇正在接管整个街区并将其搞垮）。地域污名还影响到了中产阶级城市居民（I2b）：他们从这一话语中吸取教训，远离这些无法无天的"集镇贫民窟"（Cartier et al., 2008）。

另外两个影响方面是私营企业（I3）和基层公共机构（I4）。它们在为"城市敏感区"的居民服务时，会调整自己的程序和活动。经济运营机构、企业、雇主和房产中介通过减少在这些区域

86

的投资、招聘、销售和服务来应对空间污名，而这形成了一种新的现象，在法律上被称为"地址歧视"（address discrimination）。[34]至于基层官僚机构（提供社会保护的女性气质国家左手，以及实施财政纪律与刑罚规训的男性气质国家右手），它们的事务议程和优先事项由国家层面的政策制定者确定，而这些政策制定者正是根据他们所促成制造并传播的污名来采取行动的。这推动了城市边缘性区域公共产品的**差异化供给**。

一个典型的例子是执法：警察在受贬损地区巡逻、拦截和逮捕人（尤其是年轻男子）的强度、频率和攻击性是在市中心和资产阶级地区绝对无法容忍的。这不仅造成了相互之间的不信任和紧张关系，还造成了经常性的冲突，并且冲突每隔几个月就会升级为多个地点、持续数天的骚乱（Dikeç, 2007; Marliere, 2007; Marwan and Mucchielli, 2007; Fassin, 2011）。[35]空间污名的最后一个重要环流路径是从基层官僚到国家管理者的反馈回路（I5），使得前者可以巩固或挑战后者的观点，自下而上地影响后者对受贬损街区的表征。在这里，我们看到了国家如何在不同尺度上对自己的行为作出反应，并生产出使其政策合法化所需的符号性原材料——这是一个"自我实现的预言"的官僚主义典型案例。

关于自下而上和由内而外的空间毁谤，还需要作进一步说明的是，有零星分散的证据表明，在20世纪70年代中期之后，法国大型社会性住宅区的内部及周边出现了一种不易察觉的**基础性污名化**（infra-stigmatization）地方性话语（Avery, 1987; Paugam, 1991; Dulong and Paperman, 1992）。这种话语独立于媒体话语，凭借居民、邻居、本地企业、住房倡议者 ①、基层官僚和城市官员之

① 住房倡议者（housing advocates）是指致力于为低收入者、无家可归者等争取住房权益的个人或组织。——译者注

间的横向符号交流而得以维持。[36] 在居民中，这种内生性话语是对以下问题的回应：（1）由于去工业化和就业不稳定化，工人阶级的经济状况受到侵蚀（Mauger, 2006）；（2）由于运营维护和公共投资的不足，传统的存量住房状况同期恶化（Barou, 1985）；（3）此前一直被禁止入住公共住房的移民工人及其家庭入住了公共住房（Bernardot, 2008），这在既有住户中引发了一种**身份贬抑的集体情绪**；（4）中产阶级家庭与工人阶级家庭中相对稳定的分群获得了以毗邻公共住宅区的独栋楼阁为主的单户住宅，[37] 他们同时大批离去，这在那些未离去的家庭中产生了一种阶级降级的集体情绪（Bourdieu et al., 1993）。

这种双重物质恶化（工作、住房）被双重人口流动（流入、流出）放大了，创造了集镇与独栋楼阁之间的双重对立。这种双重对立被同时印刻在物理空间、社会空间和符号空间中，并在其中通过集镇/独栋楼阁、高层住房/单户住宅、租客/业主、不稳定/稳定、贫穷/（有抱负的）小资产阶级、（来自前殖民地的）移民/（本土的）法国人、有色人种/白人、向下流动/向上流动等一系列相互呼应、相互支撑的同构性对立而被人们感知到。工人阶级住宅区既有居民的身份与阶级双重降级感，反过来又引发了他们对人人普遍受惠的战后经济增长"辉煌三十年"中社会状况与住房条件的**结构性怀旧情绪**（Tellier, 2007），而这种怀旧情绪则助长了对当前状况和呈现这些状况的人的毁谤。

我把这种本地内部的符号流称为"**基础性污名化**"，因为它产生于个人的互动，并在相互熟识的邻近社会网络中通过**流言闲话**而传播，而不进入大众共享的空间理解范畴中。它关系到将侮辱注册为一种社会分类形态，即"对某个单一个人或街区的单一评判"，与之形成对比的是"由社会秩序的总体性力量和国家力量支持且得到授权的评判"（Bourdieu, 2012: 26—27; Bourdieu, 2015: 31—49）。[38] 这种毁谤是闲话和谣言的原料，这些闲话和谣言标示出了街区里的亚单位，例如容纳了"问题家庭"、福利接受者、新来移民或者有成员卷入刑事司法的家庭的建筑（或建筑内的"楼梯井"）。但在这里，被毁谤的最开始是一种行为（真实的或假想的），而不是一个地点，也不是整个街区。[39]

事实上，我们很难分辨清哪些是来自被毁谤住宅区内部的污名元素，哪些是外部而来的——包括仅仅是来自街道对面的独栋楼阁的（在很多情况下确实如此），以及通过与基层官僚、教师、社会工作者和警察的接触而产生的。我们也很难辨明贬损在什么时候属于我所说的横向毁谤（lateral denigration, 接受空间污名并将其转移到邻居身上），而不是一种内生性的符号行动。[40] 最后，内在的贬损也可能夹杂着赞赏，甚至夹杂着街区针对警察、媒体和小资产阶级邻居的侵占行为所作的激进捍卫（Marlière, 2008）。无论如何，参与毁谤自己住房项目的居民都是符号暴力的典型例子：通过支配者的眼睛来看待自己，并因此而感到被玷污。

89　　　这个拓扑学模型强调了地域污名化的结构性逻辑，并为针对地域污名在整个社会空间里（而不仅仅是在其针对的街区中）的制造、传播和影响的比较研究提供了一个灵活的框架。与布迪厄的观点一致，这个模型也将媒体、学术界、政治和国家这些最高符号机构（paramount symbolic agencies）赋予最重要的地位，因为这些机构拥有必需的符号资本，分别用以宣传、合理化、优先化和普遍化大都市中被剥夺与受贬损的地区和人群所带来的问题。（中央和地方）权力场域中的行动者借助某种相互竞争的分类框架、经济停滞和不稳定、住房和空间、族群性和宗教、犯罪风险和恐怖主义来建构社会问题，并使一部分国家机构和能动主体

（包括公共的和私人的）可以声称对城市遗弃区造成的"社会问题拥有所有权"，从而决定性地明确纠正举措的性质、手段和重点。[41]

我对该模型所作的注释反映出我最了解的法国案例的特殊性，包括其强大的国家集权、全国性的媒体整合，以及政治场域中尖锐的二元性。但是，这些值可以转化为变量，这个模型也可以尺度重组至地方层面、区域或市级层面上运行，然后通过插入在其他国家情境下塑造受贬损地区符号形象和物质命运的更多角色来加以丰富。这其中，首先可以纳入的是**房地产中介、金融中介和承包商**，他们热衷于操纵空间污名以使之对自身有利。当他们与市政厅打交道来促使地方政府拆除并征回一个适合进行私营再开发的地区时，他们就在强化这种污名；当他们转向他们正在规划、建造、融资或出售的住房单元的潜在购买者时，他们就在转移这种污名。[42]他们同时作为污名的生产者与受影响一方而出现在图中。

其次，也是最关键的，是**地方政府官员**，包括民选官员、市议员和行政人员，以及拥有并且/或者管理公共住房的准公共机构（如法国的 HLM 办公室）①。他们也可以调节污名，以适应他们的长期官僚主义利益和短期政治利益。有人情愿或不情愿地扩大公众污名，以争取从中央政府获得更多的资源，或在选举竞争中占据优势（例如谴责某个城市地区中的"犯罪浪潮"或"伊斯兰教接管"，以使作为竞争对手的现任者难堪）；也有人积极对抗这种污名，甚至拒绝参与中央政府的改造计划，以避免合作带来的空间污痕（Schultz Larsen and Delica, 2021）。

这些官员和管理人员置身于地方官僚机构和第三部门机构内部及相互之间纵横交错的交流迷宫中，而中央的政策指令正是通

---

① HLM 全称为法文 "habitation à loyer modéré"，意为"低租金住房"。——译者注

117

过这些机构而被筛选、转译、执行或不被执行。即使在像法国这样一个权力高度集中的国家，想要理解政策结果，也必须深入研究地方官僚场域的具体细节（Bourdieu, 2000: Ch. 3）。在过去三十年里，发达国家中非营利性住房的管理已经被下放到地方当局和专门机构，这使卷入被遗弃街区命运的利益相关者成倍增加；这些街区面临着各种各样的翻新、改造、社会融合、搬迁、驱逐、拆除、私有化、士绅化（Power, 1997; Goetz, 2003; van Kempen et al., 2005; de Souza et al., 2010; Bridge and Butler, 2011; Watt and Smets, 2017）。例如，在丹麦，权力下放导致了"政策精神分裂症"：中央政府对其短期内"反贫民窟计划"的目标街区进行严厉的污名化，而实地执行该计划的地方政府办公室则将去污名化作为符号性手段，以在中期时长上改善这些受贬损地区（Schultz Larsen and Delica, 2021）。

最后，我们可以将住房协会（housing associations）纳入这一模型。住房协会由专业人士和租户、倡议行动团体、非政府组织甚至宗教机构管理，他们在当地的权力场域中发起动员来保护、翻新或建造社会性住房，变更准入条件，协助人民（包括越来越多的无家可归者），并制定一系列从基本生存到"城市权利"[43]的相关居住活动和政策。在美国，这类"社区组织"从20世纪80年代以来成倍增加，并在企业家主义城市（entrepreneurial city）中扎根，填补了地方政府从社会中撤出所造成的空白（Marwell, 2007）。在欧洲大陆，这些组织在住房政策的实施方面长期发挥着关键作用，并参与决定了城市边缘地区租户的生活机会。这些组织的角色在不同国家各有差异，但都是模棱两可的，"夹在政治赞助和官僚主义之间"（Silverman, 2009）。这里出现的问题在于，这些"公民社会"的实体应该被视为地方斗争场域中的自主能动者，还是被视为地方政府实际上的代理人或创造物，被地方政府运用各种依赖关系（预算、人员、特权等）而控制着。

再次强调一下，在地域污名的拓扑学结构中插入能动者和机构，并不是简单地在调整或重组符号空间、社会空间和物理空间的斗争中增加新的角色——这些斗争发生在作为自我推动且自主导向之实体的新自由主义大都市边缘，而是要将这些角色嵌入物质关系与符号关系的网络中——包括不可见的结构性关系和可观察的日常互动；这些关系限定着观点、行动、目标和联盟的可能范围。

地域污名的苦涩

在空间污名的生产、传播和影响中，有一种重要的因果性力量是拓扑学模型和共时性的应对策略分类表都无法捕捉到的，而只有通过历史分析才能揭示[44]：在大西洋两岸，曾有效抵消了污名化的生态构成和符号框架到 20 世纪末已经解体。就西欧城市边缘地带而言，在 20 世纪 80 年代之前，印刻在身体、话语、制度和地域中的工人阶级身份认同发挥着抵御贬损看法的盾牌作用。在半个多世纪的时间里，工业城镇或工业区将其中的居民包裹在一个由工会、市政当局和政党相互交织而成的紧密关系网中（Magri and Topalov, 1989）。最关键的是，工人阶级的制度赋予了劳动者及其家庭以社会尊严和话语权：他们是世界的建设者，未来属于他们。

但在 20 世纪 70 年代之后，由于去工业化和贫困加剧所带来的社会成本，这些城市突然陷入了贫困；工会因脱离工厂就业而被边缘化；左翼政党转向中间派，并追求受教育程度较高的中产阶级的选票，因而未能与产生自移民的新一代活跃分子建立联系（Masclet, 2003）；而且，至关重要的是，中学教育的普及使体力劳动贬值，并为个人提供了跨越社会空间和物理空间的出路。这导致工人阶级士气低落，其在公民生活中的地位也随之下降，由此开启了玷污其居住堡垒的闸门。随着阶级身份认同失去力量与光环，随着工作领域不再将外来移民和本土居民整合在一个共同的符号性华盖下（Tripier, 1990），民族性和地点性便突然出现在了符号空间的前沿——民族主义的民粹主义在政治场域的兴起就证明了这一点（Brubaker, 2017）。

在美国，共同体贫民窟（communal ghetto）在福特制资本主义时期对城市黑人起到了相似的社会符号性缓冲作用。借用苏珊·埃克斯坦（Susan Eckstein）关于拉丁美洲城市边缘性的著名论述，尽管 20 世纪中期的布朗兹维尔（Bronzeville）① 房屋破旧不堪、贫困积重难返，并且白人对它的排斥毫不留情，但它是一个"希望的定居点"，而不是一个"绝望的贫民窟"。这并不是在浪漫化过去。[45] 在当时的布朗兹维尔，黑人城市居民可以体验到社会流动性、集体尊严和个人自尊；而在此之前，南方种姓恐怖主义的吉姆·克劳制度（Jim Crow regime）② 剥夺了他们的这些权利。事实上，正是在贫民窟的巅峰时期，"种族自豪感成为黑人中的一种普遍现象"，并且"种族意识被演变为一种积极进取的防御性种族主义"[Drake and Cayton,（1945）1993: 391]。[46] 正是在贫民窟，"黑即是美"（black is beautiful）这一口号所体现的黑人自豪感在艺术形式、政治和日常生活中得到了表达。

在 20 世纪 60 年代的种族骚乱浪潮之后，贫民窟出现内爆（implosion），取而代之的是由贫瘠的超贫民窟和遍地开花的黑人中

---

① 布朗兹维尔位于美国芝加哥南部，是历史悠久的非洲裔美国人聚居区。——译者注

② 吉姆·克劳制度指 19 世纪 70 年代至 20 世纪中叶美国南部各州以及边境各州对有色人种（特别是非洲裔美国人）实行的种族隔离制度。——译者注

产阶级区形成的二元社会空间集群（Wacquant, 2015）。正是这一变化催生了人们集体意识中关于贫民窟的贬损形象，包括社会堕落、道德沦丧、犯罪横行等。这个形象成为 20 世纪 80 年代关于"底层阶级"的恶魔故事中的经典内容；据描述，这些"底层阶级"在内城中肆虐，并且仅凭骚乱即可威胁城市（Wacquant, 2022a）。所以，关于欧洲的城市边缘地区和美国残存的黑人贫民窟，其污名化最终是由某种社会空间形态的死去而促成的；这些社会空间形态曾在半个世纪里为欧洲工人和黑人无产者提供了经济保障、社会尊严和符号光环。从三元辩证法的角度来说，符号空间的重新排列（自豪转变为羞耻、光环转变为污名）是社会空间转型的结果，而社会空间转型是由 20 世纪 70 年代中期福特制—凯恩斯主义契约的废除引起的，并且后者也带来了工人阶级和非洲裔美国人生活物理空间在十年后的加速转型。[47]

93

　　从光环到污名：这是整个西方社会中边缘街区的命运。在这期间，它们从工业增长和社会平等的福特制—凯恩斯主义时代过渡到金融化资本主义、深度不平等和社会不安定扩散的新自由主义时代。当地域污名渗透并扩散到城市的社会结构与空间结构中时，它会影响无数能动者的感受、思考和行动。那么，对于那些作为公共污痕（*infamia*）而被单列出来的地区，地域污名是如何形塑其中居民的身份认同和策略的？在《城市放逐者》和我基于大西洋两岸田野调查的相关出版物中（Wacquant, 2007, 2008a, 2010b），我强调了空间污名的根本影响力，并指出空间污名的承担者内化了针对他们的毁谤。在 2012 年的波尔图会议上，也就是造就了本章后面将讨论的《环境与规划》（*Environment and Planning*）期刊特辑的那次会议上，我重新审视了我先前的分析框架，并对其进行了修改，以根据受贬损地区的居民是顺从和再生产空间污名，还是试图反抗和转移空间污名，来区分他们制定的社会性和符号性策略，最形成了表 1。

在这个策略连续统的一端，我们发现有几种行动、认知和情感意味着默认或勉强接受污名，同时试图将它的影响降到最低。第一种策略是伪装（dissimulation）。这在对污名的管理中很常见，尤其当污名既不可见、又与它的承担者可分离时，例如关于居住地的污名。它相当于不暴露"关于自身不光彩信息"的"擦肩而过"（Goffman, 1963: 42）。这种策略被用于街区之外，并针对外人使用，如工作中的同事、大学里的同学、恋爱对象、雇主或警察，以防止他人歧视性的回应。如果这种策略出现在街区内，则被视为归属感的初步证据。第二种策略则是在受贬损地区内使用的，即保持互动距离（interactional distancing）和经营微观差异（elaboration of micro-differences）。这个策略包括放弃个人的交往关系、减少与邻居和当地居民的交流，并强调任何由此继发的个人属性都可以与公认为被玷污的或造成玷污的人群与地点分离开来（这些个人属性包括当一个好丈夫、做一个勤劳的工作者、忠于自己的宗教信仰等）。这意味着要拒绝戈夫曼（Goffman, 1963: 112）所说的"内群体结盟"（in-group alignment），即拒绝"由处境相似的个体组成的群体"中的成员身份。

表 1　地域污名应对策略的分布

顺从←	→反抗
1. 伪装	6. 刻意的漠不关心
2. 保持互动距离与经营微观差异	7. 街区防御（个体的或集体的）
3. 横向毁谤	8. 污名倒置（夸张认领）
4. 退回到私人领域中	
5. 离开	

第三种策略，**横向毁谤**。这是符号性支配的直接产物，指的是接受外人所持的毁谤性表述，并将其转用到自己的邻居身上，从而有效地回应社会对城市放逐者的轻蔑目光。这是一种"正常化"（normification）或"外群体结盟"（out-group alignment）的尝试（Goffman, 1963: 114）。对空间毁谤的第四种反应策略是退回到私人领域中（retreat into the private sphere），在家庭这种有限的社会与道德经济体中寻求庇护，并以此作为抵御社会严厉评判的符号性盾牌。第五种，也是最后一种以"接受"污名为基础的策略（Goffman, 1963: 8），是借助物理距离来寻求社会距离和符号距离，即一旦获得了搬到其他街区所需的资源后，便定期（在周末和年度休假期间）或永久性地离开街区（exiting the neighborhood）。[48]

在关于地域污名的应对策略连续统的另一端，我们会发现一种刻意的漠不关心（studied indifference）。居民借助这种漠不关心，在他们自身、他们的街区（"我活在我的泡泡里，我待在我自己的世界里，我不跟他们混为一谈"）和外人的看法（"我不在乎外面的人怎么想的"）之间建立了一种用于生存的盾牌。虽然这在社会学上无疑是一种可能，但是考虑到城市遗弃区所遭受的符号性攻击，这种策略在"混合接触"（mixed contact）的情况下（Goffman, 1963: 12）很难维持下去，进而往往演变为保持距离或横向毁谤，即演变为两种承认污名的策略。最后的两种策略是借助主动的街区防御（defense of the neighborhood）和污名倒置（stigma inversion）来抵制毁谤。这两种策略要求接受甚至悦纳关于贬损范畴的"团体生活"（Goffman, 1963: 22、28），将自己沉浸在街区的活动中，并使街区成为自豪的支点，支撑着由着装、行为、言语和符码所标示出的个人与集体身份认同。

我认为，采用哪种策略（并将其组合成大致连贯的系列）的

95

倾向性取决于人在社会空间和物理空间中的位置和轨迹。因此，这种倾向性不仅会因阶级、性别、年龄和所处的生命周期阶段而有显著差异，也会因有无房产、在街区中的资历、族群性（按照韦伯主义的定义，即对一定名誉的可信主张）而不同。此外，这些策略并不是互斥的；其中一些策略可能会前后相继或同时并行地组合在一起构成**策略包**（strategic packages），并被应用于由惯习所引导的日常生活中，也被用于借助反思性的推论而做出的深思熟虑的决定中。

为了进一步阐明，我们可以考虑以下两种理想类型的情况。在其他条件不变的情况下，一个有许多家庭成员居住在附近、经济上有保障的长期老年房主更有可能退回到家庭范围内、强调他与邻居的不同之处，并与主流表述一道来毁谤这些邻居（策略4、2和3），而不太可能迁移出该地区（策略5），也不太可能认领被认为属于该地区居民的负面身份（策略8）。另一种情况是，新近定居在该地区的移民租户家小儿子则更有可能欣然接受地域污名，跟其他的青少年朋辈实现"内群体结盟"（Goffman, 1963: 112—114），一起庆祝甚至炫耀其所在"街区"（hood）①或集镇（*cité*）的恶劣之处，并以之为倒置污名的集体努力；而他的父母可能更愿意离开该区域或逐渐形成一种漠不关心的模样（策略5和6）。但是，当他在街区之外的自我呈现中改变着装、调整谈吐，并在求职时谎报住址时，他实际上就承认了这种努力是徒劳的（Truong, 2013）。在这种情况下，策略1和策略8看似不协调的搭配却通过严格区分各自使用的情景而获得了稳定。最后，一个努力让青少

---

① "hood"一词在美式英语中是对"街区、社区"的一种俚语说法。——译者注

年子女诚实正派成长的单身母亲则可能会交替使用或不断积累策略 1 至策略 4，要求其子女不能与街区中的其他青少年同流合污，并在学校休假时定期 "离开" 以降低他们带来的互动风险。[49]

流传于八个国家的空间污名

《环境与规划 A》专题特辑 "行动中的地域污名化"（"Territorial Stigmatization in Action"）（2014 年 6 月，第 46 卷，第 6 期）收录的文章提供了一组全景案例来说明这些不同的策略，并传达了分布在三大洲八个国家的城市中空间贬损的苦涩。这些文章运用不同的研究策略，跨越了从日常生活到国家高层的各种尺度，通过将空间贬损带入新的地理、经验和分析领域中，以多种方式验证、丰富并挑战了空间贬损的拓扑学框架。

保罗·柯克尼斯（Paul Kirkness）在《集镇的反击》（"The Cités Strike Back", 2014）一文中剖析了 "安置"（emplacement）这一不安分的实践。在我的出生地，法国南部的尼姆（Nîmes），两个受贬损住宅区中的居民借助这一实践，在承认地域污名的同时反抗地域污名。在葡萄牙最为声名狼藉的低收入聚居区之一维索社区（Bairro do Viso）的居民中，这种持久的 "社会学矛盾性"（Merton, 1976）同样存在着。他们应对地域污名的方式，是将他们的公开行程限制在维持生计的活动范围之内，并欣然接受一种怀旧话语，哀叹这一街区 "再也不是个社区（bairro）了"（Pereira and Queirós, 2014）。奥古斯特（August, 2014）对 "不情愿的依恋" 这一主题进行了挖掘，强调了多伦多奥名昭著的摄政公园（Regent Park）里集中性贫困的潜在益处。阿瑟森等人（Arthurson et al., 2014）则将我们带到了澳大利亚，来探索城市边缘性的主导形象和基层形象之间这种反复出现的脱节。其方式是仔细探究悉尼和阿德莱德的社会性住房中的租户如何感知及应对虚构电视剧《租户》(*Housos*)[①]中所传播的"电视地域污名";该电视剧以对住宅区中日常情景的拙劣模仿和对其中居民的卡通式刻板印象为基础（1）。

卡林和斯莱特（Kallin and Slater, 2014）将我们带到爱丁堡，讲述了对空间贬损的政治操控。这种政治操控将空间贬损用作政府推动废弃工业区士绅化的符号性工具，也作为审查替代性社会投资政策的符号性工具；这些政策将在选定地区被用于正面解决贫困和住房破败问题（2）。萨基兹里奥卢和伊特马克（Sakizlioğlu and Uitermark, 2014）通过比较私营推动者如何解决阿姆斯特丹和伊斯坦布尔的两个被污名化地区在士绅化过程中遭到的反对，进一步阐明了城市拆迁的符号政治。最后，特勒尔斯·舒尔茨·拉森（Troels Schultz Larsen, 2014）追溯了位于哥本哈根西区的塔斯特鲁普高尔（Tåstrupgård）住宅区的历史变迁：从半个世纪前声名远播的高度现代性先驱，到如今被遗弃的受贬损堡垒，再到官僚场域内部模式化的空间争夺战（3）。在这里，国家再次成为关于空间污名生产、传播和确证的物质性与符号性斗争中的关键机构、场所和筹码。因此，狭隘地将目光放在城市不稳定无产阶级聚集而成的有边界区域内部，是无法理解他们的日常困境的，更不用说解决这种困境了。

汇总在一起，这些文章证实了空间污名在贬逐地区居民生

[①] 《租户》是澳大利亚的喜剧电视连续剧，内容主要为对住在社会性住房里的低收入居民的讽刺性模仿。其标题"housos"（单数为"houso"）是澳大利亚英语俚语，指公共性住房中的居民。——译者注

97

126

活中的普遍性、关乎生存的负担及其引起的复杂回应。这些文章也拓宽和深化了关于这些居民在回应污名的过程中发展起来的应对、反抗与逃避策略的全部内容。此外，这些文章还展示了地点污痕是如何被私营行动者（如媒体、雇主和房地产公司）和政府官员（包括政治场域和官僚场域中的）强化、利用和操控的，以促进他们自己的事项议程。

（1）这篇文章也间接证实了Morris（2013）所发现的澳大利亚城市公共住房部门中发达边缘性的传播与空间玷污之间的有机联系。

（2）对于美国"内城"（inner city，即历史上黑人贫民窟的残存）这样看似绝望的案例，Mary Pattillo（2008b）在她那篇启人深思的文章"Investing in Poor Black Neighborhoods 'As Is'"中曾大力提倡这一策略。

（3）舒尔茨·拉森还卓有成效地激发出斯堪的纳维亚地区学者越来越多的理论与实证论著。这些学者针对以压缩的城市不平等和包容性的社会公民权为特征的北欧社会，思考并检验了"地域污名"和"发达边缘性"概念的适用性。具体参见Sernhede（2009）、Delica（2011）、Jensen and Christensen（2012）、Schultz Larsen（2018）、Schultz Larsen and Delica（2019）、Hansen（2021）、Jensen et al.（2021）以及这些论著引用的参考文献。

通过展示空间贬损的构成属性和运作机制如何在不同类型的城市环境和政治形态中具体化呈现，《环境与规划A》专题特辑上有关地域污名化的文章帮助我们在经验层面进一步理解符号性结构（symbolic structures）在新自由主义大都市内外的不平等与边缘性的生产中的角色，也在理论层面丰富了我们对贫困、族群性和惩罚之间灵活联系的理解（我们将在第三章讨论这一内容）。这些文章为我们提供了丰富的材料，使我们能够描绘出一幅关于两极化大都市中那些受贬损地区的社会结构、社会动态和社会身份认同的更加复杂而精细的图景，而这些地区正是在各国再次引起媒体兴趣、政治忧虑和学术关注的焦点。上述文章直接反驳了将这些地区描绘成社会堕落、道德沦丧和国家衰退的沸腾大熔炉的泛滥说法。

二元化大都市中的剥夺与贬损：回应与建议

2016 年 5 月，谢菲尔德大学和谢菲尔德哈勒姆大学（Sheffield Hallam University）共同组织了一场关于本人成果的会议。在这场会议上，"发达边缘性"和"地域污名化"的概念占据了最重要的位置。这场会议提供了一个机会，以在具体论点和现场讨论中展开布迪厄的三元辩证法。在本章的余下部分，我将回应参会者以及约翰·弗林特（John Flint）和瑞安·鲍威尔（Ryan Powell）随后编辑的《两极化大都市中的阶级、族群和国家》（Class, Ethnicity and the State in the Polarized Metropolis, 2019）一书中撰稿人所提出的批评。我将避免采用防御性的姿态，而是尝试突出我们的共识和分歧之处，并聚焦于我本可以采取其他思考方式或作进一步讨论却没有这样做的地方。我将采用六项建议的形式来阐述我的回应，以进一步发展新自由主义城市中的城市理论。这六项建议涵盖认识论、方法论和专门议题的层面；纵观这六项建议，我都强调有必要将阶级和身份、剥夺与贬损，以及社会结构、行动与体验的物质维度与符号维度结合起来。

1. 明确区分民间概念和分析性概念。塔尔贾·布洛克兰（Talja Blokland, 2019）基于丰富的资料，介绍了在美国康涅狄格州纽黑文市（New Haven, Connecticut）耶鲁大学校园附近一个受毁谤的住房项目中女性的生活策略和社会关系。她将这里称为"贫民窟",因为她的调查对象将其命名为"贫民窟"或"窟"。但这是对一个被孤立和被遗弃的公共住宅区的错误描述。在这里,我必须重申贯穿《城市放逐者》全书的第一条原则(Wacquant, 2008a: Prologue),事实上也肯定是影响了所有社会研究的一条原则,即明确区分行动主体在其生活世界中使用的民间观念与社会科学家必须精心阐述的概念构想,从而理解后者,并将其重新情境化地置于客观位置与有效资源分配的网络中(即社会空间网络中)。这个"巴什拉时刻"要求我们对经验问题进行另一种框定方式:与其说"窟"是一个贫民窟,有着难以逾越的边界、扩大的劳动分工、内部社会阶梯、缓冲机构,不如说它在构成和功能上与大西洋两岸许多遭受贬损并日益恶化的公共住房集中地相似(只是在隔离、族群同质性和单亲家庭等方面存在程度上的差异)。

我赞同布洛克兰"更明确地将惯习纳入微观考察范围的呼吁",这也是《身体与灵魂》[*Body and Soul*,(2000)2004, 2022]一书通过提供超贫民窟内部的日常生活片段而对《城市放逐者》(Wacquant, 2008a)形成的补充之处。但我不会像阿塞夫·巴亚特(Asef Bayat, 2013)和阿布杜马利克·西蒙(AbdouMaliq Simone, 2018)那样走得那么远,将城市视为日常活动的突生性产物(emergent product)。大都市并不是在每天早上随着居民们醒来并继续他们的生活而从零拼凑起来的。城市贫民的社会"即兴作品"也不是写在定期被清空的城市画布上的。事实上,在布洛克兰对"窟"的简短历史描述中,她自己也提到了战后的"城市更新"政策被转译成了"黑人清除"政策——就像许多美国城市一样,而这是一个生动的例子,说明了物理空间自上而下的突变如何影响下层的社会空间。要理解这一政策,就必须把那些不存在于街区、

99

却从外部决定街区形态和命运的强大行动者（联邦机构、城市领导人、房地产公司、市中心主要机构）纳入关注范围。[50]

　　跟《惩罚穷人》和《致命的共生》一致，布洛克兰出色地展示了住房项目及其周围空间是如何受到国家监视的（直到建筑物被拆除、居民被驱散）。她坚称，生活在那里的女性以创造性的方式作出了回应，从而摆脱了刑罚化官僚机构的束缚，甚至将这些机构为己所用。但是，她们这样做［例如向警察或儿童与家庭服务部（Department of Child and Family Services）举报与她们有纠纷的邻居］难道不是加深了国家刑罚力量的可及范围吗（跟罪犯被假释后，他们的亲人对他们所做的一样，参见 Comfort, 2007）？是谁在操控谁？布洛克兰采取的"更加以能动性为导向"的方法与一种浪漫的幻想形成了危险的勾结，即认为城市贫民是灵巧的、有技巧的、有韧性的，即使他们被残酷的政策打倒，即使他们的生活被扭曲。当然，"窟"里的居民找到了生活中的意义并创造了身份认同——这也是卡西尔所说的人类成为符号动物（*animal symbolicum*）的原因。但我在这里要提出的是，在发达边缘性中，无产阶级中的不稳定分群，或者说不稳定无产阶级，未能创造出一种集体身份认同，以使他们在塑造自身城市地位的权力斗争中发挥影响。

　　2. 将性别、家庭和社会工作纳入不稳定无产阶级的研究视野。拉丽莎·波维（Larissa Povey, 2019）和埃米莉·鲍尔（Emily Ball, 2019）撰写的两个章节提醒我们，受贬损的贫困地区中的居民大多数是女性，而且往往是有孩子的单身母亲，直接受到国家政策的摆布。这两个章节都探讨了特殊的"母婴房"（Mother Baby Units, MBUs）中弱势的母亲及其子女所受到的待遇，以及与之相关的一项针对被官方指定为"问题家庭"的政府项目，以补充并挑战我的半人马国家（Centaur state）概念，即在社会与空间阶梯的上层实行自由放任政策、在其底层实行惩罚性抑制的新自由主义利维坦（Wacquant, 2012a）。如果确实有残酷政策，这里有两个！英国应该获得一个关于冷酷无情社会政策的国际奖项。简而言之，居住在严密把守的母婴房里的女性都曾是陷入极度贫困的犯罪人员，现在也像个准囚犯一样生活在一个监护空间里：她们的所作所为被录音录像设备全天候监控着；她们每周只有一天能离开母婴房3小时；访客必须经过批准，然后进出要登记；管理者不鼓励她们之间建立友谊。她们要接受定期测试，测试结果将引导她们得到特定的社会服务；但是由于人手不足，这些服务往往无法提供。对她们的终极惩罚是：失去对自己孩子的监护权。

至于"问题家庭项目"（Troubled Family Program），自称是在为边缘性提供补救措施，但遵循的是与之类似的全控与规训逻辑：中央政府向地方政府提供费用以"改造"这个国家最底层的12万个家庭。这些家庭被认为过多地卷入了犯罪、反社会行为、社会福利，以及健康状况不佳和失业，就好像这些是可以由个人来负责的行为一样。[51]该项目假定这些家庭"有"问题，并给周围的人"造成"了问题，而不去考虑他们所处的社会、经济和生态情境（Hayden and Jenkins, 2014）。与我关于将国家的社会性一面和刑罚性一面结合起来的分析性建议相对应的是，该项目在设计和操作上也都将福利和犯罪紧密地联系在一起。此外，必须指出的是，该项目是为应对2011年8月的伦敦骚乱而推出的，其明确目标是防止进一步的骚乱；并且，该项目的目标家庭主要集中在所谓的"贫困住宅区"中。

对该项目的评估发现，该项目对人们行为（逃学、药物滥用、酗酒、反社会行为、青少年犯罪）的影响微乎其微，而且未能解

101

决目标家庭困境的根本问题：普遍失业，并且即使获得就业，也是无保障且工资低于贫困线的劳动。克罗斯利（Crossley, 2018）发现，除了项目的目标有问题外，该项目在中央政府将权力下放给地方政府后还深受"项目运行中猖獗的欺诈与渎职"之害。简而言之，半人马国家将自己的规训火力对准了最底层 2% 的家庭，以遏制因其放松经济管制、缩减福利、紧缩公共部门而在社会空间和物理空间的底层区域所引发的城市混乱，包括与警察的街头冲突、抢劫等。[52] 最终的结果是，城市不稳定无产阶级中最不稳定的分群受到公共污名化、更多的监视，以及进一步的边缘化。

阅读这两篇引人入胜的实地研究篇章，可以感受到将性别置于我们边缘性研究视野的中心所带来的价值。这提醒了我在《惩罚穷人》一书中的最大遗憾之一：我没有把"儿童保护服务"（这一名称用词不当）作为一个典型例子，来说明国家的"左手项目"是如何被关于监视、侮辱和惩罚的"右手逻辑"殖民化的，以及这类项目是如何在远离其宣称目标的过程中种族化的。当时我应该知道多萝西·罗伯茨（Dorothy Roberts）的开创性作品《破碎的纽带：儿童福利的颜色》(*Shattered Bonds: The Color of Child Welfare*, 2002)，我却不知道。我感到很遗憾，但贫困研究中的劳动分工就是这样，关于儿童、女性和家庭的书籍很少能够进入以就业／失业、犯罪和监禁为中心的男性主导的讨论中。[53]

102　　波维正确地强调，住在母婴房里的女性"仍然是不可见的；她们没有什么权利，也没有获得支持的渠道，很容易成为任人摆布的目标"；人们会感到，鲍尔所研究的人群也是如此，只不过她们在媒体和政策辩论中显得格外引人注目。鲍尔惋惜道我"没有把'官僚场域'处理得足够官僚化"。她正确地提醒我们，纸面上的政策并非实地的政策，并且在每个案例中，都必须详细研究从设计到实施的转译过程。由于有意设计以及客观必然，社会世界总是比我们为其建立的模型更加复杂难解和错综混乱。这体现出布迪厄（Bourdieu, 1993）"官僚场域"概念的一个优点，即作为**场域**，它是多尺度的，因此对于那些受委托来管理不稳定无产阶级及其所在地域的公共实体，我们可以借助相同的构念与其特有的属性（包括保护和规训之间的两极对立、上级官僚与下级官僚之间的暗中斗争），来降低或提升它们的等级尺度。[54]作为一种韦伯式的理想类型，官僚场域提供了一个清晰明确的蓝图，据此可以衡量实际政策的混乱程度，并追踪人口的复杂变迁。

被置于国家的直接监视之下，这些母亲和儿童的命运揭示了国家是如何塑造贫困的，揭示出国家不仅仅是在下游阶段，即当贫困积聚成一个必须以某种方式处理的"社会问题"时才采取某种措施。在下游，我们会遇到社会性、医治性和刑罚性措施的政治三难困境。国家借助那些立足前期来处理所有公民中最麻烦部分的项目，在上游生产了贫困。借用波维的恰当用词，"被放逐母亲"（maternal outcasts）是一个彻头彻尾的国家产物：这个国家未能解决家庭暴力和贫困，而这是这些母亲年轻时的烙印；这个国家将她们聚集在惩罚性的场所中；这个国家的生活条件和行为目标都很苛刻，几乎使社会的失败和不稳定性的再生产成为必然。

伊恩·卡明斯（Ian Cummins, 2019）通过论述新自由主义盛行时期贯穿于社会工作者使命中的张力，进一步阐明了这一点。虽然社会工作者以帮助和赋权为职业精神，但他们已经被变成了紧缩和规训的帮手。他们如今越来越多地在"风险范式占主导的管理主义工作文化"中运行。长期的政策变迁、短期的媒体恐慌，以及一种新型的"贫困真人秀"电视节目，这些因素交织在一起，使维多利亚时代对穷人的讽刺性漫画重新显现：将穷人当作是行

103

乞者、吸毒者以及与社会格格不入的人，认为他们应为自己的贫困受到谴责，因而需要怀疑、劝诫和驱逐等"严厉的爱"，而不是援助。[55] 所以，政策制定与政策实施的世界有意地与贫困的日常现实脱节：政策制定者坚持强调福利接受者的"能动性"，而社会工作者则忠于他们的历史使命，强调结构性因素在福利接受者命运中的形塑作用。但是，这些结构性因素是新出现的，不同于福特制工业化世纪中凯恩斯主义福利国家支持下的贫困构成，即始于劳动力市场底层就业长期不稳定的贫困。

3. 宏观结构层面相对于微观现象学层面的理论优先性。法比安·特龙（Truong, 2019）重建了下层阶级青年移民和来自巴黎周边被污名化地区的年轻人分散化的生活轨迹，由此拓展了我们的视野。他们中的一些人留在原地，在不稳定性的压力下磋商街区中的身份；另一些人则选择逃离，并在新的、更好的社会与物质环境中塑造新的身份认同（例如他们进入巴黎的精英学校）。特龙这一研究的独特之处在于，他将他所谓的"最好的少数人"和"最差的少数人"纳入同一分析中。乍看之下，他们似乎与其他人没有太大的区别；但在跟学校和街道这两个中心情景的独特关系方面，他们显著不同于其他人。在这里我想补充的是，有时转化为故意破坏和针对教师的暴力的"反对学校"，不仅仅是在"试图控制"自己的生活。它表达的是在中学文凭得到普及的情况下，学校所生产出的一种关于欺骗的集体情绪（Beaud, 2013）：这张文凭因这种普及而贬值了，无法打开稳定就业的大门。对于那些仍然被困在法国城市周边被污名化集镇中的人而言，高级边缘性的两个主要组成部分进一步加剧了他们的集体幻灭感：体力劳动被全面贬值为一种业余爱好，以及工人阶级尊严随之丧失。这三个因素结合在一起，生产出一种阶级再生产的危机，自下而上地加剧了不稳定性。

遵循布鲁贝克和库珀（Brubaker and Cooper, 2000）的著名警告，特龙强调，他追踪的是"认同"（identification）这一行动，而不是固定的"身份"（identities）。但是，这将他推向了一种现象学的分析，而忽略了这一行动的结构性框架［"情景"（scenes）无法捕捉到超越此时此地的那些无形关系网络］。当他提到"情境"（context）时，指的是可见的互动环境。这似乎符合一个事实，即在法国，种族是易变的、流动的和反应性的（在英国则不太是这样；在美国，当涉及非洲裔美国人时，则完全不是这样）。但是，正是由于这个原因，特龙对警察、雇主和福利官员等强大的外部行动者所强加的身份给予了较少的关注。也就是说，他忽略了自上而下的范畴划分，而这些范畴划分与其研究对象的认同行动策略之间存在张力、冲突，并且通常会彻底影响他们的认同行动策略（Wacquant, 2022b）。他的分析仍然是互动层面的；在其中，从各方面决定着情景分布和认同行动结果的结构性框架被抹去了。在此，有必要重申宏观结构的分析层次相对于微观现象学的分析层次在认识论上的优先性。二者当然是相辅相成的，但必定有先后之分。

伊莎贝拉·克拉夫·马里纳罗（Isabella Clough Marinaro, 2019）撰写了关于罗马城中罗姆人（Roma）[①]营地的历史与民族志的精彩篇章，其中就说明了这一点。为了描述和研究意大利首都里的罗姆人在六十多年间经历的恶意公众范畴划分、不断变化的空间分布和脆弱的社会位置，克拉夫·马里纳罗修改了我所阐述的贫民窟理想类型（Wacquant, 2011）。我曾提出，贫民窟由四个结构性成

---

① 罗姆人也被称为吉卜赛人（Gypsy），是起源于印度北部、散居于全世界的流浪民族。——译者注

分组成：污名、约束、空间限制和制度并行——最后一个成分催生出一种共享的集体身份认同。她发现，承接了大约11000名罗姆人的营地（无论是半正式的营地、正式的"村庄"，还是非正式的聚居区）都呈现出前三种性质，但不具备第四种性质及其相关性质。因此，她创造了**新贫民窟**（neo-ghetto）一词来**改组**传统贫民窟（欧洲文艺复兴时期的犹太人、美国福特制时期的非洲裔美国人）的主要性质，以阐明她实地研究了大约二十年的罗姆人聚居区的突出特征。[56]

与意大利的传统贫民窟一样，这种空间装置的建造是由国家作为政治（和宗教）权威自上而下完成的。但是，再一次地，贫民窟化并没有完全"按照计划"进行（从来也不是这样进行）：它没能阻止各部分受贬损人群的逃跑、渗漏和逐渐流出。事实上，与贫民窟不同的是，新贫民窟中分隔内部人和外部人的社会与物理隔膜是多孔的。因此，**贫民窟化和非正规性同步发展**，并且随着警察在无数地点和情境中试图控制"不在正确位置"的罗姆人，二者引发了"种族化刑罚性"的扩散。在这里，为了强化克拉夫·马里纳罗的概念创新，我想补充一点的是传统贫民窟的两种功能，即社会排斥和经济榨取。再一次，使用前缀"新"（neo）是合理的，因为罗姆人营地中确实住着受贬损的群体范畴，而（非罗姆人的）意大利人是不希望与之混杂在一起的。但是，罗姆人在城市经济的夹缝中生存了下来；他们没有为城市经济提供其所需的基本劳动或市场技能；他们的工作是以日常生存为导向的，甚至连日常生存都很勉强。

这项研究的一个重要发现是，由于罗姆人营地没有发展出自己的并行制度，被外人统称为"罗姆人"的他们最终无法融合各种各样的族群身份认同。与一般意义上的不稳定无产阶级一样，罗姆人无法形成一种共享的自我表征风格，这进一步削弱了这一人群，使他们无法达至足以促成有效政治行动的"群体性"程度。这样一来，这项政治工作落在了非政府组织的肩上。我们很快就会看到，非政府组织有其自身的特定利益；并且，根据布迪厄（Bourdieu, 1985）所分析的委托的内在困境，每当非政府组织声称是以"罗姆人"的名义发声时，他们总是冒着顶替罗姆人发声的风险。

4. 被刑罚化不稳定无产阶级的正式与非正式住所。鲍威尔和罗宾逊（Powell and Robinson, 2019）在努力驯服城市研究房间里的大象①：住房。对于英国下层阶级来说，住房并没有处于一种"危机"状态。相反，由于按揭房贷的顶层产业金融化日益增长、国家放松经济管制并撤出，以及底层可负担住房的条件恶化及其供应的迅速减少，对于整个西方资本主义社会中的不稳定无产阶级、工人阶级和中产阶级而言，危机已经成为住房的常规、有机组成部分（当然程度有所不同）。在过去的三十年里，关于土地和建筑的"使用价值"与"市场价值"[Logan and Molotch,（1987）2007]的激烈斗争中，那些支持市场化的人已经取得了决定性的胜利。他们的名义是通过将城市变得可以吸引"创意人士"、能够借助税收创造收入、成为高收入家庭的游乐场，来应对城市间的竞争。但是，正如鲍威尔和罗宾逊所指出的，"关于移民的不停歇且误导性的话语模糊了"穷人住房的缺乏与不稳定。这种族群化的话语使不稳定无产阶级的一个分群与另一个分群对立起来，并引入了下层阶级内部的横向分析；而我们需要的是将各阶级关联起来的一种纵向分析，并将阶级结构的空间构成与国家联系起来。

---

① "房间里的大象"（elephant in the room）是一个英语习语，用来比喻一些虽然明显却被集体视而不见、不作讨论的事物。——译者注

住房确实是"在理解发达城市边缘性时被忽视的一个方面",而鲍威尔和罗宾逊运用英国的案例出色地填补了这一空白。[57]他们追溯了自1946年以来助推商品化和放松经济管制的国家政策的不同阶段,一直到最近向"体面的"工人阶级出售公共住房的政策纲领。这些政策影响着该国住房的可获得性、质量和使用权。由此可见,住房是国家(不)作为的产物,也是首要的公共产品。我曾在《城市放逐者》(2008a)一书中指出,出于社会正义,发达社会需要向所有人提供六种公共产品:住房、学校教育、医疗保健、收入援助、交通、终身就业培训。现在,考虑到城市污染和全球变暖的迫切影响及其与阶级、族群和空间不平等之间的密切关系,我想加上第七项:一个安全、健全的物质环境。[58]

5. 围绕空间讨价还价的基层能动者。马埃斯特里(Maestri, 2019)和赫林(Herring, 2019b)所撰写的章节将我们的视线下移到了基层,来思考对城市公共空间及其夹缝中不受欢迎人群的围堵所引发的多方面斗争。马埃斯特里将我们再次带到罗马,思考获得委托来管理罗姆人营地的"公民社会"协会所扮演的角色。她发现它们的角色从根本上是模棱两可和矛盾的:一方面,它们以人道主义的逻辑为罗姆人提供援助和关怀;另一方面,它们支持国家用以实施控制和监视的管理主义和新自由主义话语,最终加剧了隔离。马埃斯特里还发现,这些机构之间存在分歧,并将大量的时间和精力用于相互竞争。

但这并不是什么需要解释的大谜团,因为这种张力是无解的:它内在于"第三部门"能动者作为混合生物(hybrid creatures)和国家的影子代理人的本质。在"公民社会"的标签背后,这些协会以国家的名义并代之而行,且在国家的默许下行动;国家在很大程度上决定了它们的预算,它们行动的地点、范围和重点，以及其如何与官方科层机构的活动相配合。它们的生存取决于国家是否继续容忍和愿意它们参与官僚工作的外包。有关全球南方地区难民营的案例研究（例如 Agier, 2010; Jansen, 2018; Huq and Miraftab, 2020）已经指出，"人道主义的城市性"（humanitarian urbanism）存在二律背反，其产生于对不受欢迎人群的管理，而后者则与新自由主义统治交织在一起。在全球北方的大都市中，这种二律背反显然同样值得分析和关注。[59]

阿甘本将营地理解为"例外状态"空间化的模型并不吸引我，因为它混淆了关于紧急状态的国家—法律话语与作为"悬搁于战争和城市之间"（Agier, 2002）集群而实际存在的营地所具有的安静平淡和准永久性。至于"当今西方根本上的生命政治范式不是城市，而是营地"的说法［Agamben,（1995）1998: 188］，则是一个没有经验支持的理论假设。福柯式的理解路径也没有给我留下深刻印象，因为它过于将权力分散，以至于无处不在的权力最终变得无处可在：这种思路在难以捉摸和无休止增殖的"治理术技艺"的掩护下，消除或模糊了那些强大的行动者（通常由国家支持或委任）。同样，我面对德勒兹式的组合理论分析也摸不着头脑，因为这些分析除了罗列机构制度或它们的组成部分之外，通常回避了一个问题，即它们如何以及为何被组合在一起？[60] 借助衔接、耦合或组配等修辞，我们得到了什么（如果有所得的话）？断言"组合的"要素之间的关系是偶变的、复杂的、流动的和"地域化的"，以及这些关系还包括"异质机构的交融"（Farías, 2011: 370），为我们澄清了什么？总之，我认为克拉夫·马里纳罗关于新贫民窟的阐述比从营地的角度所作的分析更有成效。事实上，后者不过是强装为概念的另一种民间范畴？

赫林（Herring, 2019b）关于旧金山市无家可归者的"隔离、排斥与消除"的章节又将我们下移一个层次。在为期两年的田野调查和深入的民族志研究中，他和他的研究对象在户外共度了几百个夜晚。在此基础上，他将街头和收容所联系起来、将底层视角和市政府视角结合起来，由此打破了对无家可归者的研究传统。他这样做的要点在于探究二者之间的相互影响，以及无家可归者在它们之间的分配机制。通过这一做法，赫林在与收容所工作人员、警察、公共卫生工作者、环卫人员，甚至是设计和讨论政策的城市官员"一路奔波"的过程中，为"官僚场域"的概念骨架增添了其亟须的血肉。

旧金山已经成为一个全国性的模范：该市提供改善生活质量的"优质收容所"（宽敞的宿舍、行动自由、无线上网、二十四小时淋浴、有饲养动物的权利、不限期的无条件逗留权等），以使无家可归者离开街头；而且它提供这些服务的依据不是无家可归者的困苦程度或需求等级，而是根据当地居民和商户抱怨的强烈程度。这使当局能够声称他们正在通过"消失"一小部分位于大都市神经敏感区的无家可归者来改善情况。但当局并没有改善普通收容所的状况；许多无家可归者仍然会主动避开这些收容所而选择露宿街头，因为这些收容所会给他们带来监禁式的生活方式。向人们展示这些优质收容所，使那些旨在禁止乞讨、消灭营地和防止营地重建的新一轮压制性法令和措施得以合法化。赫林将收容所和街头纳入有关社会空间隔离类型的同一个分析模型中，从而揭示了相关现象的新的经验内容，并发现了使无家可归不可见化和去政治化的新技艺，还对无家可归管理中的不同尺度和机构之间如何相互关联有了进一步理解。

6. 运行中的委托刑罚国家。与克拉夫·马里纳罗一致，鲁本·乔纳森·米勒（Reuben Jonathan Miller, 2019）提出，超贫民窟和刑罚国家（Penal State）的结合远远超越了正式监禁机构的角色，而是以非正式的面目渗透入不稳定无产阶级栖居的社会空间，特别是被困在传统贫民窟残余中的黑人不稳定无产阶级的社会空间里。他正确地强调，在监狱里的220万美国人只是受司法监督的更庞大人群的冰山一角，另外还有2400万的假释和缓刑人员以及有重罪记录的成年人。这突显出在过去二十年来美国刑罚研究浪潮中的三种偏见：第一，这些研究混淆了监狱（prison）和看守所（jail），而这两种机构在数量、流量、使命和社会危害方面都差异巨大（详见下一章，边码第137—142页）；[61] 第二，这些研究忽视了缓刑（probation），而缓刑是迄今为止法院所施加的最常见制裁；第三，我们对警察和监狱的研究很多，但对法院的运作却知之甚少，而正是检察官、公设辩护人和法官之间的平日斗争决定了谁在何时受到何种惩罚，以及后果为何。[62]

我同意米勒所说的，对监狱的关注歪曲了我们的视野——并且我自己的工作也助长了这种褊狭。这也是我不讲监禁国家而讲刑罚国家的原因之一。刑罚国家的边界和活动并不局限于警方拘留所、看守所、教养所、青少年拘留中心和移民拘留中心的围墙（监禁国家的概念也是无法成立的，因为监狱不是一个主权实体，不能设定自己的使命、预算和人员配备；它是官僚场域的刑罚部门中的下级组织）。米勒提出，我们应将运作于监狱围墙之外的刑事制裁所带来的巨大法律影响网络识别为"第五种特殊制度"①，以

---

① "特殊制度"（peculiar institution）指废奴运动之前的美国南方奴隶制。使用"特殊制度"一词来指代南方奴隶制始于19世纪30年代，由美国南方政治家约翰·卡尔霍恩（John C. Calhoun）提出，其隐含的意思是美国南方的奴隶制与其他国家非常残酷的奴隶制不同，对生活在北方各州的人没有影响。——译者注

补充我先后提出的"在美国历史上界定和限制非洲裔美国人"的四种特殊制度，即种族化的奴隶制、吉姆·克劳制度恐怖主义、贫民窟，以及超贫民窟和监狱的联结（Wacquant, 2001a）。对此，我有不同的看法：司法惩罚的非正式的块茎式扩散并非独立于第四种特殊制度之外；它无法独立存在；它不会取代第四种特殊制度，而是依赖之，因为这是它毒害最强又最不可见的效果之一。

最引人注目的是，米勒指出刑罚国家会招募"第三方行动者来排斥而非帮助曾经受到监禁的人"。除了国家公职人员、雇主、房东之外，还有亲属、邻居和朋友，他们面对曾卷入过司法审判的人，随时可以援引这些人跟犯罪行为的牵连瓜葛，来贬损其身份、削弱其地位，并截断他们的生活机会。可见，刑罚的附带后果在社会空间与物理空间的底层区域以毛细血管的方式扩散，塑造着其中居民的惯习，扭曲着他们的关系，玷污着他们的自我。这就像米歇尔·福柯的《规训与惩罚》（*Discipline and Punish*, 1975）所写那样？不是的。因为在福柯看来，"监禁"是一种抽象逻辑，其中没有能动者；权力自下而上渗透到各个地方。相比之下，米勒则明确识别出了刑罚权力在城市内非正式扩散过程中的能动者；这种权力由外而内、自上而下，有明确的来源，即刑罚国家。那些"被委托和被征召参与管理刑事被告"的第三方行为者是**委托刑罚国家**（delegated penal state）的影子执行者——就像在过去二十年里，与之并行的社会政策领域市场化改革带来了美国的"委托福利国家"（*Delegated Welfare State*）（Morgan and Campbell, 2011）那样。如此说来，关于阶级（分裂）、族群（区分）和国家技艺之间致命三角关系，新布迪厄主义模型必然同时从在工作福利（workfare）和监狱福利（prisonfare）这两方面来讨论国家的角色。在下一章中，我将对这个致命三角关系进行更深入的分析。

注 释

[1]在此重申这本书中针对城市边缘性的跨时空比较研究提出的五项分析原则（Wacquant, 2008a: 7—12）：（1）在民间概念和分析性概念之间划分出明确的界线；（2）将城市形式放在长时段（*longue durée*）中进行历史化处理；（3）将民族志作为认识论断裂和理论建构的工具；（4）按照在大都市组合体中的状况、位置和功能来区分边缘性街区；（5）阐明国家对受剥夺地区的渗透程度和方式。随后我又制定了一项补充原则：（6）将特定的贬逐地域置于特定城市和社会中普遍存在的社会空间隔离形式的大背景下（Wacquant, 2010a）。

[2]在这一点上，美国的超贫民窟与法国的污名化郊区有根本的不同：在美国，这些居民在代内和代际之间都没有多少空间流动性［正如 Patrick Sharkey 在 *Stuck in Place*（2013）中所证明的那样］；在法国，这些居民则比普通法国家庭的地理流动性更高：有将近 70% 的家庭在十年的时间里离开了他们的街区，而其中的大多数人搬到了一个比他们离开的街区更好的街区（Pan Ké Shon, 2009）。换句话说，在贬逐地区，美国黑人在原地徘徊并堕落，而多族群的法国人则向上流动并扩散（其中的主要例外是近期从非洲来的黑人移民）。

[3]我在 *The Invention of the "Underclass"*（2022a）一书中剖析了这个种族化"民间恶魔"的起源、蜕变和消失。这一稻草人范畴的空间维度在 1990 年左右被进一步巩固，与之相伴的是"底层阶级街区"（underclass neighborhood）概念被发明出来，并被视为社会病态集中呈现和物质实体年久失修的堡垒。

[4]"发达边缘性"是在阶级不平等重现、福利国家缩减、刑罚国家扩张和空间两极分化的背景下，在发达社会的后工业城市中出现的贫困政体（regime of poverty）。地域污名是其六个特征中的第三个。这六个特征包括（Wacquant, 2008a: Ch. 8）：（1）日益增强的雇佣劳动内部异质性和去社会化；（2）街区境况与宏观经济形势的功能性脱节；（3）地域固化和地域污名化；（4）空间异化和地点的消解；（5）可生存腹地的丧失；（6）边缘化人群的符号性分裂，使之在既有的集体发声工具（如工会、社区组织和左翼政党）范围之外被碎片化。

[5]这方面的一个证据，是 Link 和 Phelan（2001）的一篇很有影响力的文章曾将结构性歧视看作污名理论不可或缺的组成部分。这篇文章以戈夫曼的观点为基础，而非与之冲突。在接下来的二十年里，对污名的研究一直由社会心理学家主导，而且大多是在原地打转，迷失于无休止地增加经验类型、概念维度、行为构成和反应类型的迷宫中——正如 Pescosolido 和 Martin（2015）的"污名情结"（stigma complex）所证明的那样——这加速了该术语的语义解离。这些研究强调了污名现象的复杂性、持久性和普遍性，却掩盖了其结构性基础和权力维度。

Link 和 Phelan（2014）关于"污名权力"（Stigma Power）的短文则是一个显著的

例外，他们援引布迪厄的观点，凭借感人的天真发现了"当人们有意压制、扣留或排斥他人时，污名就是一种使他们能够达到目的的资源"。但是，在用了一个简短的段落来阐述布迪厄的思想之后（奇怪的是，他们引用了布迪厄 1987 年的文章 "What Makes a Social Class: On the Theoretical and Practical Existence of Groups"，但这与之并不相关），他们将认知与情感层面的污名化和行为层面的歧视混为一谈，并将误识（misrecognition）曲解为以隐蔽和间接的方式追求个人利益。

[6] 戈夫曼为（for）权力理论提供了宝贵的微观机制，但这不应该被过分夸大地说成他是一位"关于（of）权力的主要理论家"（Jenkins，2008；着重部分系我所加）。

[7] Bourdieu（1977b）提供了一个简要的理论情境。想要了解符号权力的多重面貌和多种含义，可以阅读 "The Sentiment of Honour in Kabyle Society"（Bourdieu，1965）、*Reproduction in Education, Society, and Culture*（Bourdieu and Passeron，1970）中的 "Book 1: Foundations of a Theory of Symbolic Violence"、"The Ordination"（*The State Nobility* 的第二部分，Bourdieu，1989a）、"Rethinking the State: Genesis and Structure of the Bureaucratic Field"（Bourdieu，1993d）、*Masculine Domination*（Bourdieu，1998a），以及 *Pascalian Meditations*（Bourdieu，1997）中的 "Symbolic Violence and Political Struggles"。

[8] "它作为一种权力，可以在有关世界意义的观点上强加一种共识，强加一种能够引导人们的构想并以同样的方式引导行动和表征的普遍原则。"（Bourdieu，2015:114）

[9] "国家拥有强加和灌输符合其自身结构且具有持久性的构想与区分原则的手段，是聚集和行使符号权力的最佳场所"（Bourdieu，1994a: 117），其具体表现为命名、提名和认证的权力，即创造身份和实施社会边界的能力（特别是通过教育系统和法律等途径）。在这方面，物质力量和符号力量在权力场域中的聚集也许就是 Bourdieu（2011, 2022: 394—407、635—648）和 Foucault（1975）之间最具决定性的区别，尽管他们都认同权力渗透到了主体性的最深处，并且对此布迪厄为我们提出了强有力的惯习概念，福柯则给出了难以捉摸的毛细血管隐喻。

[10] 符号权力有它自己的逻辑，不能被简化为能动者的蓄意意志，不论是支配者的意志和还是被支配者的意志："符号权力是一种使自身得到承认（recognized）的权力，因为它使自己被误识（misrecognized）为权力。它使自身得到承认，因为它使[人们]误识了作为其效力基础的任意性。这种误识，这种被强取的、有偏见的认知因此可以流行于世，而与任何欺骗意图无关——这一点非常重要。我甚至认为，最巧妙的支配形式是在支配者没有任何支配意图的情况下进行的"（Bourdieu，2016: 818）。就这一点而言，我与 Tyler 和 Slater（2018）的观点不同：他们认为污名是被当作一把符号性利剑来有意行使的。

[11] 戈夫曼在论述污名时出现的这一盲点是其社会学（以及所有微观社会学）研究中一个更一般性的局限。对于这位加拿大思想家来说，"互动秩序"既是社会生活在本体论上特定的尺度，也是社会生活在分析层面自主决定的尺度（Goffman，

1983）。这使得他无法解释污名化评判范畴的历史性，（例如，为什么在他撰写《污名》一书时，同性恋常遭到诋毁，而如今则不会？为什么肥胖症的情况则恰恰相反？）也无法解释社会能动者施加有利于自身物质利益和符号利益的范畴的能力差异，包括抵制和逆转污名化的能力。

［12］值得注意的是，Goffman（1963: 23）在下面这段话中几乎认识到了地域是污名的一个独特基础："还有一些包含服务机构核心的城市环境。这些城市环境为妓女、吸毒者、同性恋者、酗酒者和其他蒙羞人群提供了一种地域基础；这些机构有时是与其他类型的被驱逐者共享的，有时则不是。"

［13］正因如此，布迪厄是戈夫曼的忠实读者、知识崇拜者和私人朋友。他将戈夫曼的作品安排翻译成法语，并加入他与思想前卫的午夜出版社合作的系列丛书中。在 Bourdieu 最初发表于法国 Libération 日报的戈夫曼讣文［（1982）1983］中，他称赞戈夫曼是"发现了无限小的人"（the discoverer of the infinitely small）。

［14］戈夫曼在这方面的工作在 Randall Collins 的 Interaction Ritual Chains（2004）中获得了卓有成效的发展。

［15］Kalifa（2012）详细描绘了一幅关于底层社会诞生、演变和消散的历史全景图。他将底层社会视为 19 世纪中叶西方城市意象的核心元素，其渊源始于 13 世纪"不值得救助的穷人"（undeserving poor）这一范畴的出现，以及 16 世纪对于波希米亚流浪者和吉卜赛游民的污名化。他指出，这种意象在 20 世纪上半叶由于集体表征的转变（贫困被社会化、失业被纳入官方范畴、犯罪被视为一种独特环境的结果）而有所消散，并在 20 世纪下半叶随着工人阶级经济地位和住房状况等物质层面的提升而消失不见。

［16］Slater（2018）提供了一个关于英国"贫困住宅区"这一贬义标签的谱系、传播和影响的典型研究。

［17］我所说的"黏性"是指地域污名在整个社会空间中、在街区内外，以及在文化生产场域和国家场域中的持续存在［而不仅仅是像 Pinkster et al.（2020）所指的其在受贬损地方的居民中持续存在］。

［18］那些成长于卡布里尼-格林的大学生即使到了爱荷华州这样遥远的农业州上学，也会一致遭遇"自动污名"。可以读一读他们的生动讲述："当人们发现你在卡布里尼，或者你曾经住在卡布里尼时，他们会认为你是暴力、粗鲁、缺乏教养的——总之是所有负面的内容。"在各种社会环境中，这个街区的名称被普遍用作"关于麻烦的位置化简写"（Vale, 2015: 241—243）。

［19］在他的采访和自传（Ibrahimović and Lagercrantz, 2014）中，伊布拉西莫维奇用这种广为流传的负面意象来生动彰显他的崛起，为他的技术披上神秘的外衣，为他的超常规行为开脱，并以此宣扬他与生俱来的忠诚感。他喜欢引用一句非洲裔美国人座右铭的文明版本："你可以把黑人从贫民窟中赶出来，但你不能把贫民窟从黑人中赶出去。"

［20］Bourdieu（2012: 88—90）讨论了"官方化"工作：国家将一个特定的"社会问题"提升至一个被大众承认且需要采取公共行动的公共议题等级，即"以群体的名义并当着群体的面而完成的行动"。

［21］Anika Seemann（2021）指出，2004 年、2010 年、2013 年和 2018 年的贫民窟方案导致了"社会公民权前所未有的空间化和族群化"，标志着丹麦福利国家自 1945 年以来演变的急剧中断。

［22］在 20 世纪 90 年代，被官方指定为"DSQ 街区"（*quartier DSQ*, 是实施"街区社会发展"的优先目标）所带来的污名从一开始就非常严重，以至于法国的许多城市都拒绝这个标签，同时拒绝中央政府提供的更多资金、人员和项目。我的家乡蒙彼利埃就是这种情况，其选择自行改善遭受公众唾弃的街区，而不是让它们进一步背上 DSQ 的标签。

［23］在 2021 年秋季，法国政府颁布了《维护共和国原则法》(Law for the Respect of the Principles of the Republic)，俗称"反社会分裂法"(law against social separatism)。该法实际上针对的是该国的"敏感街区"，旨在恢复健全世俗社会的组织，以回应所谓"被伊斯兰教接管"的企图。

［24］在解读警察和受贬损地区年轻人之间这种反复发生的冲突时，我们必须避免两个互为支撑的错误：一是**过度解读**，即将骚乱浪漫化为起义，并将其参与者描绘成具有成熟政治构想的"反抗战士"；二是**低度解读**，即没有看到以下事实：尽管他们的抗议是以破坏行为和违法形式进行的，但这些抗议也被赋予了政治意义，包括主观上的（是对当局的长期"蔑视"和虐待的个人回应），以及客观上的（是同警察的斗争；这些警察代表着虚伪的国家和名誉扫地的政治精英）。

［25］法国哲学家、媒体人阿兰·芬基尔克罗（Alain Finkelkraut）称这次骚乱是"族群—宗教叛乱"和"反共和的大屠杀"。法国及国际媒体对他的言论进行了广泛报道。国际媒体将这场骚乱提升为法国与其他遭受族群和族分裂之苦的国家终究并无不同的正面证据，并将之作为他们本地城市中未来冲突的严厉警示。

［26］在英吉利海峡对岸，近期记忆中最著名的是法国国家领导人对拉库尔讷沃（La Courneuve）臭名远扬的"四千"住房项目（Quatre Mille housing project）的到访。2005 年 6 月 20 日，时任内政部长（负责全国警务）、即将成为法国总统的尼古拉·萨科齐在出访期间承诺他将用卡赫（Karcher, 一种强力水管）"清除该地区的渣滓"。在他的短暂到访之后，警方展开了一场军事式的大扫荡。这是特意为媒体安排的，有 200 多名警察参与；他们的每一步都有电视摄像机跟踪，并很快播出在八点档的新闻中——尽管这次行动没有逮捕任何人，也没有缴获任何赃物。

［27］关于污名作为国家权力工具的更广泛历史叙述，参见 Tyler 的 *Stigma: The Machinery of Inequality*（2020）。该书信息全面，还原了被遗忘的有关污名的集体抗争史。

［28］我将 Bourdieu（1979, 1989a, 1992, 1994b, 2012）绘制的几个图示浓缩成了

一个简化图。我在图中加入了我自己的想法和新的元素。由于篇幅限制和为了阅读方便，我只列出了主要人物。

［29］"权力场域（绝不能与政治场域混为一谈）与其他场域不同。它是不同种类的资本之间权力关系的空间，或者更确切地说，是那些充分拥有不同种类资本之一并因而在相应场域中处于支配地位的能动者之间权力关系的空间。在其中，每当不同种类资本的相对价值受到质疑时，这些能动者之间的斗争就会加剧。"（Bourdieu, 1994a: 56）权力场域是一种关系性构造，与群体性的彻底历史性和历史可变性保持一致，取代了"统治阶级"的实质主义概念（Bourdieu and Wacquant, 1993）。

［30］我之所以选择这三个场域，是因为它们直接地与地域污名的生产相关。权力场域所包含的其他场域由于篇幅所限而没能在此一一呈现，其在图中从右至左依次应为经济场域、宗教场域、司法场域和艺术场域。Bourdieu（2022）对这些场域分别进行了研究。

［31］关于布迪厄在再思考国家时提出的"官僚场域"和"符号权力"这对概念，详细阐释参见下一章的讨论，边码第127—128页。

［32］美国研究专家 Sophie Body-Gendrot 和社会学家 Véronique Le Guennec 向法国内政部提交的报告 *Mission sur les violences urbaines*（1998）极大推动了这一警务范畴在媒体和公共机构眼中的合法化。Bonelli（2001）追溯了"城市暴力"（urban violences，复数，指在城市周边被贬损集镇中警察和年轻人之间的集体冲突）是如何被国家警务部门"情报总局"（*Renseignements généraux*，负责国内谍报与监视）精心论述和确证的，以声称自己肩负着新的使命，从而避免被解散。

［33］Kokoreff（2007: 94）讨论了"为城市边缘最贫困街区命名"的词汇学困难和社会学窘境，以及社会学家"在那些受憎恶的集镇中进行田野调查以管理污名"的矛盾性贡献。

［34］2010年，法国议会通过了一项法律，将居住地址歧视纳入歧视犯罪的19项标准中，并使犯罪者、雇主、商业机构、银行、房东都可能受到刑事制裁。巴黎北部边缘的拉库尔讷沃市是这项倡议的发起者，我在该市进行了田野调查。由于公开辩论中持续贬抑和危言耸听的描绘所引起的愤怒，该市动员了全国其他被污名化的城市来支持这项立法。这项立法的一个智识后果是，关于城市劳动力市场中地址歧视的研究（主要由经济学家所作）大量涌现（Challe et al., 2018）。

［35］就"敏感街区"中警察与年轻人之间关系的恶劣程度而言，法国是一个特例，但是针对此类地区的差别化警务在北欧国家（Solhjell et al., 2019）、荷兰（De Koning, 2017）、德国（Gauthier, 2015）和英国（Koch, 2018）都有记载。这些长期的、低烈级的冲突在21世纪10年代达到顶峰，成为反对新自由主义城市性的偶发起义——这在9个欧洲国家都有见证（Mayer et al., 2016）。

［36］我要感谢罗斯基勒大学（Roskilde University）的特勒尔斯·舒尔茨·拉森教授推动我澄清这一点，尤其感谢他提供的资料，其中记录了不同国家中空间污名的

内生性来源。关于丹麦的案例，参见 Schultz Larsen, 2014, 2018 和 Hansen, 2021 关于哥本哈根市声名狼藉的诺勒布罗地区（Norrebro）百年演变的模范研究。

［37］"独栋楼阁"（法文：*pavillon*）是一种小型的单户独立式住宅，带有一个围起来的小前院，通常位于排列着相似住宅单元的某条街道上。在公共住房的黄金时代（1945 年至 1975 年），它被斥责为"小资产阶级个人主义"的象征（Magri, 2008）。从20 世纪 80 年代开始，它在文化层面被重新评价为是危险且放荡集镇的健康对立面与解毒剂，并且其扩张得到了政府的积极推动（Bourdieu, 2000）。关于独栋楼阁中小资产阶级独特的社会形态、文化生活和符号性抱负，参见 *La France des "petits-moyens"*（Cartier et al., 2008）。

［38］"我们可以比较两种得到极不平等社会担保的神奇命名行为：一是侮辱（'你只是一个教授'），其由于缺乏权威性，所以可能会反作用于侮辱者；二是作为提名的官方命名（'我任命你为教授'），其由群体的总体性权威授予，能够建立合法的，亦即得到普遍承认的身份"［Bourdieu,（1982）1991: 111］。

［39］正如 Elijah Anderson 在 *A Place on the Corner*（1978）里关于贫民窟街角中"常客""酒鬼"和"痞子"的民间分类所表明的，这些贬损性的观念与嵌入更广泛的阶层秩序中的微观等级制有关，因此只能感知于底层。

［40］Paugam（1991: 169）强调，在法国外省某城镇的小集镇里，"歧视性的流言闲话"与外人将其描绘成"小芝加哥"的看法纠缠在一起，并复制了这种看法，以至于很难分辨哪个是先出现的。

［41］"'拥有'一个社会问题，就是拥有将某种状况命名为'问题'并提出如何处理该状况的权威。这是一种权力，可以影响公共设施的调配，包括法律、执法能力、舆论、商品和服务，以帮助解决这一问题"（Gusfield, 1989: 433）。

［42］就法国而言，在巴黎红色地带等位于边缘地带的被污名化城市中，大多数的既有住房（高达 70%）是公有并用于出租的，而不是借助士绅化来完成私人收购的目标。考虑到公共部门在法国低收入住房中扮演着与众不同的结构性角色，以及法国的上层阶级更喜欢居住在内城中，Edmond Préteceille 在 "Is Gentrification a Useful Paradigm to Analyze Social Changes in the Paris Metropolis?"（2007）一文中甚至开始质疑英美范畴对法国的适用性。

［43］Henri Lefebvre（1968）的这一著名概念是针对巴黎市中心的社会空间重构而提出的，这种重构采取了资产阶级化（*embourgeoisement*）和翻新—驱逐（*rénovation-déportation*）的形式（这是法国社会学家当时对相关现象的描述）。

［44］回想一下前一章讨论过的布迪厄主义社会学的第三个［原文如此，实为第二个。——译者注］并行原则，即"韦伯时刻"（见边码第 33—34 页）：将（实践中及分析中的）能动者、结构和范畴历史化。

［45］关于芝加哥［Drake and Cayton,（1945）1993］、纽约市（Osofsky, 1966）、克利夫兰（Kusmer, 1976）、密尔沃基（Trotter, 1985）、底特律（Bates, 2012）和洛杉

矶（Sides, 2003）等城市中贫民窟形成过程的研究充分证明了这一点。所有这些城市都是社会磁石，吸引了来自南方的数百万黑人，并使他们能够从偏远的农民过渡到健壮的无产阶级，并发展成为昌盛的资产阶级。

［46］Drake 和 Cayton［（1945）1993: 385—397］提到了鼎盛时期的芝加哥黑人贫民窟中的五大"生活轴心"：生存下去、享受生活、赞颂上帝、出人头地、推动种族进步。

［47］为了避免读者将我的论点误解为对 20 世纪下半叶阶级和族群种族支配的怀旧式复兴，需要说明：欧洲工业国家的工人阶级地域是从严格的阶级划分中费力开辟出来的；美国福特制时期的共同体贫民窟之所以享有一定程度的自治，只是因为它有助于维持城市中严格的白人统治。

［48］搬到其他街区时，只有在搬到污名区域以外的地点，才能获得摆脱了地域污名的慰藉。在同样处于地点体系的底层、被广泛视为道德沦丧和社会堕落空间的地区或城市之间往来辗转，则几乎不会获得喘息机会。这意味着，相对于那些往往周旋于超贫民窟及其周边地区的非洲裔美国人，离开（exit）对于法国城市周边的下层阶级（移民）家庭来说是一个更加可行的策略。他们通常会向外迁移，并沿着街区的阶梯向上迁移（如本章注释 2 所示）。

［49］在超贫民窟的黑人家庭中，这是一种常见的做法。他们把子女送到南方的亲戚那里过暑假（有时是过一整年），以保护他们免受邻里暴力的伤害。法国红色地带中的北非裔居民也会这样做。他们通常会把子女送回"内地"（bled, 他们的原籍城市或农村），以消除他们在学校放假时因无所事事而走上犯罪道路的风险。

［50］Derek Hyra（2012）对美国大都市的第一波（1949 年至 1974 年）和第二波（1992 年至 2007 年）城市更新浪潮进行了比较分析，发现二者的主要区别是，后一波浪潮是由来自全球、联邦和地方的机构推动的，而不只有联邦机构，并且其影响同时波及种族和阶级，而不仅仅是种族。在下一章中，我们将看到阶级、族群性和国家的三角关系如何能让我们把握大都市里自上而下的空间重构政策中的这种转变。

［51］Stephen Crossley 在 *Troublemakers: The Construction of "Troubled Families" as a Social Problem*（2018）一书中论述了"问题家庭"的符号性制造与官僚主义制造，以及其如何影响了英国紧缩时期关于问题群体和问题地域的社会政策和公众看法。

［52］Kelley Fong（2020: 629）针对康涅狄格州的儿童保护服务做了一项启人深思的田野研究，题为"Getting Eyes in the Home"。在文中，她强调了增强贫困受扶养人的可见性与国家监视的微观机制："在一个没有多少资源来满足国民家庭需求的福利国家中，相关专业人员在选择有限的情况下，最终会求助于一个具有强制性权威的机构，因为这是仅存的选择。对于能力有限的基层官僚来说，将系统性问题建构为个人的失败（例如'虐待'或'犯罪'）开辟了一种可能的回应方式。然而，这种围绕个人行为缺陷而组织起来的回应机构，其配备的首要工具即为监视和司法干预。在财政紧缩的情境中，国民家庭在没有物质援助的情况下受到监视，这是在加强和惩罚他

们的边缘性。"

［53］这种情况最近有所改变，例证参见 Sara Wakefield 和 Christopher Wildeman 的著作 *Children of the Prison Boom: Mass Incarceration and the Future of American Inequality*（2013），以及 Matthew Desmond 的著作 *Evicted: Poverty and Profit in the American City*（2014）。但是，相比于针对城市社会空间与物理空间的底层区域中性别化支配分工所作的科学研究中的性别化劳动分工准则，这些仍属例外。

［54］Bourdieu（2000）在研究 20 世纪 80 年代法国住房政策的设计和实施时，向我们展示了如何顺滑跨越从中央到地方的各个政府层级尺度。

［55］在 2013 年前后，就在英国政府实施二战以来最大幅、最突然的福利削减政策之际，英国电视上出现了大量的"纪实类节目"。这些节目据称描绘了国家福利接受者的日常生活和社会苦难。2013 年至 2015 年前后推出的真人秀电视节目《我们都在为你的福利买单》(*We All Pay Your Benefits*)、《福利街》(*Benefits Street*)、《福利与骄傲》(*On Benefits and Proud*)、《英国福利租户》(*Britain's Benefit Tenants*)等吸引了创纪录的观众数量，并引发了人们对严格紧缩政策背景下关于贫困与不道德行为的媒体呈现的争议（Barton and Davis, 2018）。批评者认为，这种"贫困色情片"节目不仅构成一种剥削，而且其对城市贫民的形象描绘是非常不准确且带有偏见的——社会科学家也证明了这一点。对此，公共电视台官员回应说，这样的节目符合其向公民提供信息的使命。这个例子说明将不稳定无产阶级公开毁谤为经济拖油瓶和社会寄生虫的做法如何推动并合法化了福利紧缩政策以及对穷人的官僚主义规训。作为社会讽刺性漫画的超可见性（hypervisibility）与作为社会现实的不可见性是相伴而生的。

［56］关于欧洲城市中罗姆人的文化差异、社会地位和空间隔离，参见 Picker（2017）基于罗马尼亚、意大利、法国和英国案例研究的全景式论述。

［57］关于美国案例的类似作品，参见 Desmond 和 Bell（2015）对住房问题的社会科学研究、法律分析和案件史的调查，以及他们关于重新关注住房相关法律在缓解或加剧城市边缘性方面所扮演角色的呼吁。关于法国围绕"住房权利"的集体动员和该国复杂的住房政策构成，参见 Péchu, 2006; Fijalkow, 2012; Pollard, 2018。

［58］在美国，环境恶化和城市污染与阶级和族群性密切相关。贫困的黑人街区吸收了 LULU（locally unwanted land uses，被本地排斥的土地使用）的冲击，而且经常位于因工业和军事用途而变得有毒害的环境中（Lerner, 2010; Taylor, 2014）。居住在一个健康的物质环境中，并非一种不作进一步审视即可假设的状态。

［59］Pasquetti（2022）通过对巴勒斯坦难民营和以色列族群社区中的情感和社会控制进行比较民族志研究，跨越了南方与北方的鸿沟。

［60］我在这里没有讨论其语言学上的荒谬：德勒兹使用的法语概念"agencement"意味着布局或安排，而法语名词"assemblage"的意思很简单，就是"组装"（如"组装一件家具"）。翻译不当使这个名词看起来深奥而神秘。更荒谬的是，有人声称"组合"对于城市中的激进政治具有进步意义，而实际上它将城

市的权力场域消解成了块茎实验（rhizomatic experiments）和拉图尔式的"宇宙图"（cosmograms）（Farías, 2011; McFarlane and Anderson, 2011）。

[61] 简单来说，看守所关押的是被捕后等待案件司法处理的人（因此被假定为无罪）或刑期较短的人（一年以下），而监狱关押的是被判处多年徒刑的罪犯。每年，美国看守所收押的人数是监狱收押人数的 20 倍（前者约为 1400 万人，后者约为 50 万人），因此看守所影响的人数远比监狱多。

[62] 因此，我开始了我目前的民族志课题，一项关于"郡刑事法院的社会生活"（"The Social Life of the County Criminal Court"）的研究。为此，我在加利福尼亚州北部的两个郡里对工作中的检察官、公设辩护人、私人辩护律师和法官进行了为期两年的观察、追踪和访谈。

第三章
新自由主义大都市中的边缘性、族群性与刑罚性

　　本章将以实际行动展示如何将皮埃尔·布迪厄关于支配的生成性社会学的横向原则，以及其关于物理空间、社会空间和符号空间的三元辩证法转化为一套具有操作性的构念、相互关联的研究问题和独特的分析方法。本章尝试在分析性空间的多个层次上建立一组三角关系，以举例说明拓扑学的思维模式。借此，本章还致力于激活概念之间的交流，促进研究者之间的理论综合。这些研究者很少借助出版物见面，也很少现场见面，或者只是非常偶尔地进行远距离的交流。本章所做的理论综合是关于一组三要素的：边缘性、族群性、刑罚性——这三者的重组在过去半个世纪里改变了后工业大都市的面貌。

　　自资本主义时代伊始，这组三要素就在西方城市留下了自己的印记。西方城市是边缘性得以积聚并变得密集、显现和具有破坏性的场所（Geremek, 1976）。西方城市也是族群性［以多种面貌呈现：族群地区（ethnoregional）、族群语言（ethnolinguistic）、族群民族（ethnonational）、族群宗教（ethnoreligious）、族群体质（ethnosomatic）］变得突出并发生冲突的地点，因为它使在名誉连续统上处于不同位置、各种来源的人们持续接触，而这

种共存性使名誉连续统从水平方向转向了垂直方向（Calame and Charlesworth, 2011）。西方城市还是现代公共惩罚制度的大熔炉，彰显着主权权力，无论主权在于国王、世袭统治者还是官僚制国家，同时彰显着主权权力定义、阻滞或培育公民权的相关能力（Willrich, 2003）。[1]

除了三个核心概念，还有三个角落。在第一个角落里，有学112者研究城市中的阶级分裂（class fragmentation）。阶级分裂发生在福特制与凯恩斯主义时代建立起来的工人阶级崩溃之后，发生在去工业化、大规模失业增加和劳动不稳定性扩散的压力之下，发生在罗伯特·卡斯特（Robert Castel, 1996）所说的"工薪社会的退化"和曼纽尔·卡斯特（Castells, 2000）所说的"信息时代"里城市发展"黑洞"的交汇点上。[2] 这些研究者关注就业和劳动力市场的演变趋势，以及其给社会结构和空间结构（尤其是对阶级和地点阶梯的底层）带来的两极化与分化后果。这些趋势导致了 21 世纪初城市边缘地区中后工业化不稳定无产阶级尚未完成的起源。但是，研究阶级的学者很少与在第二个角落里研究族群划分的基础、形式和影响的同仁进行持续的讨论。

族群区分（ethnic division）在美国以族群种族（ethnoracial）的分类［即将"种族"（race）制度化为被否定的族群性（denegated ethnicity）］为基础，在欧盟以族群民族（ethnonational）或族群地区（ethnoregional）的分类（即"本国人/外国人"的划分）为基础；族群区分也被移民以及可能以移民为载体的文化差异而（重新）激活。族群区分对于理解阶级的形成和形变至关重要。反过来说，人们怎么会未察觉到：那些在欧洲各地被认定为——实际上是被毁谤为——"外来移民"（immigrants）的人，都是出身自边缘地区和下层阶级的外国人，而那些来自上层社会地位的人则被认定为"外籍人士"（expats），是各地政府都希望吸引来而不是驱赶走的人。[3] 人们又怎么会忽略：我们对他们的集体看法、他们融入社会的形式、他们的集体行动能力，总之他们在目的地社会中的命运，在很大程度上取决于他们的社会地位和社会轨迹，因而也取决于他们所处阶级结构的变迁。在对移民的恐惧、恐怖主义的威胁、少数群体中少数活跃人士的动员，以及政治和媒体对"多样性"的渴望的推动下，这一研究领域在整个欧洲正经历着前所未有的繁荣，[4] 并且在很大程度上已经变得自主运转（在美国式族群研究项目的推动下），与阶级分析的距离越来越远，甚至走向对立。

因此，一种人造的替代选项已经形成，怂恿我们在阶级和族群之间做出分离式的选择，并为"社会问题"和"种族问题"赋予分析上的偏好和政治上的优先排序。就法国而言，这使我想到了帕普·恩迪亚耶（Pap Ndiaye）名噪一时的研究《黑人状况》（*La Condition noire*, 2008），它立志于建立"法国的黑人研究"；还有法桑兄弟（Fassin brothers）编辑的《从社会问题到种族问题？》（*De la question sociale à la question raciale?*, 2006）一书，充分说明了当下正在进行的"常识"漂移。如今，非常明显的是，马克斯·韦伯［Weber,（1922）1978］在一个世纪前指出的这两种"社会封闭"模式（*Schließung*）分别以物质权力和符号权力的分配为基础，并且深刻地交叠在一起；我们必须将其视为关于社会构想与区分、分类与分层的两个各不相同但又相互关联的原则。

阶级和族群相对而言的结构性权重和经验意义，以及它们的关联方式，不是一个可以在纸面上一劳永逸地宣判的社会本体论问题，而是社会现实本身中的斗争筹码，必须通过将社会空间和符号空间联系起来将之理论化。由于"社会世界可以根据不同的社会构想与区分原则——例如族群区分——而被实际感知、表达和建构",社会科学应该"将分类斗争作为自己的对象,而不是成为分类斗争的对象;这种分类斗争是阶级斗争、年龄阶级、性别阶级或社会阶级等所有种类的其中一个维度"[Bourdieu,(1982)1991: 298, 1982: 15]。

最后,第三个角落刻意与其他两个角落分隔开来,其中有 114
一个庞大而高产的群体,即犯罪学家和各种刑事司法(criminal justice)问题专家。他们热衷于挖掘"犯罪与惩罚"这一对偶的封闭边界,这在历史上构成了他们的学科,并因政治与官僚主义需求而不断得到强化。[5]因此,他们几乎不关注——对我来说,他们无论怎样都不够关注——阶级结构的形成与变迁、不平等的加深、对城市贫困的广泛改造,也不关注族群区分的动态且历史上多变的影响,除非是在"歧视"和"差距"等狭隘又局限的标题下讨论(二者通常还被合并讨论)。然后,犯罪学家依赖于对族群的行政定义,但这些定义更多是为了掩盖种族偏见,而非揭示种族偏见。[6]

这样一来,犯罪学家就使自身失去了理解刑罚政策之当代演变的方式。正如布罗尼斯拉夫·盖雷梅克(Bronislaw Geremek)在其代表作《惩罚还是怜悯》[*La Potence ou la pitié*,(1978)1987]中所指出的那样,自从16世纪末监狱被发明以及西方现代国家出现以来,刑罚政策的目标与其说是为了减少犯罪,不如说是为了遏制城市边缘性。[7]更妙的是,在权力斗争和公共行动的双重意义上,刑罚政策和社会政策都只不过是城市贫困政治(*politique*)的两个侧面。最后,无论何时何地,那些处于阶级秩序和身份秩序底层的类群,即那些被剥夺和被贬损的群体,总是首当其冲地成为刑罚性的载体。因此，将刑事司法与**物质和符号**这双重维度上的边缘性联系起来，以及与那些旨在规制问题群体和问题地域的其他国家项目联系起来，是至关重要的。

我希望本章能够证明，克服这三个主题领域中的探索者之间彼此孤立甚至相互无视的状况，将会大有裨益。这样，我们就可以开启三个领域之间学者的对话：一些学者将城市贬逐视为阶级重构的产物来研究，一些学者将城市贬逐视为族群性的影响来研究，还有学者研究国家中各种针对贫困人群和被污名化人群的组成部分的变迁——首先是刑罚部门（警察、法院、看守所、监狱、少管所，以及延期、缓刑、假释和法院强制执行项目，还有关押非法移民的拘留所）的变迁。如果说我想提出一个核心论点的话，那就是我们迫切需要将这三个研究领域联系起来，并让相应的学科协同工作：包括城市社会学与经济分析、人类学与族群性政治科学、犯罪学与社会工作，还要加入地理学贯穿其中，以帮助我们捕捉到它们相互交叠的空间维度。而我们的准星则瞄向"半人马国家"（Centaur State）这一形象：其上层是自由主义的，底层则是惩罚性的；从解剖结构和运作方式来看，它都在蔑视民主理想。

城市不平等的三角分析

我首先要对过去二十年来我在这三个主题的交叉点上开展的研究项目做一个粗略的分析性勾勒。我的《城市放逐者》《惩罚穷人》和《致命的共生》都是这一项目的成果和总结。这些书构成了一个三部曲，来探索以阶级、族群性和国家为顶点的城市转型三角形，并为适用于研究新自由主义的社会学（再）概念化开辟道路。可以说，这些书一起阅读会有较大收获，因为它们是互相补充、相互支撑的，**最终勾勒出了国家、市场和公民权之间的关联在 21 世纪初重新配置的模型**。这一模型是以美国作为一个**极端案例**——但并非特例——来建立的，而我们可以通过跨国别的合理转换来使这一模型一般化（我将在下文再次论述这一点，参见边码第 158—159 页）。这次回顾是一次机会，可以为这些研究绘制一张简略的资产负债表，并明确其中的利害，还可以说明我如何改编皮埃尔·布迪厄的核心概念（社会空间、官僚场域、符号权力）来阐明那些被混淆的概念（如贫民窟）并提出新的概念，用以剖析城市不稳定无产阶级的出现以及新自由主义利维坦对他们的惩罚性管理。

这个三部曲中的每一部都聚焦于"阶级—种族—国家"三角形中的某一边，并探讨了其中某个顶点对另外两个顶点之间关系的影响。[8] 而且，每一部都以另外两部为经验背景和理论基石。

（1）《城市放逐者》指出，随着美国黑人贫民窟的崩溃和西欧工人阶级地域的消解，**发达边缘性在大都市中沿着"阶级—种族"轴线而崛起，并向国家结构与政策倾斜**。

（2）《惩罚穷人》描绘了惩罚性抑制的发明和运用，其是一种治理问题地区和人口的技艺，沿着带有族群种族划分或种族民族划分印记的"阶级—国家"轴线而成立。

（3）《致命的共生》阐明了作为公共污名的同类形式的刑罚化和种族化之间的相互交织关系，并揭示了阶级不平等是如何与"国家—族群性"轴线相互交织和影响的。

这三本书分别深入探讨了各自的议题，因此可以单独阅读。但是，三者联系起来呈现的论点则超越了各自论点之和，形成了更广泛的贡献：首先是关于贫困管制与后工业不稳定无产阶层形成／形变的比较社会学研究，其次是对新自由主义利维坦的历史人类学研究（Wacquant, 2012a）。这些书提供了一种重新思考新自由主义的方式，将之视为一种跨国政治项目，一种真正的"自上而下的革命"。这场革命不能被简化为赤裸裸的市场帝国（而其反对者和支持者都是这样认为的）；它必然包含使市场帝国得以形成所需要的制度手段，即规训性的社会政策［可概括为**工作福利**（workfare）这一概念］和刑罚系统的努力扩张［我将其命名为**监狱福利**（prisonfare）］，同时不要忘了**个体责任**（individual responsibility）这一修辞——它是将上述三个部分结合在一起的文化黏合剂。我将简要总结每本书中的关键论点，然后指出它们在布迪厄的符号空间、社会空间和物理空间三元辩证法中的共同理论基础，以及其相互关联的意涵。

1. **发达边缘性的政治生产。** 第一本书《城市放逐者：发达边缘性的比较社会学》阐明了处于社会空间两极化阶段的后工业大都市里，受剥夺地区或底层街区（bas-quartiers）中阶级和种族的联结（Wacquant, 2008a）。也就是说，该书探讨的是社会空间在城市景观上的印刻。我描绘了民权运动高峰过后美国黑人贫民窟的突然崩溃，并将其归因于地方政策和联邦政策在20世纪70年代中期之后的转向——大卫·哈维（Harvey, 1989）将这种多方面的转型很好地描述为"从管理主义城市到企业家主义城市"的转变；只是，这种转变在美国呈现出一种特别致命的形式，因为它还伴随着一场席卷全国的种族反抗。[9] 这一政策转向加速了从共同体**贫民窟**到**超贫民窟**的历史性转变。共同体贫民窟将所有黑人都限制在一个既束缚他们但又保护他们的保留地空间里，而超贫民窟则是一片只包含美国非洲裔工人阶级中不稳定分群的荒芜地域，并且由于作为成熟贫民窟之典型特征的并行制度的崩溃，这片地域被暴露在各种不安定因素（经济、社会、犯罪、卫生、住房等方面）之下（Wacquant, 2011）。

然后，我将这种突然的崩溃与欧盟的工人阶级地域在去工业化时代的缓慢消解进行了对比。我指出，在这两片大陆上，城市贬逐遵循着不同的逻辑：在美国，城市贬逐是由族群性（即黑人种族）决定的，在20世纪60年代之后受到了阶级位置的调节，并因国家而加剧；在法国及其邻国，城市贬逐则植根于阶级不平等，受到族群性（即前殖民地的移民）的影响，并因公共行动而得到部分缓解。[10] 由此可见，欧洲城市中的受剥夺地区不仅没有向作为族群封闭工具的贫民窟社会空间类型靠拢，反而在各个方面都在远离它，以至于人们可以将其定性为反贫民窟（Wacquant, 2010a）。

事实上，就欧洲各地来自前殖民地的下层阶级移民而言，其困境在于他们遭受了关于"贫民窟化"的恐慌话语所散布的符号性污名，却没有收获实际贫民窟化的"矛盾性收益"。这种话语公开地将他们指定为对每个社会中民族凝聚力的威胁（如前一章所述）。矛盾性收益包括在一个分隔的生活领域中培育社会、经济与文化资本，以使被排斥的人群拥有共同的集体身份，并增强其在政治场域和司法场域中的集体行动能力。

因此，我驳斥了大西洋两岸的受剥夺地区在向非洲裔美国人贫民窟的模式趋同的时髦论调，并指出，在大西洋两岸，由于雇用劳动分散、社会保护缩减和地域污名化的推动，城市中出现了一种新的贫困政体（regime of poverty）。我给出的结论是，国家在城市边缘性的社会及空间层面的生产与分配中发挥着关键作用：后工业时代不稳定无产阶级的命运没有被经济充分决定，却被政治过度决定。美国在这一点上并不亚于欧洲——这是历史学家兼法律学者迈克尔·诺瓦克（Michael Novak, 2008）笔下"美国的'弱'国家迷思"（"the myth of the 'weak' American state"）的另一个缺憾。至此甚至可以说，我们迫切需要将政府结构与政策重新置于城市社会学的核心位置——正如马克斯·韦伯［Weber，（1921）1958］正确地指出的那样，并使之悬于且支撑起位于空间结构底部的阶级与族群性二元关系（如图 3 所示）。

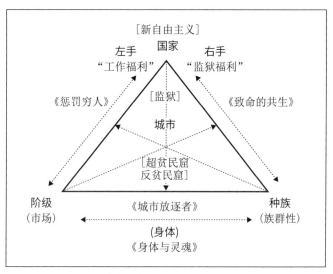

图 3　城市不稳定无产阶级的致命三角形

2. 对贫困的惩罚性管理成为新自由主义的组成部分。自相矛盾的是，国家在经济"放松管制"和社会保护削减等政策的交汇点上助长了发达边缘性，那它又将如何应对和处理这种发达边缘性？反过来，在城市贬逐的地域，社会不安定的正常化及其加剧将如何推动重新划定公共力量（public force, 我有意使用这一表达）的边界、计划和优先级？阶级转型和国家在自身社会使命与刑罚使命中的重构之间的双向关系，是第二本书《惩罚穷人：社会不安定的新自由主义治理》（Wacquant, 2009a）的主题。该书涉及决定着城市不稳定无产阶级命运的"致命三角形"的左边。

119

国家管理者本可以将这种新出现的贫困形式进行"社会化"，即抑制那些滋生贫困的集体机制（例如建造低收入住房来缓解无家可归问题）；也可以将其在个体上的症状"医疗化"（例如向街头的贫民按需提供精神健康服务）。但他们选择了第三条路，即刑罚化。所以，美国发明了一种管理城市边缘性的新型政治和政策，将约束性的社会政策和扩大化的刑罚政策结合在了一起。约束性的社会政策通过义务性的工作福利取代保护性福利而实现，进而使援助变得有条件，即指向于已退化的就业；与此同时，扩大化的刑罚政策则因惩罚的操作化哲学从恢复（rehabilitation）向消除（neutralization）的转移而被强化。这种新型政治和政策以城市衰落区和遗弃区为中心（美国的超贫民窟、法国被毁谤的工人阶级郊区、英国的"贫困住宅区"、荷兰的"问题地区"等），这些地区因前一章所述二元化大都市的地域污名化话语而遭受着公众的咒骂。然后，这种政策设计将依据每个接收国特有的社会空间构成和政治—行政场域结构，借助跨越国界的"叛国转译"过程而传播和变异。[11]

《惩罚穷人》创造了三个突破口来引出三个主要论点。第一个突破是将犯罪与惩罚脱钩，并由此指出，刑罚国家的突然滋生以及监狱随后的卷土重来（在 1975 年前后，监狱曾被宣布已奄奄一息，注定会在短时间内消失），不是对犯罪不安定的回应，而是对由雇佣劳动的不稳定化所催生的社会不安定的回应，也是对因既定名誉等级的不稳定化（与美国黑人贫民窟的瓦解、外来移民人口的定居、欧盟超国家一体化的进展相关）所产生的族群性焦虑的回应。后二者相交于二元化大都市的受贬损地区。**阶级不安定、族群性焦虑、空间固化**：追寻布迪厄，我们必须追溯刑罚性在社会空间、符号空间和物理空间之中转型的三重根源。

120

监狱的惊人回归

当米歇尔·福柯于 1975 年出版其里程碑式的巨著《规训与惩罚》时，国际上关于二战后刑罚领域的分析家一致认为，监狱是一个过时的、名誉扫地的机构。人们都觉得，监禁是过去惩罚时代的遗留物，注定要被"社区"内的替代性制裁（alternative sanction）和中间制裁（intermediate sanction）①取代。在当时的大多数社会中，监禁人数正在减少或保持稳定。这个时期是精神病学中所谓"反机构"运动的顶峰，也是刑罚学中支持"去监禁"的动员高峰。福柯（Foucault, 1975: 358、354、359）本人也强调，随着监禁规训"贯穿整个社会体厚度"的传播，以及被授予"行使关于正常化的权力"的机构剧增，"监狱的独特性及其实施封闭的角色正在失去存在的理由"(1)。

在接下来的三十年里，与所有人的预期相悖的是，监狱重新崛起，并且几乎所有地方的监禁率都急剧上升：美国的监禁率增长至以前的五倍，峰值达到每 10 万人中有 740 人处于监禁；法国、意大利和英国的监禁率翻了一番；在荷兰和葡萄牙，这一数字翻了两番，而在西班牙则增加至以前的六倍（2）。第二世界②国家也出现了类似的激增：仅在 1992 年至 2012 年间，巴西的刑事监禁率就翻了两番，哥伦比亚、秘鲁和乌拉圭增长至以前的三倍，智利、阿根廷、厄瓜多尔和巴拉圭翻了一番，

---

① "替代性制裁"和"中间制裁"都是为了在保证社会安全的同时避免监禁、缓刑等传统惩罚方式对违法者造成过多负面影响而实施的犯罪制裁方式。——译者注

② 作者在这里及下文提到的"第二世界"主要指发展中国家，来自西方政治学概念，不同于中国读者熟悉的毛泽东"三个世界"划分理论。——译者注

摩洛哥、土耳其和南非也出现了大幅增长。

> （1）"监禁圈不断扩大，而监狱的形式慢慢减弱，然后消失……最后，这个巨大的监禁网格与整个社会中运作的所有规训机制结合在一起……'监禁群岛'将刑罚制度的技艺传递到整个社会体中。"最后，司法的功能被转移到医学、心理学、教育和社会工作中。包括社会学在内的社会科学本身也将参与这一扩展的规训网络，标志着"规训社会"和"规训个体"的出现。
>
> （2）少数发达民族国家成功地抵御了监禁浪潮：加拿大、德国、奥地利和斯堪的纳维亚半岛的部分地区。这些国家都有强大的社会国家（social state）和较低的城市边缘性。

　　第二个突破是将刑罚政策的转向和社会政策的变迁纳入同一个理论模型中。在政府和学术的视野中，二者通常是被分开看待的。这两种政策其实是相互交织的：它们针对同一群人，即陷入两极化社会空间结构的裂隙和夹缝中的人；它们采用同样的技术（案件档案、监视、毁谤，以及用以改变行为的分级制裁），并同样遵循行为主义个体主义的道德哲学；最后，前者的全景式和规训式的目标通常会传染给后者。为了实现二者的整合理解，我引用了布迪厄（Bourdieu, 1993）的"官僚场域"（bureaucratic field）概念。由此，我修改了皮文和克洛尔德［Piven and Cloward,（1971）1993］关于借助福利"管制穷人"（regulating the poor）的经典论文：从此以后，国家的左手和右手结合起来，共同对后工业无产阶级中的不稳定分群实施"双重惩罚性管制"（double punitive regulation）。

第三个突破在于终结了受到马克思和恩格斯启发的经济学路径倡导者与受到埃米尔·涂尔干启发的文化主义路径拥护者之间毫无意义的对抗。前者将刑事司法视为阶级压迫的工具，与劳动力市场的波动共同起作用；而后者则认为，惩罚是一种语言，有助于划定边界、恢复社会团结、表达作为公民共同体基础的共同情感。借助官僚场域的概念，我们只需将任一公共政策的物质时刻和符号时刻结合起来，就足以认识到刑罚性完全可以同时或相继实现控制和沟通的功能，从而在表达性和工具性方面协同运作。[12] 事实上，新自由主义刑罚性的一个显著特征就是畸形地强调其从社会体中具象地消灭危险和污染的使命，甚至不惜以削弱理性的犯罪控制为代价。大多数发达社会中对性犯罪者判决和监管方面歇斯底里的改革说明了这一点（Wacquant, 2009a: ch. 7; McAlinden, 2012; Jones and Newburn, 2013；另见下文，边码第134—135 页）。

在《惩罚穷人》的最后，我将自己有关刑罚化作为管理城市边缘性的政治技术的理论模型，与米歇尔·福柯（Foucault, 1975）对"规训社会"的描述、大卫·加兰（David Garland, 2001）关于"控制文化"之显现的论文以及大卫·哈维（Harvey, 2005）提出的新自由主义政策图景进行了对比。通过这一做法，我证明国家刑罚部门（在美国以监狱为中心，在欧盟以警察为主导）的扩张和美化并不是对新自由主义的异常偏离或腐蚀；相反，它是新自由主义的核心组成部分之一。就像在 16 世纪末，新生的现代国家创新性地将贫民救济和刑罚监禁结合在一起，以阻止当时充斥于北欧贸易城市中的流浪汉和乞丐的流动［Lis and Soly, 1979; Rusche and Kirchheimer,（1939）2003］；在 20 世纪末，新自由主义国家加强并重新部署了它的警务、司法和监禁机构，以阻止社会不安定在阶级与地点阶梯的底层扩散所造成的混乱，并且还上演了一场宣扬法治的炫目色情表演，以重新确立政府的权威——政府因放弃了在福特制—凯恩斯主义契约下建立的社会保护与经济保护职责，所以缺乏合法性。

3. 种族化和刑罚化之间的变革性协同效应。族群区分有力地刺激和影响了发达边缘性的逐渐高涨及其向惩罚性抑制的转向。在美国，这种族群区分根植于"黑人／白人"的对立，在西欧则以"本国人／外国人"的分立为中心，而其中某些群体（如罗姆人）即使在他们的祖国也被视为准外国人（Feischmidt et al., 2013）。族群区分对发达边缘性的影响通过图4所示"阶级—种族—国家"三角形的等分线间接地发挥作用［这在《惩罚穷人》第七章《替代贫民窟的监狱》（The Prison as Surrogate Ghetto）中有所论述］，也通过种族制造和国家技艺之间的双向关系而直接地发挥作用。这种关系呈现为三角形的右边，并在第三本书《致命的共生：种族与刑罚国家的兴起》（Wacquant, forthcoming）中有所阐述。

族群种族的划分和刑罚国家的发展之间的协同性关联是这一研究课题中最难提出和解决的问题，原因有以下几点。[13] 首先，对种族支配的研究是一个概念泥潭，也是社会研究中政治姿态和道德咆哮常常优先于分析严谨性和经验材料质量的一个领域（Wacquant, 1997）。其次，审判逻辑是社会学论证的死敌，而当我们处理"种族主义"这个模糊难辨而又负载丰富的概念时，陷入审判逻辑的可能性已经很高；在这个研究中我们要讨论的是刑事司法制度，那么这种可能性就会翻倍，因为刑事司法制度的官方使命正是作出罪责审判。[14] 最后，要理解种族与公共权力在当下的联系，我们必须追溯到四个世纪以前，追溯到成为美国之前的英国定居殖民地的建立，同时不能掉入一个陷阱，即把现在视为一段有待赎罪的可耻过去所留下的、影响深远且无法逃避的"遗产"。

最后，由于种族区分不是一件事物，而是一种活动（而且是一种符号性的活动，一种客体化和身体化的关系），因此它不是凝固不变的；它正是作为最高符号权力的国家运作模式的一个函数（Wacquant, 2022b），在整个历史过程中时断时续地演变着。这些困难解释了为什么我曾两次从出版社那里收回《致命的共生》，并对其进行从头到尾的修改（这也解释了为什么即使到现在，读者也只能通过构成该书主要章节之初步及临时版本的文章来评判这本书）。

《致命的共生》展示了种族划分如何使刑罚化变得顺畅并强化，以及反过来，刑罚国家的兴起又是如何通过将黑肤色与邪恶的危险性联系起来，并通过将非洲裔美国人群体与司法梯度分离开来（Wacquant, 2005b），从而将种族塑造为一种分类和分层形态。这本书的论证分三个阶段进行，将我们带到了三个大洲。在第一个阶段，我重新建构了四种"特殊制度"的历史线索，这些"特殊制度"在整个美国历史上先后界定和限制了黑人[15]：1619 年到 1865 年的动产奴隶制（chattel slavery）（在 17 世纪末开始种族化）；南方的种姓恐怖主义（caste terrorism）制度，即 19 世纪 90 年代到 1965 年的"吉姆·克劳制度"；1915 年到 1968 年北方福特制大都市的贫民窟；最后是超贫民窟与过度增长的监禁系统相互渗透而产生的混合集群。

自 1973 年以来，下层阶级黑人的监禁人数急剧增加。黑人资产阶级支持这种刑罚扩张，也从中受益，这一事实足以推翻关于"新吉姆·克劳制度"即将到来的反福音派论调。[16]我认为，监禁人数增加的原因是作为族群容器的贫民窟瓦解了，以及随后在其残存部分内部和周围部署了刑罚之网。有两种走向收敛的变迁强化了监禁网：一方面是将贫民窟"监狱化"，另一方面是将监狱"贫民窟化"，这些变迁使二者之间形成了功能替代、结构同形和文化类并的三重关系（Wacquant, 2001a）。超贫民窟和监狱之间的共生关系使社会经济边缘性和城市不稳定无产阶级黑人的符号性污名得以长久存在，并通过隐匿一种毁谤罪犯的种族化公共文化，重塑了"种族"的含义，也重塑了公民身份。

然后，我将这一解释模型拓展到欧盟对前殖民地移民的大规模过度监禁方面，发现在大多数的欧盟成员国中，这种过度监禁比大西洋对岸美国黑人的过度监禁更为严重。这是一个发人深省的事实，却鲜为人知，被欧洲大陆的犯罪学家所忽视或否认。在世纪之交，监狱中非洲裔美国人的比例与非洲裔美国人在全国人口中的比例之比为 3.9，而外国人的这一比例在比利时是 4.3、法国是 4.6、荷兰是 7.4、意大利是 10.5、西班牙是 11.2（Wacquant, 2005: 86）。[17] 对于来自前西方帝国地区的这些外国人，选择性的目标针对和偏向性的监禁限制呈现出两种相辅相成的内部"运输"和外部"运输"形式，分别是内部监禁式清除，以及地理驱逐（借助"包机航班"的官僚—政治仪式；包机满载着无证外国人，在媒体大张旗鼓的宣传下飞回他们的原籍国）。

这些物理清除措施之所以可能，得益于为非正规移民预留的庞大拘留营网络的迅速发展，也得益于咄咄逼人的检查和排斥政策；这些政策煽动起这些移民中的非正式性，使整个欧洲大陆的"法治失范"正常化，并通过移民、避难申请和边境控制等项目的"外部化"而将其出口到移民输出国（Valluy, 2005; Broeders and Engbersen, 2007; Ryan and Mitsilegas, 2010；关于美国的类似过程，参见 Menjívar, 2014）。所有这些措施都旨在彰显当局的坚持不懈，并重申非西方的"他们"和欧洲的"我们"之间的界线，而这种界线正在急剧地具体化。因此，在欧洲大陆，和美国一样，跟发达边缘性相关的城市动荡，惩罚、种族化和去政治化在一个循环关联中迅速发展并相互加强。

同样的逻辑也适用于拉丁美洲。关于拉丁美洲，我最后将带领读者审视巴西大都市中的贫困军事化，来揭示刑罚化的深层逻辑（Wacquant, 2008c）。在一个容忍针对阶级和肤色的日常司法歧视、警察暴行不受约束的世袭国家中，在其所支撑的极端不平等和街头暴力猖獗的情境下，再考虑到骇人听闻的监禁环境，对日益衰落的贫民窟（*favelas*）与堕落街区（*conjuntos*）中的居民施加惩罚性抑制，无异于将他们视为国家的敌人。这种做法必然会助长对法律的不尊重，以及刑罚权力的惯常滥用和失控扩张；而人们确实在整个南美洲观察到了这些情况，其成为对联合并行的不平等加剧与边缘性恶化的回应（Müller, 2012; Hathazy and Müller, 2016）。关于巴西的这段附记证实了刑罚化的载体总是高度选择性地瞄准那些在阶级的物质性秩序和名誉的符号性秩序中处于双重下层地位的群体，并将其作为结构性的优先级加以打击。

应用并拓展布迪厄的概念

我现在来谈谈我作品的理论灵感，这是我的读者并不总能清楚察觉的方面（或者只是模糊地、隐晦地察觉到）。但是，理论灵感提供了对一系列研究形成整体理解的钥匙；如果没有它，这些研究可能看起来相当分散，甚至互无关联。[18] 为了厘清高歌猛进的新自由主义中阶级重构、族群种族区分和国家技艺之间的三角关系，我借鉴了皮埃尔·布迪厄（Bourdieu, 1997）提出的几个概念——城市贫困、族群区分、公共惩罚，并将它们应用于新的领域中，包括微观层面的个人抱负和日常生活中的人际关系，到中观层面的社会策略和城市集群，再到宏观社会学层面的国家形式（见图 4）。

符号权力是"通过述说既定事物来构成既定事物的权力，以使人们看到并相信，由此来确证或改变对世界的构想，从而确证或改变对世界的行动，以及确证或改变世界本身"[Bourdieu,（1982）1991: 170]。换句话说，它是一种在社会空间上形塑并印刻符号空间的能力，其方式是传播和施行[enforce, 字面意思是"给予力量"（give force to）]对世界的认知范畴及其相关的利好与惩罚。至关重要的是，符号权力包括社会空间中的**命名权力**（从而具有"制造和解散群体"的能力），以及物理空间中划定边界的权力（从而改变物质商品和符号性商品的分配和获取）。[19] 它将城市边缘性阐明为社会阈限（social liminality）（交替转化为公共不可见性和超可见性），将刑罚性阐明为国家贬损（state abjection），将种族化阐明为基于认知的暴力。

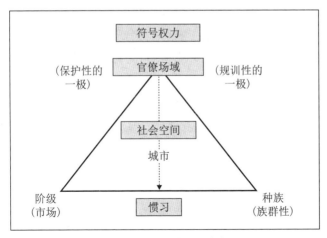

图 4　三部曲的基本理论架构

概而言之，符号权力揭示了公共政策如何通过其官方的类别化和范畴化（categorization, 在语源学上指公开指责）[1]的活动来推动城市现实的生产。前一章提到了法国的一个例子，即国家官僚针对城市周边衰败区中反复发生的骚乱发明了"敏感街区"（sensitive neighborhood）的概念（Tissot, 2007），而这一概念不仅对国家官员、媒体和企业的行为产生了恶性影响，而且给被如此毁谤的地区中的居民以及他们的邻居也带来了恶性影响。另一个例子是，美国当局将"性犯罪者"的邪恶标签向公众传播，导致他们在城市中可以落脚的社会空间和物理空间被彻底截断（见下文，边码第 134—135 页）。

官僚场域指的是物质力量、经济资本、文化资本和符号资本的聚集，这尤其带来了司法权力的垄断，进而"使国家成为一种元资本（meta-capital）的拥有者"，使其能够影响那些构成差异化社会的各种"场域"的结构和运行（Bourdieu, 1993d: 52; 2022: 557—670）。官僚场域指定了行政机构网络，这些机构既相互合作来施加官方身份，又相互竞争来管制社会活动并使公共权力生效。[20]

128　　至关重要的是，符号权力与官僚场域之间存在着一种内在的联系，因为"国家垄断了合法的符号暴力，即垄断了裁定、判别、区分、分隔的权力……对合法符号暴力的垄断是对命名行为（nomic acts）的垄断，而与命名行为相伴的则是司法制裁和社会影响"（Bourdieu, 2016: 700）。所以，将国家作为官僚场域进行再思考，就是彻底放弃将利维坦视为无所不知、无所不能的实体的单一化构想，转而将之视为一个力量空间，一个关于场域的边界、要追求的使命、城市人群的斗争空间；其中的城市人群是位于物

---

[1] 从词源来看，英语单词 categorize 由转写自古希腊语的 *kata*（意为"向下、反对"）和 *agoreuein*（意为"长篇大论、公开演讲"）构成，原指在集会场合展开公开批评或演讲。——译者注

理空间与社会空间底层区域的人群，他们或是被保护，或是被规训。[21]此外，官僚场域的概念通过聚焦于公共产品的分配（或不分配），使我们能够将社会政策和刑罚政策联系起来，以探究这两方面在功能强化、功能替代或功能殖民化方面的关系，从而将二者的汇聚重构为国家内外部斗争的产物。这些斗争围绕"社会问题"的定义和处理方式而展开，划分出国家的保护性（女性化）一极和规训性（男性化）一极。贬逐街区则既是这些"社会问题"的熔炉，又是这些"社会问题"的固定点。

社会空间是"社会位置的多维并置结构"，其特征是社会位置的"相互外部性"、相对距离（近或远）和等级排序（上、中、下）；社会位置根据两个基本坐标而排列成阵，一个由能动者所拥有的各种资本形式的总量来决定，另一个由其资产构成来决定，即经济资本和文化资本这些"最有效的区分原则"的"相对权重"（Bourdieu, 1994a: 20—22）。[22]

社会空间不能被还原为可观察的互动；它是"看不见的现实"，"组织起能动者的实践和表征"。社会空间帮助我们识别和绘制出有效资源的分布情况（Bourdieu, 1994a: 25），而这些资源决定了在城市等级制中不同层次上的生活机会；社会空间也帮助我们探索城市的符号结构、社会结构和物理结构之间的对应性——或者实际上是脱节。正如我们在第一章中指出的，建成环境是社会空间中正在进行的斗争的一种表现，这些斗争包括借助对人、机构、物质商品和符号商品的地理分布来形塑和占有物理空间的斗争。

惯习被定义为社会性地构成的"感知、理解与行动图式"的系统，这些图式"使我们能够进行实践知识的行动"，并在社会世界中引导着我们（Bourdieu, 1997: 200）。这一概念也推动我们重新将能动者的身体体验纳入分析中——边缘性、种族化和监禁如果不是**身体的约束**，就什么也不是，而这种身体约束最强烈地体现于**内在**（*intus et in cute*）。惯习概念有助于我们关注"通常由情绪和痛苦所支配的心身行为"；人们通过这类行为来将社会条件和社会限制内化，从而抹去制度的任意性，并接受制度的裁决（Bourdieu, 1997: 205）。[23]

惯习概念邀请我们在经验层面来追溯（而不是简单地假设）社会结构是如何被再转译为生活现实的，因为社会结构以行动与表达的性情倾向的形式，沉淀在了社会化有机体中（Wacquant, 2016）。这些性情倾向常常会确证和复制，或者相反，会挑战和改变那些产生了它们的制度，这取决于（1）它们是否随着时间的推移因遵循社会化而具有**内部连贯性**，（2）它们是否具有**外部一致性**，即与其所在环境的模式是相符还是相左。

此外，在这些不同层次之间，还存在一个逻辑蕴涵关系和一条双向因果链（如图 4 所示）：符号权力通过向各个相关群体中的能动者赋予权威和分配有效资源，从而在社会空间上留下自己的印记。官僚场域通过设定能动者所拥有的各种资本形式之间兑换的"汇率"，来确证或修正这种分配。换句话说，如果不把国家作为一个分类和分层机构纳入我们的解释模型，我们就无法理解城市等级制的组织方式，包括其是否被族群化，以及程度如何。

反过来，社会空间的结构在建成环境中变得客体化（想想相互隔离的住宅区和城市各地区之间市政设施的差异化分布），并身体化于认知、情感与意动范畴中。这些范畴引导着能动者的实践策略，包括他们在日常生活中、在社交圈中、在劳动力市场上，以及在他们在跟公共机构（警察、社会福利办公室、住房管理部门、卫生部门等）打交道时的实践策略，从而塑造了他们与国家的主观关系（这是国家客观现实的重要组成部分）。因果链可以自下而上地回溯：惯习指引着人们在物理空间中的历程，推动那些复证或改变社会空间结构的行动路线，而这些路线集成的网络反过来会加强或挑战国家及其范畴化的边界、计划和优先级。

正是这种概念上的咬合联动，将我在《身体与灵魂》[Wacquant,（2000）2004, 2022] 一书中呈现的拳击民族志与《城市放逐者》中的制度比较研究连接起来。在我看来，这两本书是对边缘性的结构与体验这项统一研究的两个方面（如图 3 底部所示，参见第 160 页），分别从两个截然相反但又互为补充的角度切入：《身体与灵魂》从实用主义学者所青睐的"意义能动者"（signifying agent）的角度，提供了一项关于贫民窟之中的身体技艺的肉体人类学，构成了一种嵌入内部视角和自下而上视角所见日常生活片段的现象学横截面；《城市放逐者》则呈现了关于贫民窟的分析性与比较性宏观社会学，从外部视角来自上而下地建构了贫民窟所框定的生活世界。

我将这些理念作为众多理论工具来加工概念，以帮助我发现城市边缘性的新形式，并识别那些用于在上游生产边缘性、在下游处理边缘性的国家活动，从而评估社会不安定扩散的时代中二元化大都市内新兴的不平等载体（参见图 5）。因此，正如前一章所述，在《城市放逐者》中，我基于社会空间的概念来引入**贫民窟 / 超贫民窟 / 反贫民窟**的三要素，并剖析不断变化的社会空间集群，而这些社会空间集群容纳了陷于后工业城市中地点阶梯底部的被剥夺与被贬损人群（Wacquant, 2008a, 2010b, 2015）。

举例来说，贫民窟是一个两面性的族群性（族群宗教、族群种族）控制制度，利用物理空间来限制社会空间中的交往，从而维持被锁定于经济榨取与符号从属关系中的两大人群之间的地位秩序。它将四个组成部分联结起来——污名、约束、空间限制和制度并行，从而使被污名化范畴在城市劳动分工中实现结构性整合的同时，杜绝由两性亲密关系和随之产生的名誉外泄所激活与代表的社会性整合。因此，贫民窟是诸如文艺复兴时期欧洲城邦里的基督徒、美国福特制工业化大都市里的白人等支配者所挥舞的一把利剑，用来截断犹太人、黑人等被支配者的生存机会。但贫民窟也是被支配者的一面盾牌，因为它给了他们一个独立的生活空间，使他们可以在其内部实现经济资本、社会资本和文化资本的原始积累，而这正是反抗其身份毁谤所需要的。可以说，贫民窟是符号空间、社会空间和物理空间在城市中相互联结的一个复杂而动态的案例。

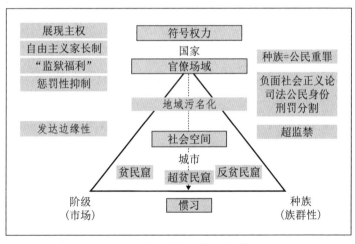

图5 三部曲中发展的主要概念

正如各位在上一章里看到的，我将布迪厄［Bourdieu,（1982）1991］的符号权力理论与戈夫曼（Goffman, 1963）关于污名的微观形式社会学结合起来，创造了地域污名化的概念，揭示了对贬逐街区的毁谤如何通过调解在相互交织的多重层面上运作的认知机制，来影响其中居民的主体性和社会关系，并影响那些形塑他们的国家政策。接下来，根据加斯东·巴什拉的认识论和马克斯·韦伯的方法论，我将对**发达边缘性**这一新兴制度进行理想类型式的特征刻画，为跨国比较提供一个精确的分析网格（发达边缘性这一命名，源自其不是残余的、周期性的或过渡性的，而是与当代政治经济中的最发达部门有机联系在一起的，特别是与资本的金融化有机联系在一起）。这一制度的两个显著特征，在物质方面是一种导致持久社会不安定的雇佣劳动碎片化，在符号方面则是地域污名（Wacquant, 2015）。该制度的其他属性还有城市腹地的丧失。这里的城市腹地是指在面对困境时可以撤退和重组群体的援助与团结之地，例如美国的共同体贫民窟和欧洲的传统工人阶级地区，这二者都有内生制度的密集网络。

在《惩罚穷人》及其延伸出的一系列论文（Wacquant, 2010c, 2010d, 2012b）中，我借助与"社会福利"的概念类比，阐述了**监狱福利**的观念，以指代那些致力于通过激活国家的司法部门而非社会服务和人文关怀部门来解决城市弊病的政策网格，包括涵盖广泛的范畴、官僚机构、行动项目和合法性话语。[24] 我认为，**惩罚性抑制**（punitive containment）是一种治理大都市中边缘化群体的通用技术，其形式可以是分配到受剥夺地区，也可以是与被边缘化群体有机联系在一起的刑罚回路（警察、法院、看守所、监狱，以及其组织触角：缓刑、假释、刑事司法数据库等）的无休止循环。这里值得注意的是，城市贬逐街区和监禁机构之间的渗透关系不是美国特有的，而是刑罚国家在城市物理空间上的物质性与符号性印刻的一般性特征。[25]

目前，有一种政策设计正在逐渐崛起，通过规训式的"工作福利"与消除式的"监狱福利"而对穷人施加双重管制。我将其描述为**自由主义家长制**（liberal-paternalist），因为它在阶级结构的顶端对经济资本和文化资本的拥有者实行自由放任主义，但在底端，当涉及遏制由社会不安定正常化与不平等加剧所产生的社会动荡时，却成了干预式和监禁式的。这种精巧设计涉及一种半人马国家的建立，它在阶级和地点的尺度两端呈现出截然不同的形象，违背了所有公民都应得到同等对待的基本民主准则。其中的统治者则将"打击犯罪的战争"（其实这并不是一场战争）用作一种官僚剧场，用以重申他们的权威，并在国家的"主权"受到严重侵蚀之际，**展现国家"主权"**（staging the "sovereignty" of the state）——这些侵蚀来自超脱约束的资本流动和司法—经济一体化组成的超越国家的政治集团。[26]

半人马国家将自由主义的脑袋安放在一个惩罚性的身体上，部署了密集的司法监视和抓捕，并在阶级结构和街区等级中贴上了不同的标签。[27]换句话说，半人马国家实现了物理空间和社会空间中的刑罚分割（penal segmentation），其方式是划出一条清晰的区分边界，一边是居住在城镇"正确的一边"、值得关怀的守法公民，他们有权享有公民荣誉和公共利益，另一边则是背负着司法制裁的污名、不值得同情的不轨之徒，他们集中在遗弃区并被理所当然地剥夺了那些福利。不同街区之间的差异化警务是这种分割的直接体现，正如超贫民窟中秩序维持部队和年轻黑人之间持续不断的摩擦接触所证明的那样（Weitzer, 2000; Rios, 2011; Lugalia-Hollon and Cooper, 2018）。[28]此外，这种刑罚分割在非洲裔美国人中也在起作用。对他们而言，卷入刑事司法体系已经成为一个阶级标记，将受教育的中产阶级和下层阶级区分开来；前者受到监禁的客观概率在过去30年里在下降，而后者，尤其是来自不稳定无产阶级（且没有高中学历）的男性，其中有70%的人会在他们一生中的某个阶段里服刑（Western, 2006）。[29]

在新自由主义刑罚性之下，刑事制裁通过一系列相互关联的权利障碍与权利限制（包括就业、住房、亲权、投票等方面）得以延伸，截断了曾卷入司法体系中的人在完成服刑之后的公民身份。这很普遍，甚至人们可以将之视为一种司法公民身份（judicial citizenship）的体现，与 T. H. 马歇尔（T. H. Marshall）在《公民身份与社会阶级》（*Citizenship and Social Class*, 1950）一书所述公民身份中的公民层面、政治层面和社会层面的组成部分紧密相连。在那本书中，马歇尔将公民身份定义为"一个共同体中的每一位完全成员（full member）都被赋予的一种身份状态（status）"，并强调公民身份可以抵消阶级不平等。司法公民身份是自相矛盾且不合常理的，因为它所表达的不是平等，而是劣等；它没有赋予新的权利和便利，而是将之从违反法律的人身上移除，进而在运作过程中确证并加深了不平等。在美国，刑事司法记录就像一本"负面护照"，列有逮捕、起诉和司法处理（但充满了差错和偏见），由政府以及服务于警察、治安官、法院和惩戒登记处的私营公司提供给雇主、房东、第三部门组织和公民个人。这种司法护照剥夺了其持有者在公民共同体中的完全成员身份，并限制其进入社会空间和物理空间的某些区域。

给性犯罪者套上社会空间的缰绳

在美国，刑事制裁带来的拓扑学截断的突发形式，是根据各式各样的"梅根法"（Megan's Law）[1] 而对性犯罪前科犯的行

---

[1] "梅根法"要求美国政府当局向公众提供有关性犯罪者的信息。1994 年，一名 7 岁的美国女孩梅根·坎卡（Megan Kanka）被住在她家附近的一名性犯罪分子绑架并奸杀。作为对此恶性事件的回应，1996 年 5 月，美国总统签署了"梅根法"，要求各州自行决定提供哪些信息以及如何传播这些信息。——译者注

为、职业、社交和居住方面施加严格限制和义务要求。这些法律规定，政府当局有义务在性犯罪者服刑完成后登记并公布他们的身份和住所。这类法律禁止性犯罪者从事与儿童有接触的活动和职业，无论他们的罪行是否涉及儿童；这些法律禁止性犯罪者住在靠近学校、公园和公交沿线的地方，以及公共图书馆、健身房等各种可能涉及儿童的机构附近。这实际上是在禁止他们进入整个城市，迫使他们居住在"社会解组最严重的社区"中，如工业区中的"性犯罪者汽车旅馆"和无家可归者营地，或者"缺乏就业、治疗和交通选项的农村社区"（Tewksbury, 2011: 346）。

2006 年，美国加利福尼亚州选民以 70% 的多数票通过了"杰西卡法"（Jessica's Law，即 83 号提案）[①]，禁止有性犯罪前科的人居住在距离学校和公园 2000 英尺（1 英尺约等于 0.3 米）的范围内［对于高危性犯罪者，该距离增加至 2640 英尺或半英里（1 英里约等于 1609 米）］，以此建立"无捕食者区域"。该法案很快成为全国典范，有 46 个州通过了类似的法案。加利福尼亚州最高法院认为该法案违宪，因为这一法案在许多案例中实际上是在将性犯罪者从整个郡中驱逐出去；但最高法院允许根据案件的具体情况而应用该法（Zucker, 2014）。其结果是，加利福尼亚惩教署（California Department of Corrections）不得不花费数千万美元租用汽车旅馆，以安置在任何地方都无法找到合法住所的数千名性犯罪者。此外，法律还要求更严重的性犯罪者在假释期间佩戴 GPS 脚踝监控器，有些人甚至要终身佩戴。

---

① "杰西卡法"旨在防止儿童性侵犯出狱后再度犯儿童性侵罪，主要措施包括大幅增加刑期和加强出狱后的社区监督。2005 年 2 月，美国佛罗里达州一个名叫杰西卡·伦斯福德（Jessica Lunsford）的 9 岁女孩遭受一名有性犯罪前科的邻居性侵并杀害，该法案即对此恶性事件的回应。——译者注

在"杰西卡法"通过十年后，加利福尼亚州有整整四分之一的性犯罪假释者无家可归，因此无法对他们进行严密监控。

一项又一项的研究表明，这类法律对公共安全并无明显益处，甚至可能会滋生犯罪，因为其阻碍了假释者寻求治疗、保持就业和其他履行假释义务的努力（Terry, 2011）。总之，这类法案的目的是将社会空间和物理空间中的限制与符号空间中对性侵犯的严厉污名结合起来。

随着数字革命的到来，这一污名已经延伸到了网络空间，并在那里永存。政府和私人运营商大量收集和汇总曾卷入违法案件中的人的私人身份数据，并在互联网上广泛传播。在互联网上，这些数据被充分挖掘、购买，与消费者数据重新打包并由数据掮客出售，构成了一个价值数十亿美元的产业中的一部分。莎拉·埃斯特·拉格森（Sarah Esther Lageson, 2021: 26）将之称为"数字惩罚"，并认为其"不公平地污名化了已经被边缘化和社会排斥的群体，并且他们又相对没有能力去诉说、补救和解决数字犯罪记录"。

在《致命的共生》一书中，我提议用超监禁（hyperincarceration）这一更为精炼的概念来取代"大众监禁"（mass incarceration）这一极具诱惑力却产生误导的概念。"大众监禁"概念框定和限制了美国有关监狱和社会的公共辩论与科学讨论（我自己在2006年之前的出版物中也轻率地使用了这一概念），而提出以"超监禁"替代之，是为了强调刑罚化的极度选择性。这种选择性存在于阶级位置（社会空间）、族群身份或公民身份（符号空间）、居住地（物理空间）方面，是一种本质性特征，而不是对贫困的惩罚性管理政策的偶然属性（Wacquant, 2012b: 218—219）。一个思想实验就足以证明这一点：如果严厉的刑罚政策不带歧视地将中上层阶级公民及其后代一网打尽，那么这些政策就会引发强大选民群体的强烈反对，进而会被彻底终止。事实上，中上层阶级选民，包括非洲裔美国人在内，强烈呼吁这样的政策，正是因为它们针对的是在"内城"肆虐的道德败坏的"底层阶级"（Wacquant, 2022a）。

埃米尔·涂尔干在一个多世纪前的《社会分工论》[*De la division du travail social*,（1893）2007] 中断言，惩罚是国家的团结与核心政治能力的直接指标，而除此之外，我认为惩罚还是公共贬损的典范，是对个人道德或行为的制裁，因而也是对公民"缺陷"的制裁。因此，我将刑罚性定性为**负面社会正义论**（negative sociodicy）的操作化：刑事司法通过其日常运作，而非其揭露和平息的丑闻（Garapon and Salas, 2006），给那些处于社会阶梯底层的不稳定无产阶级的不幸生产出制度上的正当性。这种正当性与**正面社会正义论**（positive sociodicy）相呼应，即精英大学的凭证是基于同一社会阶梯中处于顶尖的学业"优绩"而分配的，并由此实现了支配者的好运（Bourdieu, 1989a）。[30]

刑事制裁及其在司法档案或"RAP 表"（record of arrest and prosecution, 逮捕和起诉记录；在法国为 *casier judiciaire*，在德国为 *Führungszeugnis*，在意大利为 *fedina penale*，在荷兰为 *strafblad*，在西班牙为 *certificado de antecedentes penales*……）中的官方记录以"负面学位"（inverted degrees）的方式运作：这些记录公开证实被记录者的个体无价值，并引发了对他们生活机会的日常削减——这从几乎每个发达国家对"前科犯"的社会关系与婚姻关系、住房选择、就业机会和收入的截断中都可以看得出来。所以，我们

136

在种族化和刑罚化之间建构"作为公民重罪的种族"（race as civic felony）（Wacquant, 2005b）这一概念，就足以发现二者的深层亲缘关系，即二者都需要对社会存在进行截断，并且这种截断是由最高符号机构批准的。这种关系远远超过相似性或亲和性，哪怕是韦伯笔下的"选择性亲和"。种族范畴化和司法制裁生产出**国家被放逐者**（state outcasts），而当这两者结合得更加紧密的时候，被放逐者就会被进一步削弱。

可以说，惩罚不仅仅是犯罪与越轨研究中的一个主题，也是关于国家、城市以及群体形成理论的社会学中必不可少的一个篇章。刑事制裁是一种公共贬损（public dishonor）。这就是它与族群性的联系所在：作为被否定的族群性的"种族"也是一种公共贬损形式。这就解释了为什么任何地方的惩罚都是针对**贫困且被污名化的人群**——而这是新马克思主义政治经济学等唯物主义惩罚理论无法把握的一个维度。

作为核心城市制度的看守所

最广义的城市研究者都还没有注意到，在国家、剥夺和贬损三者相交的路口，有一个**关键的城市机构**隐藏在众目睽睽之下，那就是**看守所**。[31] 看守所坐落在城市的中心附近，被围墙围成一个飞地，由一个类似于军队但在运转中又善变无常的组织来严格管理，以法而治的同时也以武力而治，合法但过度；看守所从外界无法看透，却被其周围社会中的区分和张力所穿透。看守所的任务是**控制不在正确地点的身体**（holding bodies out of place）①——

---

① 英语短语"out of place"常用于表示"不适当、不协调"等意思，因此这里的"holding bodies out of place"除了文中所用的字面意义之外，也有"控制不合时宜的身体"的意思。——译者注

（页边标注）137

这里是指字面上的意思：它最主要的对象群体是在社会上被分隔（在社会空间中缺乏联系）以及文化上被贬损（在符号空间中被负面标示）的城市居民，这就要求将他们抓捕并限制在一个独特的物理空间中。[32]

坦率地讲，即使在犯罪学家和社会科学家中，对看守所最多也只有微弱的兴趣。研究监禁的犯罪学学者几乎总是把重点放在监狱上，有时甚至把监狱和看守所混为一谈，尽管二者在结构、功能和构成上存在差异（Turney and Conner, 2019）。[33] 总的来说，看守所（被警方抓捕的人等待案件处理结果的地方，或短期服刑的人被关押的地方）每年受理大约 1000 万个身体，是监狱（用于关押刑期超过一年的罪犯）受理人数的 20 倍。被扣押在看守所的人在里面停留的时间很短（平均为 26 天，而监狱中罪犯的平均关押时间为 2.7 年），而且经常在一年或几年内多次进出看守所（这些人被称为"常客"）。相对而言，看守所扰乱了围墙内外更多人的生活——26 天的监禁可能看起来不多，但足以让一个人失去工作、住房和车辆，更不用说失去个人尊严和其在周遭环境中的社会名誉了。并且，由于人员的高流动率，在看守所里开展有效的教育、职业培训或戒毒和康复计划几乎是不可能的。

直到最近，关于该制度的唯一一部英文专著都还是社会学家约翰·欧文（John Irwin）借鉴戈夫曼的学说而对旧金山拘留所（lockups）展开的研究，即《看守所：管理美国社会中的底层阶级》(The Jail: Managing the Underclass in American Society, 1985)。这已经是大约 40 年前的作品了。最近，人类学家兼医学博士卡罗琳·苏夫林（Carolyn Sufrin）针对女性在押人员的医疗保健供给情况进行了一项深入的研究，并将标题巧妙地命名为《看守所保健》(Jailcare, 2017)。社会学家迈克尔·沃克（Michael Walker）根据其在加利福尼亚州监狱居住的六个月期间进行的直接观察和有机访谈，撰写出令人惊叹的肉体民族志作品《无限期》(*Indefinite*, 2022)。该书填补了一大空白，但仍然是证明上述规则的例外。[34]

令人深思的是，正是公共卫生专家对看守所进行了孜孜不倦的研究，表明了看守所中人群及其制度本身的病理性特征，正如对自杀、遭受暴力、精神疾病、肺结核、艾滋病和其他性传播疾病，以及最近新加入的新型冠状病毒感染流行和扩散的相关调查所记录的那样。然而，看守所是城市的基层制度。城市推出这一制度来试图遏制各种各样的社会与道德混乱、人类的绝望和遗弃，以及在阶级与地点等级阶梯底层肆虐滋生的暴力；而这些内容是城市的其他公共服务，如关于贫民救济、福利、住房、教育、家庭援助、儿童保护和医疗保健等方面服务，都没办法或不愿意处理的（LeBlanc, 2003; Bourgois and Schonberg, 2009; Wacquant, 2009a; Paulle, 2013; Geller and Franklin, 2014; Raudenbush, 2020; Lara-Millán, 2021; Paik, 2021）。

事实证明，看守所的对象群体几乎完全是由不稳定无产阶级成员构成的；他们反复地进出于刑罚国家的股掌之间。[35]在世纪之交，美国的看守所在押人员中有60%是黑人和西班牙裔，在被捕时有全职工作的人不到一半；有一半的人高中未毕业，三分之二的人来自生活在贫困线一半以下的家庭。看守所在押人员的物质匮乏与他们的社会剥夺是相称的：只有16%的人结婚了，只有40%的人是在父母双方的陪伴下长大的，而有近一半的人生活在领取福利救济的家庭中，并且有多达56%的人曾有一名核心家庭成员被关押过。此外，吸毒者、酗酒者、精神病患者、体弱多病者和无家可归者在看守所在押人员中所占比例显著过高，甚至构成了看守所中人口的绝大多数。考虑到这种边缘性的情况，有59%的看守所在

139

押人员以前曾被监禁过，另有 14% 的人处于缓刑期间，而只四分之一的人是"新鱼"（fresh fish）[①]，也就不足为奇了。

与街头警务相结合的看守所，是针对城市边缘性，亦即针对各种形式的资本最大程度地遭受剥夺的情形而实施惩罚性抑制的**首选方案**，却一直被城市学者忽视。[36] 看守所通过一种渗透关系与贬逐街区联系起来：绝大多数被关押者来自大都市的遗弃区——而且往往来自其中的同几处街区，并在释放后又回到那里，最终便一次又一次地被卷入看守所和监狱的漩涡当中。因此，尽管美国的犯罪率在过去十多年里先是保持稳定，然后大幅下降，但美国的看守所在押人数在 1975 年到 2005 年间增长了四倍，达到将近 80 万人（几乎是整个欧盟看守所和监狱加起来的在押人数的两倍）。这一数字在 2008 年左右达到顶峰，一年中有 1100 万人通过看守所的大门，令人震惊。[37]

看守所是一个**存在双重悖论的城市制度**。第一个悖论在于，看守所集中并容纳了所有亵渎和威胁公民文明与城市性的事物。[38] 它吸收并消除了城市中心的反城市主义，将那些以社会垃圾的形态而遍布街头的问题群体扫入刑罚的地毯之下——想想便知，在发达社会的各大城市中，无家可归者常常受到监禁的原因无非是地方政府当局没有能力或不愿意建造低租金住房（Métraux and Culhane, 2006; Herring et al., 2015; Gowan, 2022）。

看守所促进了平和、多样化且密集的关系的繁荣发展，将大都市的差异、世俗和匿名性特征交织在一起，其方式正是**根除和放逐危害这些关系的人**。这些人都是谁？他们是惯常行为（即惯习）与他人太不和谐因而无法适应城市生活肌理的城市居民，是

---

① "fresh fish" 是美国俚语，指新囚犯。——译者注

极度缺乏资本（即在社会空间中处于根深蒂固的边缘位置）因而无法正常进行大都市日常社会交往的城市居民，也是被证明无法将人们认为存在道德冒犯和身体威胁的行为控制在他们自己的保留地（用以保证他们不会溢出到其他物理空间）限制范围之内的城市居民。[39] 简而言之，看守所通过把那些扰乱城市的符号秩序、社会秩序和物理秩序的人关押起来，来恢复常态。

第二个悖论在于，**看守所破坏了城市性**，因为它激发、巩固甚至强化了那些反城市的行为、性情倾向和边缘性地位，而它的任务其实是抑制或扭转这些行为、性情倾向和边缘性地位。被看守所关押的经历是对城市性的正面攻击；它将社会解体、官僚毁谤、文化羞辱和生物退化组合成一种有毒的混合物，其只会破坏被关押者的尊严感。可见，看守所积极地促进了那些被视为明显反城市的状况的（再）生产，并帮助固化了承载这些状况的人群。关于看守所，社会学研究大师约翰·欧文（Irwin, 1985: 85）曾一针见血地指出：

> 看守所是用于控制下层乌合之众的社会制度，它同时也支撑和维持着下层乌合之众。对于这些人来说，看守所是一个聚会所，一个他们找到新朋友和重新联系老朋友的地方；这些朋友之间有着共同的目标和兴趣。看守所还是一个疗养中心，他们中生病和疲惫的人可以在这里休息、治疗，并为自己再次到外面生活做好准备。在看守所，他们当中那些已经回归常规生活方式的人被调整定向，再次进入了下层乌合之众的生活中；在看守所，已经处于社会边缘生活的人接触到了乌合之众的生活，并开始准备过乌合之众的生活。

也就是说，看守所是城市力量和反城市力量的双向具体化，这使之成为城市制度机器中的一个核心齿轮。除此之外，由于物质方面和符号方面上相互强化的原因，[40]几乎总是远离城市的监狱同样是一种城市制度：虽然它们可能位于偏远的农村地区，但它们的对象群体绝大多数来自城市（Eason, 2012; Story, 2016）。监狱的内部社会等级制被内城街区中的分类秩序与分层秩序所扭曲，而内城街区是由街头帮派和种族帮派的规矩主导的（Hunt et al., 1993）；监狱中的违禁品经济是超贫民窟街头经济的延伸（其中的贵重物品包括毒品、性、手机）；监狱中的文化秩序是城市特有的街头文化和犯罪文化的混合体（Mitchell et al., 2017; Lopez-Aguado, 2018）。一连串的来者通常会由城市出发，经历汽车的长途跋涉之后被带入监狱的围墙内，他们也带来或加剧了大都市病，包括毒品、卖淫、贫困和暴力，并使之在这个监狱小镇上复兴（Adler, 1995；但也参见 Eason, 2017）。[41]在这里，我们清楚地看到符号空间、社会空间和物理空间是如何脱节的：一个社会与文化层面的城市制度，被赋予了消除反城市要素的责任，并从根本上被"出口"到农村地理当中。也就是说，监狱作为国家右手的核心机构，是大都市在农村的政治卫星。

通过看守所和监狱而对种族化的贫困进行的惩罚性抑制，转化成了对贬逐街区的超刑罚化（hyperpenalization），从而使贫民窟的残余基本上被吸收到了监禁之网中。在历史悠久的芝加哥西区，北劳恩岱尔（North Lawndale）街区在 2000 年有 4.2 万人口，其中有 87% 是黑人，有 45% 来自贫困线以下的家庭。[42]该街区中的 25800 名成年人中，女性占到了惊人的 59%（1990 年为 54%），原因是该街区中有 9900 名男性正在伊利诺伊州偏远南部的监狱中服刑，那他们被刑罚性加速驱逐。这一年，警方逮捕了 17100 名成年人（83% 为男性），相当于每 1.5 名成年居民中就有一人被捕；其中有 31% 因毒品相关犯罪被捕，20% 因殴打他人被捕，12% 因盗窃被捕。总共有 6600 名居民被判有罪，其中有 2500 人被判处平均为 3.5 年的有期徒刑，4000 人被判处缓刑（都是针对刑事犯罪），另外 1300 人被移交至社会服务部（Social Service Department）接受轻罪监管。在这一年里，接受刑事司法监管的新增人数总计为 7800 人，几乎相当于当年该地成年居民人数的三分之一。再加上以前有过刑事犯罪的人，保守估计北劳恩岱尔 80% 以上的成年男性过去或现在都卷入了定罪审判。并且，几乎所有这些人都是嵌入亲属、朋友和邻居的网络中的，所以这些网络成员即使没有卷入刑事司法机器，也与刑事司法机器有着相似的关联。[43]

超刑罚化使其打击的群体和地域长期处于结构不稳定和生计动荡的状态当中（Wacquant, 2001a; Clear, 2007; Western, 2018; Miller, 2021），助长了监禁制度本应遏制的经济不稳定和犯罪参与。这意味着，我们如果不把警察、看守所、法院、监狱、缓刑和假释置于研究的中心，就不可能把握两极化城市中的社会不平等和边缘性——无论在什么意义上讲，这都是城市研究的核心主题之一。作为通往监禁群岛的入口，看守所不是一个稀奇古怪的机构，而是刑罚国家的核心成分之一，而刑罚国家是形塑城市的符号结构、社会结构和空间结构的首要制度。在符号空间中，刑事惩罚划出一条清晰的界线，将令人厌恶的有罪"底层阶级"与道德良好的"工薪家庭"区分开来，从而为界定公民身份提供基础。在社会空间中，刑罚化扭曲并截断了涉案人员的职业关系、婚姻关系和社会关系。在物理空间中，看守所、监狱及其延伸内容好像成了"社区机构"一样，位于城市边缘性的受贬损堡垒中，而这些地区则是贫困刑罚化的目标。

将布迪厄的三元辩证法应用于探索新自由主义大都市中边缘性、族群性和刑罚性的三角关联，证明我们需要**超越无国家的城市社会学**。这种社会学在研究城市结构的时候，就好像城市结构是由早期芝加哥学派所钟爱的某种生物过程产生的，或者是由城市经济学家所青睐的市场无目的力量产生的。同样，对布迪厄三元辩证法的应用也彰显了将国家设想为一个分类和分层机构所带来的丰硕成果。这种机构通过对人进行分类、标记和命名，以及在各群体之间分配或取缔资源，来形塑主体性（惯习），也形塑资本（社会空间）和地点（建成环境）的分布。

关于并行性

如果我在书中本应详尽说明的地方只是间接提及，或者有相反的情况，那我要向读者道歉。但为了在本章的范围内涵盖我的主题，我不得不简化我的论证并精简我的论点。尽管如此，我希望关于分析性制图术的这些基本原理能够让读者更好地理解这三本探讨边缘性、族群性和刑罚性之间三角关联的书，特别是将这三本书联系起来理解。许多针对其中某本书的批评可以在另外两本书中找到答案；某本书中的大量留白或沉默，也都是在三本书之间的分工选择的结果。每本书中所取得的经验进展及其提出的概念创新都直接依赖于其他两本书所作的工作。举个例子：如果我没有在符号权力概念的指导下先将地域污名化作为发达边缘性的一种独特属性来加以理论化，并进而发现超贫民窟和监狱之间在功能和结构上的对应性，我就不会察觉到刑罚化和种族化作为国家污名的同类形式之间的隐秘联系。

最后我要说明的是，在 1990 年前后，我并不是抱着写三部曲的宏伟计划而坐在书桌前的。正是我无计划地开展的调研及其带来的经验层面的进展（和反复的退却），还有其中浮现（或消失）的理论问题，多年来将我从阶级—族群性—国家这个三角形的一个顶点带向另一个顶点。此外，正是一些未曾预见却关乎生存的联系，推动着我游走于将其中某两个顶点联系起来的边上。

一开始，当我来到芝加哥攻读博士学位时，芝加哥南区如月球一般荒凉的景象从我住处门口延展开来。面对南区遗迹中可怕的城市疮痍和人道荒芜，我同时经历了情感和理智上的震惊。这种震惊促使我走进了拳击馆，并将之视为一个观察站，开始在那里思考美国大都市中"种族和阶级"的耦合问题；这种震惊也促使我着手从头开始重新建构贫民窟的概念，而这与普遍存在于美国全国社会学界中对该主题的远距离观察和高空凝视形成了鲜明的对比（Wacquant, 2022a: 10—15）。针对法国工人阶级地区所谓"贫民窟化"的恐慌话语的骤增及其随后在欧洲的扩散，我通过添加一条比较中轴来丰富我的历史视角。这种比较突出了国家在大都市边缘性生产中的角色；这一角色在大西洋两岸都至关重要，但又互不相同。然后，在拳击手技艺的吸引下，我写下了我拳击馆伙伴的生活故事，并发现他们几乎都曾有一段时间身陷囹圄。所以，如果我想描绘出对他们开放的社会可能性空间——或者对他们关闭的社会可能性空间，依具体情况而定——我必然要将监禁制度纳入我的社会学研究视野中。

就在那时，我意识到，美国刑罚系统自 1973 年以来的爆炸式增长，与公共援助在 20 世纪 90 年代有组织的萎缩及其再次向不稳定就业跳板的规训化转型，是完全相伴共生的，也是相辅相成的。随后，我回顾了有关 16 世纪晚期监狱发明的历史，尤其是彼得·斯皮伦伯格（Pieter Spierenburg, 1991）的著作——他的著作纠正了关于刑罚历史的常见年表，以及布罗尼斯拉夫·盖雷梅克［Bronislaw Geremek,（1978）1987］关于社会对乞丐和流浪者的对待方式之巨大变化的描述。对这些历史的回顾证实了贫困救济和刑罚监禁自其起源以来就存在有机的联系，而这为关于这二者在 21 世纪发挥功能互补性的经验直觉提供了结构性基础。此外，盖雷梅克（Geremek）在《惩罚还是怜悯》[*La Potence ou la pitié*,1978, 英文可以翻译为 "Punishment or Pity"，而非索然无味的该书英文版书名《贫困：一段历史》(*Poverty: A History*)］一书中表明，针对城市贫困联合使用刑事制裁和福利救济的创新之举，汇聚于将空间用作社会控制与符号控制的手段：这一新兴贫困政策的"隐性设计"在于"通过创造将乞丐隔离起来的贫困飞地，来将他们从城市的街道上清除出去。排斥原则是贫民窟现象的根源；贫民窟是被放逐者的贬逐之地"[Geremek,（1978）1987: 271]。

与此同时，在《贫困监狱》(*Les Prisons de la misère*, 1999, 英文修订及增订版参见 *Prisons of Poverty*, 2009b ），一书中，我描绘了"零容忍"这一警务技艺与修辞在全球范围的传播。我指出，"零容忍"是两极化城市中贫穷刑罚化的先锋，是在非技术工作的不稳定化、社会福利转变为劳动福利之后推进的；总之，"零容忍"不仅在美国，而且在欧洲和拉丁美洲都构成了新自由主义利维坦国家建设的一部分（Wacquant, 1999, 2009b, 2010e）。拉丁美洲的案例尤其具有启发性，因为它非常清晰地揭示了美国新保守主义智库所发挥的关键角色：这些智库在整个拉美大陆宣传，其内容先是放松经济管制，然后是摆脱社会安全网，最后是在刑罚方面施以"重拳"(*mano dura*)①。随着监禁在整个拉美大陆的膨胀，这些

① Mano Dura（西班牙语，意为"强硬的手、重拳"）是萨尔瓦多政府为应对帮派暴力问题、严厉打击犯罪而制定的一套强硬政策，首次推出于 2003年。作者在此行文中借用了这项政策的名称。——译者注

举措给贫民带来了灾难性的后果，导致了难以预测的、极端暴力的、离奇超负荷的刑罚国家的增长——即使这些国家正在努力实现现代化（Hathazy and Müller, 2016; Fonseca, 2018）。[44]我曾在拉丁美洲旅行和开讲座，并与巴西、阿根廷和智利等国里研究刑罚性和边缘性的顶尖学者建立联系，而这些经历都极大地鼓舞了我，促使我将目光和思路延伸到美国之外。

在每一个阶段上，族群种族区分都起到了催化剂或增倍器的作用。它分割了工人群体并使之相互对立，从而加剧了雇佣劳动的碎片化。它促进了社会福利的削减和刑罚机器的部署，因为当福利接受者和罪犯被视为公民的"局外人"、先天即有污点并且无可救药的人，被视为在各方面都与"成熟的"公民相对立时［这里引用 Elias and Scotson,（1965）1994 中青睐的二分法］，针对他们的政策就更容易得到强化。族群种族区分还将黑人不稳定无产阶级限制并压缩在超贫民窟的贫瘠土地上，使符号空间、社会空间和物理空间上的隔离完美地对齐一致。但是最重要的是，种族烙印在本质上与刑事惩罚是相似的：这二者是**国家贬损的一对孪生表现**。所以，在从未如此打算的情况下，我已经开始实践一种异乎寻常的（有些人可能会说是诡异的）**政治权力社会学**，因为最后我发现自己面对的是国家作为物质性与符号性机构的问题，进而不得不被拖入关于新自由主义的本质、刑罚性对新自由主义之出现的促成作用等方面的理论性与比较性辩论。[45]

决定城市不稳定无产阶级命运的"**致命三角**"是一种事后模型，是在本章之前所回顾的调研进展中逐渐形成的。这解释了为什么综合这些内容的三本书出版得很晚（从数据获取阶段算起，平均滞后了近十年），并且顺序也不对：我不得不重新思考相关内容，并重写了好几次，以便更好地在将这些内容分开的同时将它

146

们联系起来。我也希望这种分析性的配置能给其中每本书带来更充分的力量和分量。

还需要强调的是，我提出的大多数概念和理论，都源自我同时作为一个人和一名研究者而陷入的具体情境中获得的部分灵感，以及其中必然存在的一些局限。社会科学家是有血有肉的社会存在，就跟他们所研究的人一样；但他们的技艺赋予了他们一种独特的能力，使之既能捕捉、又能超越自身的生活经验，从而将其转变为面向社会学知识生产的实验（Wacquant, 2022b）。作为芝加哥大学的一名博士生，我曾经就住在伍德劳恩（Woodlawn）①的边缘。对我来说，城市的疮痍、物质的匮乏、国家的遗弃和种族的恐惧等日常现实构成了关乎生存的深刻担忧，于是我便对贫民窟的形成及其命运感到困惑，然后着迷于此。

我之所以转向监狱，并寻求一个可行的视角来将其与城市边缘性联系起来，源于我与刑罚国家的直接接触：它对我在拳击馆里拳友的生活产生了影响。我的拳击场兄弟阿山特（Ashante）在"格雷巴旅馆"②里待了7年（他因持械抢劫而被判处12年有期徒刑）。在那里面，他获得了普通高中同等学历证书（General Equivalent Diploma），而且更重要的是他学会了如何打拳击，这为他出狱后离开黑帮提供了一条出路。后来，他的拳击事业一落千丈，拳击馆也关门了，于是他又回到了街头经济，并发现自己又陷入了刑罚制度的股掌。我把他从监狱里弄出来的次数多得我自己都记不清了。我为他缴了保释金，还为他请了律师。我替他付

---

① 伍德劳恩位于芝加哥南区，是一个以非洲裔美国人为主的社区。——译者注
② "格雷巴旅馆"（英文：Greybar Hotel，或写作 Graybar Hotel）在美国俚语中是"监狱"的委婉说法，是用监狱里的"灰色栅栏"（grey bars）来代指监狱。——译者注

了赔偿金，好让他从铁面无私的县检察官那里获得好的待遇。我在他的雇主和房东面前为他作担保，并在其他方面努力减轻多年监禁对他的负面影响（但都无济于事）。

本章邀请读者进行创生性和并行性的阅读，不是为了满足打破学术惯例的美学乐趣，而是为了让我们可以将经验和理论层面的受益联系起来以充分吸收。因此，我将以下面这个分析性的"内心呐喊"（*cri du coeur*）作为结尾：研究城市边缘性的学者、研究族群性的学者和研究刑罚性的学者，联合起来！你们失去的只是智识的锁链！你们获得的将是整个关于科学发现的世界，以及用以加入三者交汇点上激烈进行着的公共辩论的丰富实用建议！

不稳定无产阶级、惩罚、政治：对批评意见的回应

本章的一个早期简短版本是《族群和种族研究》（*Ethnic and Racial Studies*, 2014 年 10 月，第 37 卷，第 10 期）期刊一次专题讨论会的主题，会上有 10 位研究城市贫困、种族、监禁、法律、政治和公共政策的杰出学者对我的观点进行了拷问。当时，我刚刚启动一个新的民族志研究项目，正被田野工作淹没，所以没找到时间来回应。本章给了我回应的机会，从而回报这些学者的慷慨精神。在这最后一节，我将尽力摒弃辩论的辩证法（eristic dialectics），即阿图尔·叔本华（Arthur Schopenhauer）笔下著名的"永远保持正确的艺术"（art of always being right）①，并加倍努力澄

---

① 这里是指叔本华的作品 *The Art of Being Right: 38 Ways to Win an Argument*（《保持正确的艺术：赢得争论的 38 种方法》），这本书也曾以 *Eristic Dialectic: The Art of Winning an Argument*（《辩论的辩证法：赢得争论的艺术》）为英文书名出版。——译者注

清我的立场。

1. 新自由主义和不稳定无产阶级。威廉·朱利叶斯·威尔逊（William Julius Wilson, 2014）要求我澄清我所使用的两个核心概念——新自由主义和不稳定无产阶级，并敦促我"给经验研究者指出要如何检验［我的］论点"。在学术辩论和公共讨论中，新自由主义是一个充满争议的词语。在对这一概念的批评者中，一些人认为这是一个用于政治批判或意识形态滥用的肤浅术语，另一些人认为它过于模糊和不成熟因而毫无价值，还有一些人认为它是多余的或不适于用来描述当前的经济形势。[46]我尝试使之成为一个强有力的社会学构念，以指导人们探究工作、福利、惩罚和政治在福特制—凯恩斯主义契约解体之后的共同转型（Wacquant, 2009a: 304—314, 2012a, 2012b）。对新自由主义的一个简明定义是：一项调用国家来将市场法则印刻于公民身份之上的统治阶级工程。下面我来解读一下其中的要素。

新自由主义是一场"自上而下的革命"，由企业领袖、政治家、文化生产者精英（经济学家、法学家、智库专家、记者）和高级公务员之间的松散联盟领导，致力于重塑国家，使之以竞争效率、自由和个体责任的名义而在各个方面的政策领域（经济、就业、福利、卫生、教育、住房等）中施行类市场机制。新自由主义不是要削弱国家或使之退出，而是在社会空间和地理空间的底层区域中有选择性地加强和重新部署国家，以强制执行公民身份的"义务"、克服对商品化的抵制，并在封闭低工资劳动者的替代性选择的同时，遏制商品化引发的城市混乱。在这方面，我与布迪厄（Bourdieu, 1998b）的观点有所不同。在布迪厄看来，新自由主义的特点是国家在与高歌猛进的市场的正面交锋中逐渐退出（rolling back）（"一场走向纯粹而完美的市场的新自由主义乌托邦运动"），而非劳动规训、社会监视、文化标记等组成强大国家的新型装置的**推出**（rolling out）。[47]事实上，相比于它的历史前身，即曼彻斯特学派中的古典自由主义，**新自由**主义的区别在于国家的增强，而非国家的削减。

我提出的理念型将新自由主义作为一种国家技艺形式，其中包含四个组成部分：（1）对劳动力市场的放松管制；（2）社会保障的收缩，以及从保护性福利过渡到规训式福利；（3）刑罚政策的扩张和美化，表现在警察、法院和监狱在贬逐街区之内及其周围的强势部署；（4）将个体的优秀品质与责任转化为文化黏合剂，以将上述三个要素结合起来并使其正当化。可见，新自由主义需要同时削弱国家的左手和加强国家的右手，还需要后者对前者的殖民化（例如，社会服务事业的任务成了努力发现并严厉制裁"福利骗子"，参见 Gustafson, 2012; Dubois, 2021）。

该模型的核心易于操作化，只需建构社会援助和刑罚活动的指标（预算、人员、总量和对象群体的构成）、追踪其对不同目标人群的差异化影响，并研究它们在不同的行政辖区中［美国的县和州、欧盟或经合组织（OECD）中的地区和国家］随时间的变化，由此建立因果模型。布迪厄式概念的一大优点在于可以直接适用于具体经验情况，包括国家从左手向右手的转型图式。

城市不稳定无产阶级是借助规训式的工作福利和消除式的监禁福利而对边缘性进行双重管制的主要目标。讨论不稳定无产阶级——一个由不稳定（precarious）（意思是无保障的、不可靠的、断断续续的）和无产阶级（proletariat）（马克思意义上的出卖劳动力者）合并而成的词——就是要把阶级带回来，并将重点放在阶级的解体而非阶级的形成上。[48]这个词由意大利的劳工活动家在 20 世纪 80 年代为谴责临时就业（contingent employment）的兴起而创造，被称为"precariato"；法国社会科学家在世纪之交对这一词语进行了阐发，用以捕捉工作不安定与生活不安定之间日益扩大的联系（Cingolani, 2006）；然后，到了21世纪10年代，英国经济学家盖伊·斯坦丁（Guy Standing）在他的国际畅销书《朝不保夕的人》（*The Precariat: The New Dangerous Class*, 2011）[①] 中普及了这个词。自此以后，这一概念在社会科学领域慢慢传播开来。

当然，对于工薪阶层而言，劳动与生活的不稳定并不是一个新的现象；在资本主义工业巩固与工人阶级形成的时代，这种现象也曾泛滥和严重。但是，正是基于生产关系中的相同位置和自豪的集体身份认同而动员起来去遏制这种不稳定性，使无产阶级成为历史的推动者。新自由主义后工业主义的新特点则是，城市贫民所遭受的苦难，与其说是源自贫困街区中的"无工作"[如威尔逊（Wilson, 1996）所指出的]，不如说是源自工资低于贫困线的大量临时工作、兼职工作、短期工作。除此之外，不稳定无产阶级的苦难还在于，那些以不稳定无产阶级之名发声的人，没能塑造出一种集体习语以供"亚就业者"（subemployed）、失业者、无家可归者和无证移民等构成不稳定无产阶级的各种人群共享（Wacquant, 2007）。所以，与斯坦丁相反，我认为不稳定无产阶级不是一个正在形成中的新阶级，在政治舞台上为争取承认而展开斗争；更不构成一个"危险阶级"。相反，他们是工人阶级中被不稳定性所困扰的**一个分群**，而且是一个"胎死腹中的群体"，因自身的异质性以及解体性的物质力量（雇佣劳动的碎片化、社会福利的缩减）和符号力量（正面身份认同的缺失、地点污名的存在）

---

① 这里采用本书已有中文版（浙江人民出版社2023年版）的书名。按照字面意思，该书书名也可直译为《不稳定无产阶级：新的危险阶级》。——译者注

的交汇而长期无法形成阶级。最重要的是，工作和生活的不稳定性既不是源自过去的遗留，也不是一种过渡性或周期性的现象，而是用于将那些处于阶级结构底层的非技术劳动力组织起来的一种持久的、常态化的方式，并且这个阶级结构正在从其基础开始瓦解。简而言之，不稳定无产阶级是作为国家技艺的新自由主义在经济和社会层面的产物。

2. 分析层面的张力、功能主义、关系主义。安德烈亚斯·威默（Andreas Wimmer, 2014）正确地指出了我作品中处于功能主义论证和历史论证之间、普遍分析和特定国家分析之间、必然性和偶然性之间的三种"悬而未决的张力"。当一个人在处理"全局图景"时，在持续努力地判断核心趋势或探索横跨于无数制度领域、社会尺度和地理边界中的中枢现象时，这三种"悬而未决的张力"是不可避免的。我甚至认为，这些张力是可取的，因为它们提供了克服经验障碍并将传统上分离的研究领域联系起来所需的分析性能量来源。与之相似，我们不需要在结构和能动之间做出本体论或方法论意义上的选择，但我们仍然要意识到，必须从认识论层面优先考虑结构映现（structural mapping），因为有关位置空间的知识使我们能够把握某个斗争领域中主角的性情倾向、策略和行动，反之则不然。[49]

150

不过，这些张力也许并不像威默（Wimmer, 2014: 1721）说得那么强烈。首先，我不是"神秘化功能主义者"（crypto-functionalist），而是一个自豪的功能主义分析实践者。我跟绝大多数的社会科学家一样：递归式因果循环造就了我们所研究的社会形态的持续存在，而追踪一个扩大化的制度关联中的不同元素是如何通过这些因果循环相互联系起来的，则是社会学的一种惯用论证模式——我们中的大多数人都在不知不觉中实践着新默顿主义（neo-

Mertonians)(Merton, 1968)。但是，我不提倡功能主义解释。正如一个多世纪前，埃米尔·涂尔干在《社会学方法的准则》(*Rules of the Sociological Method*) 中强调的那样，功能主义分析必须始终由历史分析作补充："当我们着手解释一种社会现象时，我们必须分别寻找产生该现象的效力因和该现象所实现的功能。"[Durkheim, (1895) 1987: 188][50]

简而言之，在《惩罚穷人》一书中，我指出刑罚国家的兴起是**两组斗争**的结果。在权力场域之内，是经济资本、官僚资本和政治资本的持有者之间进行的斗争；这些斗争使经济资本持有者获益，导致经济管制放松和社会不安定蔓延。在国家自身的内部，则是社会保护的支持者与针对两极化大都市中问题人群的惩罚性规训之间的斗争（Wacquant, 2009a: 312—313）。惩罚性抑制的技艺产生于这些斗争的交汇之处，并在原初政策意图、官僚机构的逐步调整和借用、政治上的试错以及选举中的逐利性等因素的混合基础之上，呈现出一种粗暴的**事后功能主义**（post-hoc functionality）。在《贫困监狱》(Wacquant, 2009b) 一书中，我同样将功能分析和策略分析结合起来，强调了智库、记者、政客和受外界支配的学者的作用（他们的名字在书中都被点出）——这些人是设计、包装、出口和进口"零容忍"警务和各种"美国制造"的刑罚秘方（强制性最低刑期、青年宵禁、"震慑性监禁"①等）的关键人物。

我完全承认对城市边缘性实施惩罚性治理的结构性矛盾、制度性功能失调和文化不稳定性；我自始至终都不遗余力地强调

---

① 震慑性监禁（shock incarceration，也译为"休克监禁"）是为了威慑违法者出现新的违法行为而在缓刑或者假释前后对其实行的短期监禁。通常用于非暴力犯罪的初犯。——译者注

"刑罚国家的到来不是一种宿命"（Wacquant, 2001b），不是 20 世纪 60 年代黑人暴动的长期阴影中社会政治斗争和种族斗争的必然结果。与此同时，我希望去为**强大而简洁的分析模型**辩护，其特点是清晰、简约和明确的因果线。在确定了一个中轴趋势并勾勒出一个强有力的结构功能核心之后，"突出相反倾向、其他潮流和新出现的政治替代选择"（Wimmer, 2014: 1722）会变得更加容易。

另一方面，迈克尔·道森（Michael Dawson, 2014）对我论点的回应呈现出过度压缩的危险：他对我的新自由主义、国家和作为分类与分层原则的种族等概念表现出了一种根本上的误解。我不明白我怎么会"低估了资本主义在塑造新自由主义方面的作用"（Dawson, 2014: 1768）。我认为**新自由主义是由一种独特类型的国家推动的资本主义的一种历史变体**，是资本主义逻辑的一次转折，是对 20 世纪里凯恩斯主义—福特制时期"嵌入式自由主义"（embedded liberalism）[①] 和各种共产主义政体这两场集体主义实验的成就与危机的回应。

我也看不出，像道森提出的那样将结构马克思主义（structural Marxism）重新拾起来，对我们把握当前的政治经济转型有什么帮助。回到路易·阿尔都塞［Louis Althusser,（1970）2011］关于"镇压性国家机器"（repressive state apparatus）和"意识形态国家机器"（ideological state apparatus）的枯燥二元划分及其在处理能动性和主体性方面的内在无力［除了奇妙的"质询"（interpellation）概念

---

① "嵌入式自由主义"是由美国政治学家约翰·鲁杰（John Ruggie）于 1982 年提出的概念，其特点是自由主义机制嵌入于一国之内合理的社会价值和社会目标，表现为市场调节力量与社会福利供给的平衡发展。显然，这一概念借鉴了卡尔·波兰尼（Karl Polanyi）的"嵌入性"（embeddedness）相关学说。——译者注

之外]，将成为一种我们无法承受的概念倒退。[51] 与之相似，尼科斯·普兰查斯（Nicos Poulantzas, 1978）会把我们带回一个机械的和工具主义的国家观，将国家视为资本的勤恳仆人，而这会忽略在社会空间中针对国家结构与政策展开的斗争，以及在官僚场域之内、在左手和右手之间、在国家管理者和国家执行者之间展开的斗争。阿尔都塞和普兰查斯会将我们桎梏在威默合理哀叹的那种功能主义解释之中。布迪厄则使我们能够从意识形态走向符号权力、从机器走向场域、从统治阶级走向权力场域（Bourdieu and Wacquant, 1992: 75—76、102—103、250—251；Bourdieu and Wacquant, 1993），而且不会回头。

马修·德斯蒙德（Matthew Desmond, 2014a: 1761）一针见血地指出，"阶级分析、种族研究和犯罪学彼此孤立"，不仅"钝化了我们的思维、缩小了我们的视野"，而且"助长了各个领域本来声称要解决的问题"。那么，这种自我强加的分析性短视是从何而来的？又该如何克服？对此，根据反身性原则，我们要诉诸美国学术人（*homo academicus americanus*）① 的社会学，在其大学和专业的自然环境中来解释这种智识上的狭隘视野。一个世俗的原因在于职业生涯结构：在一个专攻方向上投入了多年心血的学者是无力承受在另一个专攻方向上自我学习提升的，因为这样的装备重组通常需要花费数年的时间，而在这段时间里发表与出版会很少，因而会错失晋升的机会。学院的院长在看着每一个人，并保持每个人都在自己已被安排好的跑道上。

为什么我们很难将不同的社会学分支结合起来以在比较的尺

---

① 作者在这里借用了布迪厄的著作《学术人》(*Homo Academicus*) 的标题。——译者注

度上把握城市边缘性的结构、动态和经验？除了社会科学的学科组织和专业组织方面原因之外，**实体主义思维模式**（substantialist mode of thinking）的盛行也对科学对象的缜密构建构成了巨大障碍，因为这种思维模式引导我们关注可以被感官直接感知并可以被日常构念指代的具体实体。布迪厄（Bourdieu, 1994a: 53）解释说：

> 为什么我认为在社会学辞典中引入"社会空间"和"权力场域"的概念是必要且正当的？首先，这是为了打破以实体主义方式来思考社会世界的倾向。空间这一概念本身包含着对社会世界进行关系性理解的原则。事实上，空间概念明确了它所指代的每一个"现实"都存在于其构成要素的相互外在性（mutual exteriority）中。表面上的、直接可见的存在，无论是个体还是群体，都存在并维系于差异之中，并凭借差异而存在和维系；也就是说，它们在一个关系性空间中占据着相对位置。这种关系性空间虽然是不可见的，而且总是难以在经验层面显现，却是最真实的实在［是经院哲学家所说的"最实在的存在者"（*ens realissimum*）］，是个体和群体行为的真实原则。

总之，我完全同意德斯蒙德（Desmond, 2014a: 1763）提出的观点，即"关系论的思路取向对经济贫困的研究特别重要，因为它会迫使研究者关注那些被关联在一起的命运"。我想补充的是，在具有过度决定性的直接关联的情况中，国家是在社会空间中连接或断开这些命运的结构性枢纽。

3. 对新自由主义公民身份的分析性阐述。就论证模式而言，我不得不让艾米·莱尔曼（Amy Lerman, 2014）感到失望：我既不是一个"统合派"（lumper），也不是一个"分割派"（splitter）[这是她从查尔斯·达尔文（Charles Darwin）那里借用的二分法] [①]，而是一名**联接派**（articulator）：我试图精心制作并调用分析性的铰链，这些铰链能使变量和维度在保持各不相同的同时又联系在一起，而且尤其可以让我们穿越分析的物质时刻与符号时刻，来理解变量和维度如何动态地相互支撑，亦即让我们直接应用布迪厄式分析的卡西尔时刻（见上文，边码第36、38—40页）。无论对错，我也喜欢把自己看作一名**分解派**（disaggregator），致力于将现象和概念都分解成各自的组成部分，以便我们能够在更清晰和更具体的分析层面重新构建问题。[52]

轮到我来评论一下我的批评者的作品了。艾米·莱尔曼和韦斯拉·韦弗（Amy Lerman and Vesla Weaver）的著作《逮捕公民身份》（*Arresting Citizenship*, 2014）是对国家、惩罚和公民身份之间多重关系的模范研究。这本书深入挖掘了阶级—种族—国家三角关系的核心，应该出现在每一位城市社会学家和政治社会学家的阅读清单上。该书揭示了普通人，尤其是城市贫民（主要是超贫民窟中的年轻黑人男性）与刑事司法制度之间不易察觉的联系。这些联系未达到监禁的程度，因此没有出现在监狱统计数据中。这些联系包括：在没有动机或指控的情况下被警察拦住、盘问和逮捕，因刑事案件被撤销或导致罚款、缓刑或暂缓监禁而被法庭传讯和拘留，还包括向缓刑监督官提交报告。陷入这种亚监禁网络

---

① 统合派与分割派（lumper and splitter）是就事物分类上的两种不同原则而言的，源于对生物类属归类方面的讨论。"统合派"倾向对事物作整体定义，并就这些事物的相似之处进行概括性的归类；"分割派"则倾向对事物作精细定义，并就这些事物的差异之处建立新的小分类。——译者注

（subcarceral net）的人被莱尔曼和韦弗稀奇地称为"被监禁的公民"
（custodial citizens）;[53]这些人被官僚主义的纠缠所累，在日常生活中总要准备好与警察接触，而且他们即使没有犯罪，也要背负刑罚的污名。

我们可以比莱尔曼和韦弗更进一步，明确出刑罚性在公民身份形成中的位置。现代公民的社会与符号形态是在与三种越轨形象的对比中来界定的：首先是犯罪分子，他们违反了法律并从内部危害了公民社会的物质完整性；其次是穷人，他们逃避劳动义务并从内部腐蚀了雇佣劳动契约的道德完整性；最后是外国人，他们从外部威胁打破国民成员身份的保护膜，并被怀疑有变成犯罪分子或福利接受者的倾向。这三种形象在不同学科中（犯罪学、社会福利、社会学 / 政治学 / 族群研究）和各学科的不同子领域中被研究。我们应该把它们纳入一个单一的分析框架，关注那些旨在管理问题群体和边界的政策所发挥的物质性及符号性作用。

154

4. 惩罚、邻里效应和超碎片化国家。桑普森（Sampson, 2014: 1735）批评我仓促地忽视了犯罪与惩罚之间的联系，指出"监禁增长的原因和结果为我们提出了一个复杂的谜题，而不是一个单一的解释"。我的主要观点是，无论是在过去一段时间里的美国，还是在任何给定时期中的任何社会，监狱人口都不能追踪犯罪率的演变。对比一下美国和邻国加拿大（Webster and Doob, 2007）：两国的总体犯罪率是一样的（除了袭击和凶杀外；凶杀案在美国所有关押人员中所占比例不到 3%），但在 1970 年至 2010 年间却出现了惊人的差异——美国的监禁率增长至原先的 5 倍，每 10 万居民中有超过 740 人处于监禁；而加拿大的监禁率则略有上升，在每 10 万居民中有 100 名被监禁人员左右波动。当然，在犯罪走势达到顶峰时，美国记录在案的凶杀案数量比加拿大高出 2 万起左右，但这很难成为美国多出 200 万被关押人员的原因。这些人中的大多数是非暴力罪犯；他们如果是在 20 世纪 60 年代则不会因同样的罪行而在监狱里服刑，在其他发达社会中也不会遭受监禁（或者被监禁的时间要短得多）。

但我坚持认为，犯罪和惩罚之间存在联系，只不过这种联系是通过公民符号主义和族群情感的中介化（即通过沉淀在身体中的符号空间棱镜）来发挥作用的。无论犯罪率及其演变过程如何，犯罪都提供了社会素材和文化燃料，以供（重新）划定内部人与外部人之间的边界，以及谴责那些被描绘为越轨、放荡和危险的群体，即可恶的"底层阶级"——在 20 世纪的最后几十年里，这一群体是关于美国大都市中种族与贫困的学术讨论和公共辩论的主导议题（Wacquant, 2022a）。换句话说，犯罪率并不是在机械地影响和破坏城市的社会与空间肌理，而是通过激活那些构成种族及阶级惯习的认知构念和情感构念来产生影响的。反过来，国家、法律和媒体等最高符号机构又将这种集体能量对准被官方认证的"底层阶级"这一目标上。[54]

至于物理空间，我很高兴和桑普森（Sampson, 2014: 1736）达成一致观点，即"国家效应与邻里效应理论并不矛盾"，甚至"国家政策会催生出邻里效应的**变化**"。我之所以强调国家，是为了恢复分析上的平衡，填补城市研究主流核心的一个缺口，并在更广泛的意义上对抗美国社会科学中的反国家主义偏见。邻里效应（neighborhood effects）研究是一个充满活力的作坊式学术产业，而几乎没有学者用同样精巧的方法论和经验热情来评估国家效应——"国家效应"（state effects）这一表述在英语国家的社会学中并不流行。[55]这一空白反映了美国政治制度对（超）地方性的偏爱，以及美国对作为社区、道德和社会性所在地的共同体式

（*gemeinschaftliche*）"邻里"的浪漫依恋，而这种迷恋也体现了其国民文化中根深蒂固的反城市性。事实上，历史学家史蒂文·康恩（Steven Conn, 2014）指出，对城市的鄙夷和对国家的反对在美国历史上一直是携手并进的。

桑普森（Sampson, 2014: 1737）对不同时代和政治体制下"人类产生地点分隔的倾向"感到震惊。同样令我感到震惊的是，各发达国家的城市在按照阶级和族群性来对人群进行分类以创造同质性方面存在明显的差异。[56] 但更关键的是，在这里利害攸关的不是空间分异这一事实本身，而是它的**机制：生态性的（罗伯特·帕克）**还是**冲突性的（皮埃尔·布迪厄）**？桑普森追随的是帕克的脚步。在他具有里程碑意义的邻里效应研究《伟大的美国城市》（*Great American City*, 2012）中，桑普森试图在 21 世纪恢复芝加哥学派的生态学模型，并将其改造成一门他称之为"生态计量学"（ecometrics）的关于社会情境的科学（Sampson, 2017）。我则追随皮埃尔·布迪厄的脚步，认为人、物以及各个种类的资本在城市各区域之间的分布，产生于符号空间、社会空间和物理空间中同时进行的斗争及其关联，而地方化是多层次的**空间政治**的结果，其解决之道不在邻里内部。

关于国家的特性，美国政体的特殊性并不是像桑普森所说的那样，在于其民主性特征（人们对此颇有争议），而是在于**官僚场域的极度碎片化及其错综复杂的委托网络**。在这方面，我比桑普森更进一步。他提出应将美国视为 50 个不同的国家，而我认为美国的刑罚国家实际上是由大约 2330 个利维坦（独立的县和州检察官办公室的数量）组成的，与超过 1.8 万个警察部门联合运行。令人震惊的是，尽管没有协调一致的行政机制和政治方法，但在同一历史时期内，这数千个独立的刑罚实体和互不关联的管辖区域几乎都朝着陡然增加惩罚性的同一个方向移动。如果不是把城市"底层阶级"描绘成可憎的人民公敌的符号性构念在全国范围内的传播，并认为他们的紧迫威胁需要国家在福利和刑罚两方面都做出无情的惩罚性回应，那还有什么能产生这种全国性的趋同呢？

5. 性别、公民身份、交叉性。多萝西·罗伯茨（Roberts, 2014: 1777）提出可以借鉴黑人女权主义理论的洞察，以"通过增加对性别的关注，来丰富［我的］三边模型"；道格拉斯·马西（Douglas Massey, 2014: 1750）则力劝我"将女性和拉丁裔美国人日趋不稳定的地位纳入思考"，特别是来自墨西哥的无证移民，因为他们"已成为当今美国最脆弱和最易受剥削的群体"。

我对这两种做法都表示欢迎。在我看来，与其说这是对我模型的一种丰富，不如说这是一种富有成效的**拓展**，因为性别和公民身份都可以顺畅无缝地同阶级和种族一起成为社会封闭的基础，将大都市中的不稳定化三角形变成一个以国家为顶点的四棱锥。至于黑人女性，相关拓展将建立在《惩罚穷人》的论点之上，即种族化的"福利女王的刻板印象"在福利削减的正当化过程中发挥了关键作用（Wacquant, 2009a: 18—19, 84），就像20世纪60年代贫民窟暴动之后，监狱囚犯的公众形象突然黑人化，加速了有关惩罚的操作化哲学从恢复转变为消除。在那本书中，我指出了**性别化的支配分工**（gendered division of the labor of domination），即国家的工作福利部门负责应对贫困的（黑人）女性和她们的孩子，而刑罚部门则负责应对**她们**的男人——也就是来自同一个受贬损街区的同一个家庭里的男朋友、丈夫或儿子。

我完全承认，我的分析带有男性化（甚至是男权主义）的色彩，这无疑是一个局限，特别是考虑到不稳定无产阶级中的大多数是由女性和她们的孩子构成的。[57]但是总体而言，在过去的

二十五年里，大城市中贫困女性的社会地位和生活机会有所提升，
与此同时城市贫困男性的社会地位和生活机会则在下降。与之相
应，我欢迎拓展半人马国家模型以将儿童保护服务纳入进来。我可
能会将这类机构与儿童保育、医疗保健、教育和住房一起纳入社会
福利部门，其可被视为国家的**母性主义**（maternalist）一面，负责
救助和保护那些经济资本或文化资本遭受剥夺的人口，只是它日益
被负责财政规训和刑罚制裁的**父性主义**（paternalist）一面所殖民。

　　同样，马西关于"拉丁裔美国人的深层次种族化主要围绕
着'非法性'这一主题展开"的敏锐观察，不仅与我关于国家对
边缘性的生产和管理、种族与惩罚作为国家污名形式的亲缘关系
等理论模型相一致，而且其本质上是在拉丁裔美国人案例中重现
了我对来自前殖民地的下层阶级移民在西欧的生活轨迹的分析
（Wacquant, 2005）。他观察到"美国移民控制系统已经同刑罚系统
一起，成为一种核心的种族制造制度"（Massey, 2014: 1748），这证
实了《致命的共生》一书发展的"司法公民身份"概念（见上文，
边码第 134 页）：移民和边境控制之于墨西哥的移民，正如警务和
矫正措施之于超贫民窟中的黑人。这两种情形都是国家在拓展公
民身份的空间、施加污名，进而决定边缘性的强度及其选择性。

　　我欢迎同黑人女权主义学者对话，但我担心的是，采用交叉
性（intersectionality）理论中的那些建立于认识论民粹主义基础之
上的语言［其中的"互锁"（interlock）、"矩阵"（matrix）、"中轴"
（axis）、"车轮与辐条"（wheel and spokes）等隐喻，一个比一个模
糊］会带来相当大的分析成本。交叉性理论倾向于把社会地位与
社会体验、社会体验与社会学知识混为一谈，将身份绝对化，并
将政治与分析、"批判实践"与科学生产混为一谈。它还认为种族
是不证自明的，不假思索地将美国的构念普遍化，而对阶级则几

乎只是敷衍了事。此外，交叉性理论没有为"性别、阶级、种族"三位一体的圣典化提供任何逻辑依据，也没有提供任何原则来阻止所谓"相互交叉"中轴的无限增生；它只是成功地动员了美国政治中相应的积极分子（黑人、女性、性少数群体、移民、残障人士等）。[58]

帕特里夏·希尔·柯林斯（Patricia Hill Collins）在《交叉性的定义困境》（"Intersectionality's Definitional Dilemmas", 2015）一文中，盘点了三十年来这方面的研究成果，并努力追溯其轮廓。[59] 她"不想通过自上而下地强加一个专横的定义来过早地驯服交叉性的野蛮生长"，而是要庆祝"交叉性容纳了阐释共同体的一种动态组合"，因而"对交叉性的概念化似乎和学者个体本身一样多种多样"（Collins, 2015: 2、3、13）。她认为这种理论具有"批判性的洞察力，即种族、阶级、性别、性取向、族裔、民族、能力和年龄不是作为单一的、相互排斥的实体而运行的，而是作为相互建构的现象，反过来又形成了复杂的社会不平等"（Collins, 2015: 2）。但是，这种洞察力是多变量社会分析的基本原则；并且，为什么使用这些范畴，而不使用诸如公民身份、宗教信仰、婚姻状况，或者女性的外貌吸引力、男性的身高？[60] 此外，在这些分层基础的因果关系可能不对称、因果权重可能不一致的情况下，为什么要假设它们之间存在"相互性"？事实上，交叉性模糊了一个事实，即构想与区分的社会原则的相关性和等级性在现实本身中即是利益攸关的，并且是在权力场域中展开的分类斗争的结果［Bourdieu,（1982）1991, 2011］，而不是"受压迫者社区"内部分类斗争的结果。

6. 走向全球南方。玛拉·洛夫曼（Mara Loveman）和安迪·克拉诺（Andy Clarno）提出了一个困难而又令人振奋的问题，即在巴西、南非和以色列／巴勒斯坦等第二世界社会中，关于不稳

158

定无产阶级的致命三角形模型对当地城市边缘性的政治生产与管理的相关性和适用性。显然，我的模型是针对西方资本主义国家的发达社会而建立的，这些社会已经经历过福特制工业劳动和凯恩斯主义国家再分配的均衡漏斗。新自由主义作为一项阶级工程，崛起于福特制—凯恩斯主义契约的灰烬之中，而这一灰烬是由全球经济、国家政治场域、国内和国际的权力场域中相互关联的变迁所导致的。[61]但是，这并不意味着该模型不能用来形成基准假设，以及指导对所谓全球南方社会的研究。

比较研究的诀窍是借助概括性的分析深入每个案例的细节中，通过改变抽象程度，使我们在不同案例之间转换问题和答案，从而识别出其中的变与不变。洛夫曼（Loveman, 2014: 1755）所抱怨的三角形"糟糕的整洁形式"在我看来是一种优点：它提供了一个简约的框架，指示我们牢记阶级、族群性和国家的三方相互关联，然后添加变量并调整参数来适应我们所研究社会的特殊性。布迪厄为我们提供了五个中肯的概念来完成这一转换工作：符号权力、社会空间、官僚场域、政治场域和权力场域（后三者不应混淆，参见 Wacquant, 2005a）。这五种结构的变化及其关联共同解释了惩罚性现象系列中边缘性治理的不同变体。

就巴西而言，我首先要指出的是公民概念的不对称，这体现在 gente（人民）和 marginais（可牺牲的穷人，绝大多数是黑人和棕色人种）之间的符号性对立上。这种符号性对立影响了所有国家机构的日常运作，尤其是警察和司法部门。其次，我想指出边缘性的复合性特征：它由一层农业边缘性（普遍存在于农村和农业乡镇中）、一层工业边缘性（与工厂就业的骤减有关）和一层发达边缘性构成。第三，国家结构被萎缩的福利部门所拖累。最后，军队在权力场域中若隐若现，维护着自己的自主性，并时不时地忍不住要宣扬自身凌驾于官僚资本、司法资本和政治资本之上的最高地位。所有这些因素使得巴西对贫困的刑罚化尤为严厉，尽管与之相伴的还有"家庭补助金"（*bolsa familia*）项目 ① 在强化国家的社会性力量。巴西的案例使三角模型得到了完善、丰富和发展，而不是令其失效。[62] 布迪厄的概念的美妙之处在于，它们不是封闭的、为思想研讨而设计的学术概念，而是旨在指导我们构建经验对象的精炼速记。

安迪·克拉诺（Clarno, 2014）对我的三角模型提供了另一个令人兴奋的延伸和深入的修订，以应用于南非和以色列 / 巴勒斯坦的案例上。在这些案例中，国家无法垄断暴力，无法渗透并平息社会空间，也无法施行阶级边界或民族边界。这为非国家行动者创造了介入的空间和动力，使其针对肆虐的城市贫困，在提供日常安全方面扮演着不可或缺的角色。在南非，富裕居民的协会组织和大规模的私人安保行业相结合，调用了"强化封闭的私有化策略，而非惩罚性抑制的国家策略"（Clarno, 2014: 1728）。在以色列 / 巴勒斯坦，国家选择"将巴勒斯坦人遏制在被排斥的贫民窟中"，并且不仅有以色列军队于此巡逻，还有一个"协调安全部队的帝国网络"在此巡逻，其中有巴勒斯坦当局、美国军队、约旦、世界银行、欧盟等参与者扮演着不同的角色，这使得日常安全供给变得复杂而充满争论。

克拉诺（Clarno, 2014: 1726）担心我"夸大了对城市边缘性之回应的一致性"，我必须赶快消除这一担忧。正如我在《惩罚穷人》一书开篇所做的那样，我要坦白这是我有意为之的：我的调

---

① 家庭补助金项目（葡萄牙语：Bolsa Família）是巴西联邦政府的社会福利项目，成立于 2004 年，旨在通过专注于家庭收入、教育和健康等方面的转移支付来援助贫困家庭、打破贫困的代际传递。——译者注

研是有选择性的，专注于"跨越多个领域的同一逻辑，而忽略单一领域内相互竞争的多种逻辑"；我的探究也是暂时性的，以至于我"夸大了将惩罚和边缘性关联在一起的交织趋势，甚至不惜给人一种印象，即刑罚化是一种不可抗拒的总体性原则，会粉碎其路径上的一切"（Wacquant, 2009a: xix—xx）。同样，我也过度渲染了国家，原因不仅在于其作为边缘性**生产者**的角色常被城市研究者忽视，还在于如果你想在身体暴力和符号暴力的传播过程中添加其他角色，你在逻辑上就必须从锚定国家开始。以国家为中心并不排斥非国家行动者，专注于刑罚化也并不排斥探究跟新自由主义相关的"更广泛的治安化过程"（Clarno, 2014: 1730）。

在巴西、南非和以色列 / 巴勒斯坦的案例中，让我印象深刻的，也呼应了布迪厄年轻时对殖民统治的分析（见上文，边码第21—32页）的内容在于，控制物理空间对于平息和稳定社会空间有多重要，以及阶级边界、族群边界和国家边界上符号空间中的斗争是如何在墙壁、栅栏、围场、走廊以及各种各样的防御工事等建成环境结构中得到客体化表达的。国家是否垄断了在城市中划定和守护地理边界与社会边界的能力，这是一个开放的问题，它彰显出我们有必要对官僚场域和权力场域及其在我们所研究社会中的印刻进行历史社会学的考察。

注　释

[1] 有一项难得的历史研究成功地将这三个主题结合在了一起，这就是 Brodwyn Fischer 的著作 *A Poverty of Rights: Citizenship and Inequality in Twentieth-Century Rio de Janeiro*（2008）。

〔2〕Beaud 和 Pialoux 的 *Retour sur la condition ouvrière*（1999）对产业工人阶级的解体进行了非常精彩的研究，描绘了法国索肖（Sochaux）的标致汽车（Peugeot）工厂中工人团结和身份认同在车间里以及环绕工厂的街区中是如何消解的。在过去的三十年里，社会研究者已经从关注阶级转向关注族群性（即种族和移民）与性别，并以这二者作为分类与分层原则。这反映了阶级作为公民范畴和政治范畴的衰落。而在其中，值得关注的例外则是 Wagner, 2010; Savage, 2015; Hugrée et al., 2017。这三本书都受到了布迪厄社会空间理论的启发。

〔3〕过去十年来，关于"外籍人士"的社会学研究蓬勃发展，但 Alain Tarrius 在早期的比较研究 *Les Fourmis d'Europe. Migrants riches, migrants pauvres et nouvelles villes internationales*（1992）仍是一个强有力的起点。

〔4〕欧洲的"族群问题"历来在不同国家以不同的标题进行研究：在英国是社区（community）研究、在法国是移民（immigration）研究、在比利时是地区主义（regionalism）研究、在荷兰是少数群体（minorities）研究、在德国是公民权（citizenship）研究，以及在整个欧洲大陆上的罗姆人案例中则是移居（diaspora）研究（Picker, 2017）。在过去的二十年里，宗教议题逐渐成为其中的热点（Brubaker, 2015），还有大量研究试图将这些问题统合在后殖民主义（参见 Jensen, 2020 的全景式综述）、奴隶制及其遗产研究（Brahm and Rosenhaft, 2016; Scanlan, 2020）、黑人历史与当代黑人研究（Fleming, 2017; Hondius, 2017）、美国问题的加速输入〔其最新发展是交叉性（intersectionality）研究，如 Boulila, 2019〕等标题之下。

〔5〕John Hagan（1992）三十年前在美国犯罪学学会发表的主席致辞中对"无阶级的犯罪学"（classless criminology）的痛责如今比以往任何时候都更有现实意义。同样如此的还有 Stanley Cohen（1988）曾呼吁"反对犯罪学"（*Against Criminology*），并建立"社会控制的社会学"（sociology of social control）。

〔6〕Monk（2019）的研究表明，在种族与惩罚研究中，黑/白二分法掩盖了一个陡峭的肤色梯度：浅肤色与深肤色的非洲裔美国人在监禁方面的差异大于非洲裔美国人与欧洲裔美国人之间的差异。

〔7〕关于近代早期欧洲惩罚的社会史研究充分说明了这一点，参见 Rusche and Kirchheimer,（1939）2003; Spierenburg, 1991; Finzsch and Jütte, 1996。

〔8〕这里要澄清，我使用的"种族"（race）一词是指被否定的族群性（denegated ethnicity）：一种以名誉等级为基础的分类与分层原则，依据祖先或表型来作区分，或依据某些为了建立一种据称是基于自然的社会封闭而调动起来的社会文化特征来作区分（Wacquant, 2022b）。或者说，这是一种自相矛盾的族群性，声称其本身与族群无关——这更糟糕，而社会学家每次不经意间提及"种族和族群"这对概念时，都在为这种说法背书；这对概念也构成了英语国家中族群种族常识（ethnoracial common sense）的基础。

〔9〕我将国家带回来（或者更确切地说，是将联邦、州、县和城市层面运行的

多尺度官僚场域带回来），以期通过相关分析来挑战并补充关注去工业化的 Wilson
［（1987）2012］和关注种族隔离的 Massey 与 Denton（1993）所讲述的著名宏观因果
叙事。

　　［10］关于欧洲的总体情况，参见 Musterd 和 Ostendorf 的 *Urban Segregation and
the Welfare State: Inequality and Exclusion in Western Cities*（2013），以及 Musterd 等人的
Neighbourhoods of Poverty（2016）。另见 Andress 和 Lohmann（2008）关于欧洲“有
工作的穷人”的论述和 Kazepov（2008）关于城市中“社会凝聚力”的国家政治和地
方政策的论述。

　　［11］Barbier（2009: 30）对二十年间的“社会福利激活”（social welfare activation）
项目进行了细致的回顾。他告诫我们不要一概而论，并强调了结构和结果方面的跨国
及国内差异。但他也承认，除了促进“成本控制”之外，这些项目还参与“一场深刻
的意识形态变革”。这一变革在各处催生了“一种新的‘道德逻辑与政治逻辑’，其与
‘权利和义务’的道德化话语相衔接”。Handler（2009）同样在差异框架内发现了大
西洋两岸的趋同，包括福利的条件性、针对性、地方分权和市场化。关于新自由主义
政策在跨国别传播过程中的变化，参见 Peck 和 Theodore 启人深思的作品 *Fast Policy:
Experimental Statecraft at the Thresholds of Neoliberalism*（2015）。

　　［12］David Garland 在其里程碑式的著作 *Punishment and Modern Society*（1990）的
结语中（pp. 287、282）告诫我们要“将惩罚视为一种复杂的社会制度”，视为在行动
和意义方面有多重目标并且具有深远而多样影响的组织。这给我带来了启发。但是，
他使用的隐喻是“贯穿社会结构的所有层次并将一般与特殊、中心与边界相连的连接
线”（让人想起福柯的“毛细血管”），这缺乏具体指向性，也有悖于他早期对惩罚制
度“结构的复杂性和意义的密度”所作分析的高度。我与 Garland 的不同还在于，他
实际上优先考虑了惩罚的符号功能（作为“文化关系和情感的积极创造者”，Garland,
1990: 250），而忽略了惩罚的物质性角色——尽管这一做法使他在将惩罚定义为“对
事物的官方存在方式和应然存在方式的戏剧性、展演性的再现”（Garland, 1990: 265）
时，接近于认识到惩罚是布迪厄所述符号权力的国家主义形式。

　　［13］“协同效应”（synergy）概念（源自古希腊语 *syn*，“共同的”，和 *ergon*，“活
动、工作”）很好地表达了一种理念，即种族化和刑罚化一致运作进而生产出国家放
逐者，就像两个符号性的器官一致作用于社会身体的运行。

　　［14］由于一个制度触犯了我们自由民主的敏感之处，就要控告（indict）它而不
是剖析（dessect）它，这种意愿会助长严重的分析性错误：就像研究贫民窟的学者完
全忽视了贫民窟除了是支配阶层进行经济压榨和社会排斥的工具，还对下层人群起到
了保护和培育的作用。

　　［15］需要记得，在美国，“黑人”这一范畴的社会及法律归属的依据是从非洲输
入奴隶的血统，而不是外表。并且，通过严格运用次等血统的原则（根据这一原则，
混血结合的后代属于被视为次等的范畴），这种做法神奇地“抹去”了族群种族的混

合性（这涉及绝大多数被视为黑人的人）。这种符号构型在世界上实际是独一无二的（Davis, 1991），预示着非洲裔美国人在其社会中的极端空间隔离与婚姻隔离。在这里，我们再次发现了符号空间、社会空间和物理空间之间紧密的同构性。

［16］James Forman 在其具有分水岭意义的著作 *Locking Up Our Own*（2017）中指出，在 20 世纪 70 至 80 年代，黑人资产阶级和政治精英积极支持甚至主动发起压制性的刑事政策。他们之所以这样做，是因为他们认为超贫民窟的不稳定无产阶级是"我们种族中的邪恶成员"，是有可能因散布街头犯罪而破坏民权运动成果的"内部敌人"。Michael Javen Fortner（2015）同样发现，"黑人中沉默的大多数"（亦是其书名 *Black Silent Majority*）支持惩罚性极强的毒品法，这些法律在一定程度上即导致了 20 世纪 70 年代后超贫民窟居民的监禁人数激增。

［17］在西欧，外国人的监禁率没有充分呈现出族群种族方面的比例失调，因为这些数据没有包含那些监狱中的移民后代，而是将其视为本国国民（包括大多数第二代移民）。

［18］令人捧腹的是，我被一些粗心的读者以各种方式认定为（有时是被怒斥为）马克思主义者、福柯主义者、"第三代芝加哥学派"的成员，以及惩罚政治经济学的实践者。这些读者没有注意到我对布迪厄的大量引用，也没有注意到我把刑罚性的物质时刻和符号时刻结合在一起的努力。

［19］关于合法命名，参见 Bourdieu 的文章 "To Describe and to Prescribe"［(1982) 1991: 187—191］。关于划定边界，参见 Bourdieu［(1982) 1991: 281—292］对"区域"（region）概念的理论探讨，并且读者可以用阶级、种族、性别、国籍等替换区域，从而获得边界划定和群体形成的一般模型。关于种族制造的拓展研究，参见 Wacquant, 2022b。

［20］Bourdieu（2012: 59, 592）在法兰西学院关于国家起源的课程中，强调了国家形成的"模糊性"和国家本身的"两面性"："集中（和统一）的过程一直都既是一个普遍化的过程，又是一个垄断化的过程"；"国家精英"垄断了普遍化带来的利益。这使国家基于一些（由国家担保的）资格凭证，将自己塑造为"王朝权威向官僚权威转型"的重要组成部分。

［21］"国家（state）不是某种以大写字母 S 开头的东西；它没有意志、思想、感情和判决。国家是一个结构，是特定时刻下能动者之间符号权力关系的结构。这些能动者自称可以对优劣进行合法的认证。"（Bourdieu, 2016: 702）此外，"作为元资本的拥有者，国家是一个场域。在其中，能动者为获得一种资本而斗争，这种资本会赋予其对其他场域的权力。"（Bourdieu, 2012: 312）

［22］重申一下，在我的解读中，社会空间和符号权力的二重奏——而非惯习、资本和场域的三重奏——构成了布迪厄的实践理论中不可还原的概念核心（Wacquant, 2019）。

［23］Bourdieu（1997: 205）提及了 Franz Kafka 的 *In the Penal Colony*［(1914)

214

2011]的关键篇章。在其中，酷刑器具将对罪犯的判决刻在了他们的身体上。这是他所谓的"残酷记忆术"的怪诞变体；通过这种记忆术，群体将会铸造了自身的任意性自然化。这个场景让我们看到，刑罚国家的物质性兼符号性的长矛抵达并刺穿了罪犯的身体。这是一种关于根本亵渎的官方行为，最终导致肉体的毁灭：公民只能存在于法律的历史范围内。

[24]"监狱福利"有点用词不当，因为我想用这个术语来指的不仅仅是监狱，而是刑罚国家的一系列活动。刑罚国家对其受众施加最多的是缓刑，而非监禁。Seim和Harding（2020）借助假释福利（parolefare）的构念，卓有成效地拓展了这一概念。

[25]被记载存在这种渗透关系不仅有美国（Clear, 2007; Sampson and Loeffler, 2010; Lopez-Aguado, 2018; Lugalia-Hollon and Cooper, 2018; Simes, 2019），还有法国（Bony, 2015）、英国（Maguire, 2021）、意大利（Mannoia, 2013）、丹麦（Kalkan, 2021）、葡萄牙（Cunha, 2008）、阿根廷（Auyero and Berti, 2015; Ferreccio, 2016）、巴西（Moore, 2021），甚至还有喀麦隆（Morelle, 2015）。

[26]具有讽刺意味的是，西方民族国家在庆祝柏林墙的倒塌之后，却又纠结于自身主权的消逝，转而建造边境墙来展现主权意象（Brown, 2010）。

[27]John Hagan 在 *Who Are the Criminals?*（2012）一书中指出，从1980年到2010年，国家在对"街头犯罪"采取严厉刑罚措施的同时，却对"办公室犯罪"采取了善意忽视和极其仁慈的政策。

[28]同样的摩擦在法国（Roux, 2017）、英国（Kawalerowicz and Biggs, 2015）、德国（Gauthier, 2015）和丹麦（Kammersgaard et al., 2021）也可以观察到。这些摩擦转化成了与警察的定期冲突和对刑事司法的深度不信任。Mayer et al.（2016）聚焦于9个欧洲国家中因与警察发生冲突而引发的骚乱，并将之视为对新自由主义国家重组的原始政治回应而作了全面的分析。

[29]尽管黑人的阶级边界（与白人相比）具有很高的"社会渗透性"，导致了人们有亲属卷入司法体系的可能性很高（Muller and Roerkasse, 2022），但情况依然如此。然而，随着时间的推移，以监狱为中介的接触可能会使沿阶级边界而成的家庭关系变得紧张、扭曲和撕裂（正如 Miller, 2021 所记录的那样）。

[30]在这里，我借鉴了 Max Weber 在他的 "Social Psychology of the World Religions"[（1915）1946]一文中提出的"神义论"（theodicy）的二元性。在其中，他将论证"所有统治者的外在和内在利益"（*Theodizee des Glückes*）的教义和将"社会受压迫阶层"的苦难（*Theodizee des Leidens*）进行合法化与合理化的教义进行了对比。

[31]有一个证据：该领域的权威期刊 *Urban Studies* 从未发表过一篇在标题、摘要和关键词中包含"看守所"的文章。作适当调整后，我们在地方（市或县）法院中也可以发现同样的论据，包括家庭、住房和刑事等方面的司法权；这些是城市贫民被深刻卷入其中的内容，也直接影响着底层社会结果的可能界限。我之所以关注看守所，是因为它利用空间作为控制阶级和种姓的工具。在关于城市边缘性和刑罚性的研

究中，同样被忽视的是警方的拘留所（police lockups）：这些拘留所在任何一个夜晚都关押着数以万计的人，却没有出现在司法统计和犯罪学研究的视野中。

［32］"大城市看守所里的人主要是一些下层乌合之众，即没能很好地融入社会的人，也是被认为名声很差的人……导致他们被抓捕、被关进看守所直至被处理、然后可能被判处监禁的原因，在于他们的冒犯性；其程度甚至可能超过犯罪的严重性。"（Irwin, 1985: 39—40）

［33］关于这种混淆的一个例子：Didier Fassin 的 *L'Ombre du monde*（2015）一书对位于法国首都市中心附近的巴黎看守所（*maison d'arrêt*）展开了研究。该书被视作对监狱的研究［其英译本名为《监狱世界》（*Prison Worlds*）］，并且该书也将约翰·欧文对县看守所的标志性研究（仅引用了一次）误读成了对关押重罪犯的州立监狱的研究。

［34］另见 Lara-Millán（2021）关于大城市中看守所医疗化的研究。遗憾的是，所有这些研究都忽略了 Gilles Chantraine 的杰出实地研究 *Par-delà les murs. Expériences et trajectoires en maison d'arrêt*（2004）以及 Yasmine Bouagga 的 *Humaniser la peine? Enquête en maison d'arrêt*（2015）。

［35］这一概况参考自 Harlow（1998）对美国 431 个县的 6000 名在押人员的调查。这是司法统计局（Bureau of Justice Statistics）所做的最新一轮全面调查。更多的数据和讨论参见 Wacquant, 2009a: 69—75。

［36］二十年前，我曾基于洛杉矶县看守所的一个田野调查试点项目（Wacquant, 2002b）来试图引起人们对看守所的关注。但是，我当时将之视为一个刑罚制度，而不是一个**城市**制度，并且我没有讨论它在城市放逐者治理中的**独特**作用。

［37］在我实地考察洛杉矶县看守所的时候，洛杉矶拥有全国最大的看守所系统，日均在押人数为 2.3 万人，每年的平均受理人次超过 25 万。

［38］城市是公民文明、社会实验和公共社交的源泉，这一主题贯穿于 Richard Sennett 的作品中，尤其参见 *The Uses of Disorder: Personal Identity and City Life*［Sennett,（1970）2021］。

［39］参见 Bannister 和 Flint（2017）关于新自由主义大都市中不断增加的不安定感和不文明感的讨论，以及城市管理者和政治精英的"文明攻势"如何悖论般地强化了这种不安定感和不文明感。

［40］首先，将已判决的罪犯关押在远离人群中心的地方，可以最大程度地减少他们带来的危险感，并将他们身上承载的污名驱逐出城市。其次，在人口稀少的偏远农村地区，土地资源丰富、价格便宜且容易获得。当地对在那里开设监狱的反对通常会被提供就业、减免税收和提升收入的承诺所克服，以及因没有其他可选项目而被克服。这种情况很普遍，以至于在美国超监禁的准备阶段，内陆地区的衰落城镇竟相努力吸引监狱设施的到来，导致了名副其实的农村监狱热潮（Eason, 2017）。与之相比，出于现实原因，看守所必须靠近法院，因为那是决定在押人员（其中的大多数人正在

等待司法处置）命运的地方；这也通常意味着看守所要靠近市中心。

［41］管教人员也陷入了毒品、性和暴力等非法交易的城市综合征中，因此这些交易不仅是"监狱化的"，同时也是"城市化的"。有关这一双重过程的内部视角，以及该过程如何溢出到家庭空间，参见 Conover, 2000。

［42］本段借用了 McKean 和 Raphael（2021）收集的人口普查信息和警察、法院、监狱方面的数据。

［43］Muller 和 Roerkasse（2022）研究表明，因为黑人具有较高的"阶级渗透性"，所以任何阶层的黑人都比同等阶层的白人更有可能有在监狱服刑的近亲。由于种族居住隔离的持续存在，黑人也更有可能住在监禁率较高的街区之内或附近。

［44］在滞后大约二十年之后，巴西如今已经复刻了美国的监禁发展轨迹，超越其他拉丁美洲国家（包括长期居于首位的智利）成为世界上被监禁人员数量第三多的国家。巴西"巴士底狱"的建设堪称壮观：1978 年，该国有 6.2 万人被监禁，即每 10 万居民中有 54 人；到 2021 年则有 81.2 万人被监禁，即每 10 万居民中有 381 人。

［45］对"官僚场域的右倾"（其本身还被卷入权力场域向经济一极的倾斜）的布迪厄主义研究思路，使我能够在源自马克思的"市场法则"和源自福柯的"治理术"这两种占主导地位且对称残缺的新自由主义解释模型之间勾勒出一条中间道路（参见 Wacquant, 2012a, 以及 Social Anthropology 后续期刊中对这篇论文的回应）。

［46］关于新自由主义的起源、意义和影响的全面讨论，参见 Steger and Roy, 2010; Davies, 2016; Cahill and Konings, 2017。

［47］在这方面，我更接近于 Foucault（2004）的学说。在他看来，新自由主义是治理术的一种新形式。Laval（2018）对福柯和布迪厄思想中的新自由主义进行了富有启发的挖掘和比较。

［48］关于"不稳定无产阶级"的谱系学、解剖学和政治价值的详细论述，参见 Wacquant, 2022a: 152—168。

［49］"社会拓扑学主要在于构建社会能动者所处的网络，因而在于构建人们所持观点的出发点"（Bourdieu, 2016: 449—450）。关于拓扑学优先于现象学的更多内容，参见上文边码第 34—35 页、第 37—40 页。

［50］Durkheim［（1895）1987: 188］继续说道："必须确定的，是我们所考察的事实与社会有机体的需求之间是否存在对应性，以及存在什么样的对应性，而不必担心这是有意图的还是无意图的。"

［51］即使是"镇压性国家机器"这一概念，也远远不足以理解刑罚制度的多层次性质和多功能运作，以及它们生产新范畴、新关系和新话语的能力。

［52］尤其参见 Wacquant（forthcoming）关于种族的论述。Rogers Brubaker 是概念分解方面无可争议的倡导者，参见他对移居、民粹主义和身份认同的娴熟剖析（Brubaker, 2005, 2017; Brubaker and Cooper, 2000）。

［53］这是一个奇怪的、有点令人困惑的指称，因为界定出这种被截断的公民身

份类型的联系是非监禁性的。事实上，Lerman 和 Weaver（2014）这本书的优势在于，它将亚监禁刑罚性（sub-custodial penality）视为国家行动的一种手段而做了认真的考察。

［54］在这一点上，布迪厄强调了符号结构在决定社会行动中的棱镜作用，而这与 Durkheim［（1893）2007］的惩罚表达性理论不谋而合。后者认为惩罚作为一种语言，既能激发集体情绪，又能缓和集体情绪。

［55］在过去的二十年里，*Annual Review of Sociology* 刊登了不下四篇有关邻里及邻里效应的文章（Small and Newman, 2001; Sampson et al., 2002; Pattillo, 2005; Sharkey and Faber, 2014），但关于国家结构与国家政策对城市不平等与边缘性之影响的文章则一篇也没有（但可参见 Brady, 2019）。

［56］如果我们漫步于各大陆及其历史之上，将古代城市（Finley, 1977）、伊斯兰城市（Abu-Lughod, 1987）、中世纪城市（Pirenne, 1927）、殖民城市（Metcalf, 2013）和中国的门禁城市（Xu and Yang, 2009）与西方后工业大都市一并纳入视野，这种差异就会变得更大。这些城市都生动地展示了统治性符号权力（无论是宗教的还是世俗的）是如何将自身印刻在社会空间和物理空间上的。

［57］Squires 和 Lea（2012）所编著作中的几位撰稿人在早些时候就提出了这一批评。

［58］Kathy Davis 在她题为 "Intersectionality as Buzzword"（2008: 69）的社会学科学习作中发现，"'交叉性'的模糊性和开放性可能正是其成功的秘诀"。

［59］这是介绍或概述交叉性研究的书籍（例如 Collins and Bilge, 2016）所面临的一个共同困境，而这催生了"交叉性战争"（intersectionality wars）和"后交叉性"（post-intersectionality）的兴起（Nash, 2017）。

［60］Monk et al.（2021）研究表明，"在控制因素不变的情况下，具有不同外貌吸引力的人之间的收入差距与黑人和白人之间在收入上的种族差异相当，并且 / 或者超过后者；在非洲裔美国人中，前者也相近或超过黑人与白人之间的种族差异以及性别差异"。同样，在发达社会中，相对于平均身高的男性，矮个子男性在收入、就业和婚姻方面遭受的严重劣势，要大于非洲裔美国人相对于欧洲裔美国人所遭受的相应劣势（Herpin, 2006）。

［61］Dezalay 和 Garth 在 *The Internationalization of Palace Wars*（2002）一书中追踪了（美国式的）司法资本的扩散，而这是权力场域在全球范围内形成雏形的一个引擎。

［62］参见新自由主义刑罚化模型在墨西哥、智利、秘鲁和阿根廷（Hathazy, 2013; Müller, 2016）以及更广泛的拉丁美洲（Hathazy and Müller, 2016）中的创造性拓展。"对边缘性的惩罚性管理"这一命题已经被三十多位巴西的社会学家、人类学家、法学家和历史学家改造和扩展，收录于 Vera Malaguti Batista 编辑的著作 *Loïc Wacquant e a questão penal no capitalismo neoliberal*（2012）。

结　语
城市中的布迪厄，布迪厄中的城市

从弗里德里希·恩格斯、查尔斯·布斯（Charles Booth）和 W.
E. B. 杜波依斯对 19 世纪工业城市的历史研究开始，到罗伯特·帕
克、大卫·哈维、达芙妮·斯佩恩（Daphne Spain）、罗伯特·桑
普森（Robert Sampson）和阿纳尼娅·罗伊（Ananya Roy）等不同
学者的研究，一个世纪以来，城市社会学一直在努力界定和申明
自己的领域（Castells, 1972; Saunders, 1981; Topalov, 2013; Harding
and Blokland, 2014; Leitner et al., 2019）。所以长期以来，城市社会
学一直被一种潜在的张力所撕裂：一边是关于（of）城市的社会科
学，城市在其中被理解为一种独特环境和制度集群，需要有关于
其本身的概念武器和经验重点；另一边是城市之中（in）的社会科
学，城市在这里被视为现代性和不平等的熔炉，是历史和社会的
主要趋势发挥作用的舞台。布迪厄使大都市既可以是一种特殊环
境，也可以是一个特许场所，关键社会过程与社会形式（资本积
累、政治斗争、性别支配、公民身份、移民等）聚集于此。这帮
助我们调和了城市研究的两极。

特殊环境（special milieu）：大都市产生于并促进了资本的积
累、分化和（同其他资本之间的）竞争，且蓬勃发展于多样化惯

习的交融与碰撞之中。所以社会研究必须注意这些特殊性，并基于城市生活潜在的溶解力，对结构和行动的显著连续性进行理论分析。这意味着，城市的边界就像云雾一样模糊，延伸至资本聚集和惯习多样化的效应消失的地方，亦即延伸到距离行政定义上的大都市很远的非城市地区。事实上，当代农村空间里的社会生活中，几乎每个方面都直接或间接地受到了城市力量的影响。[1]

162　特许场所（privileged site）：大都市是审视符号空间、社会空间和物理空间在多个尺度和各种历史情境中（包括西方以外的地区）的三元辩证法的首要场地。认识到大都市的这种两面性，有助于促进将城市视为城市区域（*urbs*）的城市研究者与将城市视为市民共同体（*civitas*）的城市研究者之间的知识协同增效。

　　这两个分析维度可以结合起来，以解释为何城市人（urbanite）即使面对来自各个方向的刺激，面对发展一些可能阻碍再生产机制的社会关系与策略的诱惑，也不会迷失他们的精神方向和情感定位。根据图 6 所示的简化因果链，居住和就业方面的空间隔离（spatial seclusion）或因选择与亲和性而成（如上层阶级地区、族群聚居区），或因限制和敌意而成（如贫民窟），或因这两方面的混合而成（如工人阶级区）；无论是自愿的还是强加的，它都帮助创造了社会同质性，而这反过来又促进了符号连贯性，并恢复或保护了性情倾向的完整性。

图 6　惯习塑造与空间隔离

这表明，物理空间不能被还原为行动和制度的沉寂"容器"。正如格奥尔格·齐美尔［Simmel,（1970）2011］在很久以前就指出的，当空间被社会性地占有时，空间本身就会成为一种独特的力量，作为社会互动的跳板而发挥作用，进而也成为精神协调和情感领悟的跳板。马里奥·斯莫尔和劳拉·阿德勒（Mario Small and Laura Adler, 2019）通过回顾地理学、网络分析、社区研究、组织理论、建筑学、城市设计与规划等方面的最新研究成果，梳理出空间塑造直接社会关系的三种机制："空间邻近性"（spatial propinquity），即行动者之间的物理距离；"空间构成"（spatial composition），即促成面对面互动的地点存在（餐厅、商店、公园、大堂等）；"空间型构"（spatial configuration），指的是借助物理边界与路径对空间进行的分割。[2] 所有这三种机制在大都市中都在发挥作用，使其中的社会关系和符号关系具有连贯性和稳健性。

城市中的布迪厄

采用前三章所勾勒的新布迪厄主义框架，将如何改变我们研究城市不平等，特别是研究城市边缘性的方式？请允许我指出五个显著特点。第一，城市社会科学必须具有认识论上的反身性。这意味着必须打破常识（日常性的、政策性的、学术性的常识），从打破城市管理者推销的、被太多学者不假思索而采用的城市"社会问题"视角开始；必须自觉地形成其自身的分析性概念，并确保这些概念语义清晰、逻辑连贯且具有经验层面的启发性（而不是赶时髦）；必须阐明其自身的问题域，而不是从城市现实中借用预制的问题[3]——这首先要对问题提出质疑、对范畴展开质询，并仔细审查数据源和预先组装好的数据库（例如要对用城市的行政界限来识别城市的做法提出质疑，这是一个基本步骤，却很少

163

有人这样做，因为不太方便）。但是，反身性并不意味着**唯我论**（solipsistic）：对于布迪厄而言，社会理论不是进行唯我论式沉思的主题，也不是与其他"纸面理论"展开话语探讨的主题，而是产生新的经验对象的工具。[4] 社会科学"在于打破预先建构的客体，重建那些建构不良的事物"（Bourdieu, 2015: 510）。举例来说，在探究驱逐、隔离、郊区、暴力和士绅化等关键的城市概念如何适用于增进我们对全球南方城市的研究之前（Garrido et al., 2021），要先问一问这些概念对全球北方城市而言是否稳健和有效。以隔离为例：这一概念将状态与过程、空间分异与空间封闭、结果与行动混为一谈，并常常将隔离的制造者排除于理论模型之外。

第二，布迪厄敦促我们在城市社会学中纳入各种各样的观点视角、认知范畴和再现表述；这些内容通过**双重行动**（即划界和归还）在引导着能动者的个体策略和集体策略。这是因为，城市世界不仅包含着各种资源和力量在地理空间中的物质分布，还包含着那些指导城市人的日常生活并在协同行动的关键阶段驱使他们的符号分类——布迪厄（Bourdieu, 1980a）将这一符号维度称为"第二秩序的客观性"。因此，城市社会学必须经历**双重突破**：在第一个阶段，通过扫除日常认知和流行表述来划界（demarcate），从而构建一个关于能动者所占据位置的客观地图；在第二个阶段，将这些表述归还（repatriate），但不是作为自由浮动的主体性的产物，而是作为在我们构建的位置空间中由人们所占据的明确点位而来的观点（Bourdieu, 1989b）。这种双重行动使我们能够超越城市分析中客观主义模式和主观主义模式之间的对立（例如关于地点的政治经济学与日常生活的现象学之间的对立），将社会生活的这两个维度视为同一社会分析的两个时刻。

第三，将符号权力放在最重要的位置。文化生产专家掌握着符号权力，并精心设计和传播权威性的精神构念，而城市人则在城市景观中穿梭时体验着符号权力，并内化了那些组织起城市景观的表征。从布迪厄的标志性概念"符号权力"着手，也就意味着从研究国家着手，因为国家是最高的物质性和符号性机构，它通过以下方式设定了城市中物质空间、社会空间和符号空间的广泛参数：

（1）铺设基础设施、塑造并管理建成环境、追踪城市的具体划分，并为所有资本形式的有效性和流动性创造物质条件；

（2）分配各种资本的禀赋，并促进或扼制其积累与传递，方式包括（针对经济资本方面的）收入补助、税收、继承法、劳动政策、企业政策、住房政策，以及（针对文化资本的）学校教育、资格认证、文化设施分配；

（3）印刻关于城市现实的认知范畴（如对匿名性、安全和文明的期待，族群标签，关于街区的心智地图等），同时推动或抑制城市、政治、宗教、科学、法律和新闻报道中相互竞争的符号机构的集中化和运行。

所以，我们必须将国家设想为一个在上游塑造着城市不平等与边缘性的分类与分层机器（classifying and stratifying machine），而不能仅仅将之设想为一辆在下游应对城市不平等与边缘性的社会救护车。在各类国家机构中，我们需要特别关注警察、法院（刑事法院、家事法院和住房法院）和看守所，这些机构是城市的核心制度，监督并引导着受剥夺和被污名化人群的生活策略。

在这里，我必须再次强调，官僚场域的概念意味着，国家远非一个无所不知、无所不能的统一实体；国家本身是斗争的一个筹码和一个空间。这里的斗争包括内部斗争与外部斗争。官僚场域内部的斗争包括上层国家精英与下层国家精英（政策制定者与基层官僚）之间的纵向斗争，还包括左手与右手（社会保护和福利救助与财政规训和刑罚制裁）之间的横向斗争。[5]外部斗争则在两个层面上展开：在社会空间的较高区域，这些斗争塑造了国家官员同政客、企业、法学家、科学家、宗教当局等权力场域中其他主角之间的对立；在社会空间的较低区域，这些斗争使公共官僚机构的管理者和执行者同城市空间方面的各类专业人员（房地产和企业所有者、开发商、建筑师、住房协会等）以及代表那些被剥夺经济资本与文化资本的群体来提出诉求的社会活动家纠缠在一起——尽管后者通常是边缘角色，就像他们声称自身所代表的人群一样。"社区组织"在地方政府和所谓慈善机构的容许之下得以在城市权力场域中存在并延续；它们在城市权力场域中的地位边缘性往往被那些在美国大都市中由内而外、"自下而上"地研究它们的学者所采用的**方法论民粹主义所掩盖**。[6]

第四，对大都市的新布迪厄主义研究进路明确要求研究者以**几何学的方式来思考**，并且像我在第二章中勾勒地域污名之起源与传播的拓扑学结构时所做的那样，要思考社会空间的整个范围，而非孤立地考察其中的某个区域。这就要求我们将贬逐街区与特权飞地的社会政治生产联系起来分析；并且，当这二者在空间层面和现象学层面上都相距遥远时（就像在西方大都市中经常出现的那样），则要追溯这种脱节是如何（再）生产的（包括通过市场机制、生态设计、物理障碍、政策决定、警务等方式），以及带来了什么后果。目前大致可以区分出三种模式：二元划分、棋盘格状，以及穿插散布。[7]

这里的论点在于，每一种类型的地区都是在与其他地区的对立之中界定自己的，就像在一个关于位置的关系性空间中的多个

166

点一样：贫民窟相对于族群聚居区、工人阶级地区相对于门禁社区、无家可归者营地相对于看守所，等等（Wacquant, 2010a）。举一个例子：空间污名化和空间士绅化通常是以新自由主义的方式重新夺回物理空间并重新塑造社会空间的一枚硬币的两面，由城市官员、房地产经营商和部分拥有房产并有意重塑其所在街区价值的居民来完成（Boyd, 2008）。许多情况下，在房地产利益集团的支持下，地方政府或中央政府会有意煽起空间毁谤的火焰，就是为了促进或加速被描绘为难以救药的目标地区的士绅化。[8]

第五，新布迪厄主义城市思想是冲突主义的（agonistic）：它将空间之内和关于空间的斗争置于分析的中心。[9]符号空间、社会空间和物理空间是历史性的构念，诞生于身处这些空间中的能动者所展开的斗争。这些能动者被赋予了不同的资本总量和资本构成，在寻求维持或改变这三个空间的形状和关联。在其中，围绕对城市的构想与区分（vision and division）的符号斗争尤为重要，塑造了关键行动者、国家官员、商业精英、司法人士、倡议行动组织以及普通公民体验、形塑和驾驭城市斗争的方式。社会科学家们，不论其是否愿意，也陷入了这些城市斗争当中。

最后，借助惯习的概念，布迪厄使我们能够沿着分析的阶梯一路向下，到基层实地来研究人们的模式化实践、表征与情感。惯习，被定义为以特定方式来行动、思考和感受的倾向（包括沉淀在身体内的符号划分），是后天获得的、持久的、可转置的。这一概念促使我们将能动者的能力和策略历史化，将能动者感知社会拓扑和社会地理的方式历史化，以及将能动者使一系列行动组合起来以再生产或改变城市中精神范畴、社会位置和地点的几何结构的方式历史化。它使我们能够在不放弃结构分析的情况下，将平凡的日常生活重新引入城市社会学中（Leitner et al., 2019: 12），实际上是使我们能够将支撑着三元辩证法的政治经济学与在基层现实展开的社会语用学结合起来。因为，性情倾向不等于行动；性情倾向和位置（即各种资本中的分配份额）的耦合（the coupling of disposition and position）才是个人、家庭和群体的符号策略、社会策略和空间策略之原则。

资本的积累、分化与竞争

读者也许已经注意到了，这些建议适用于普遍的社会调查研究，而不论其研究对象是什么。的确，借助三元辩证法，布迪厄邀请我们将城市研究融入一个更广泛的拓扑科学中。这一拓扑科学探究的是符号空间、社会空间和物理空间之间的动态关系，无论这些关系发生在城市、郊区还是农村地区，也无论其尺度是地方层面（街角、街区）、城市和区域层面（大都市），还是全国和全球的范围（城市网络）。[10] 但是，这并不意味着城市作为一种社会环境、精神环境和道德环境没有任何独特之处。我真的认为，我们可以从布迪厄那里提炼出一个强有力的城市概念：其改造于这种拓扑学研究进路，既涉及结构（被客体化为场域的历史），又涉及能动者（被身体化为惯习的历史），还涉及将它们联系起来的递归关系。

在《世界的苦难》一书的《场所效应》章节中，这位法国社会学家有一段话被人们忽略了："不玩文字游戏地说，至少在法国，首都（*la capitale*）是资本（*le capital*）的场所，亦即所有场域的正极和大多数占据这些支配性位置的能动者聚集的物理空间场所。"（Bourdieu, 1993a: 162）我建议将这一描绘从首都城市扩展为作为社会空间形式的所有城市：城市是多种资本积累的场地，这些资本始于人力资本、符号资本、军事资本和经济资本，到中世纪时期的商业资本，再到资本主义时代的工业资本及随后的金融资本 [Pirenne, 1927; Tilly, 1990; Engels, (1845) 1993; Sassen, 2013]。随着马克思所说的经济资本在城市中的积累（聚集、集中化），它为涂尔干所说的功能分化和社会分化创造了物质条件和形态条件（人口的数量和密度），也为埃利亚斯所说的由军事权力和税收的共同垄断而历史性地形成的国家在这一时期的发展创造了条件。韦伯 [Weber, (1921) 1958] 将西方城市准确地定义为贸易市场和具有自治权的政治行政实体的结合，而资本和国家在西方城市中的同时巩固，则反过来促进了资产阶级的崛起，并最终推动了宗教、科学、政治和艺术的繁荣发展。

积累引发分化：西方城市从其起源开始，就一直是世俗权力和精神权力、政治—经济资本和军事资本同以神话和宗教为代表的符号资本的交汇点和争夺点（Isin, 2003）。经济资本在变得自主化的同时，也分化为商业资本、工业资本和金融资本等子类型。同样，国家主义资本在官僚场域中的不断积累也使其自身分裂为不同的政府尺度及职能（以财政部、商务部、教育部、卫生部、住房部等为代表）。与之相似，文化生产场域也出现并发展了自身生产、优化、积累的循环路径，并在此过程中分化扩展：科学从宗教中产生，并分裂为自然科学和历史科学（二者各自进一步分化为不同学科），而绘画、音乐、写作、诗歌等则在一个摆脱了金钱支配的艺术场域中获得了一定程度的自主权（Bourdieu, 1992）。但是，不管是哪一种活动，如果没有供应足够的生产者、原材料和消费者，也就是说，如果没有足够庞大、密集和多样化的人口——简而言之，如果没有城市人口，分化就无法进行。可见，无论在物质层面还是符号层面，**城市都是作为场域的巨型孵化器而产生的**。

分化引发竞争：布迪厄（Bourdieu, 1989a, 2011, 2012, 2022: 635—648）在论述权力场域的起源和结构时明确指出，一旦几种资本通过上文所述的积累和分化过程汇聚在一起，它们之间的等级与相对价值问题就会自动出现，并导致支配者之间"为了施加关于支配的支配性原则"和"使支配合法化的支配性原则"而展开"集体斗争"（Bourdieu, 2011: 129）。对此，我想补充一点：正是各种资本在城市这个被压缩又被分化的空间之内的物质性共存，加剧了这种竞争，并为权力场域的充分表达提供了肥沃土壤——权力场域是依据不同资本种类所支配的领域而清晰划分出来的。在同一时期，正是在大都市中，企业 CEO、著名作家和一流法学家与参议员、主教和报纸编辑正面相遇并发生冲突。每个人正是通过按照自己的意象来塑造城市，才在争夺城市主导权的残酷竞争中努力占据上风。

正是资本在大都市中的聚集、集中化和增长，使大都市成为历史斗争的主要阵地和筹码。为了夺取或保护资本的斗争，为了维护或推翻资本等级制度的斗争，以及为了塑造资本的生产、再生产、转换、合法化等机制的斗争，充斥着城市空间。这些历史斗争导致了**资本的双重竞争**：资本对资本的竞争（比如经济权力对政治权力或宗教权力的竞争），以及那些没有资本的人及其在政治场域的代表（左翼政党、社会运动、第三部门活动家、民众骚乱等）对（无论哪种类型的）资本的竞争。这些内容可以简化为如下的因果链：

第1种竞争：来自资本的竞争

积累 → 多元分化 → 资本竞争

第2种竞争：来自无资本者的竞争

可见，关于城市的历史社会学研究在理论和经验层面都强化了布迪厄关于他所谓"场域"的社会微观世界之起源的论述；这些场域诞生自积累和分化的辩证法。相关研究还强调了大都市中的资本双重竞争，即来自权力场域内部的竞争和来自被剥夺资本者及其代表的竞争。这是布迪厄与大卫·哈维、尼尔·史密斯（Neil Smith）、汤姆·斯莱特（Tom Slater）等马克思主义城市研究者之间的一个关键区别。在后者看来，只存在一种形式的资本，即经济资本，因而也只存在一种形式的积累及可能的竞争。布迪厄（Bourdieu, 1989a）则更进一步，指出许多被认为是支配群体和被支配群体之间的纵向斗争，实际上是支配群体内部敌对分群之间的横向竞争（更具体地说，是资产阶级经济分群与文化分群之间的竞争）。[11]

城市化是一些关键的结构性趋势和社会过程（差异化、自主化、专门化、垄断化、两极化等）的必要条件。布迪厄（Bourdieu, 2022）在论述场域的起源与运转时强调了这些结构性趋势与社会过程，却忘了像涂尔干主义者那样，将它们植根于其本身的"社会基质"。这位法国社会学家研究的所有主要场域——按时间顺序大致为文学、宗教、科学、政治、学术、司法、官僚、经济等场域——都是在城市中形成的，而且往往是在这些场域所在民族国家的经济与政治等级制顶层占支配地位的城市中心形成的，这绝非偶然。所以，将布迪厄城市化（urbanizing Bourdieu），能够深化他关于资本多元化以及（全国性的）社会空间分化为不同场域的论述。但这样做也揭示了城市所孕育出的无数惯习既有可能与现实发生冲突（collide）（以及相互之间发生冲突），也有可能与现实相勾结（collude）（相互结合），因而将动摇布迪厄关于行动的论述。

在布迪厄早期研究的卡比尔传统农业社区，功能分化和社会分化的水平都比较低，各种形式的资本不是自主运转的，而支配则是由符号资本驱动的（正如男性"名誉感"所处的中心地位表现出来的那样，参见 Bourdieu, 1965）。符号资本给所有社会关系和空间区分都打上了印记（正如一系列性别对立所证明的那样；这些性别对立使卡比尔住宅的组织成为神话和仪式的微型投影，参见 Bourdieu, 1970）。这样的社会结构和空间结构所产生的（多种）惯习往往既有内部连贯性——它们被一系列连续且一贯的调节熏陶所塑造，又有外部一致性——它们在一个由多种同构性对立形成的环境中运作，并且彼此之间和谐一致。[12] 在这种构型中，社会行动被顺利地注入对既有物理结构、社会结构和符号结构的复制中。

迁移到城市：城市是一个经常甚至持续不断地产生认知困惑、紧张不安和意动发现的地点和源泉；城市用无数的刺激物对社会能动者进行轰炸，并打开了新的策略可能性。这些策略可能性结合在一起，使社会行动偏离了顺利再生产的轨道。与格奥尔格·齐美尔［Simmel,（1903）1950］对大都市的社会与知觉构成的著名论述及其在论述中表达出的著名反感相反，[13] 这些刺激并没有关闭城市人的精神视野，而是打开了它，并为符号性的混乱、相互不和谐的性情倾向之习得、对个人本能需求和欲望的反身性再思考创造了条件。布迪厄（Bourdieu, 2002: 221）本人借用亚历山大·柯瓦雷关于早期现代科学兴起的经典著作标题，将20世纪 50 年代贝阿恩省从小乡村到城镇的精神运动描述为"从封闭世界到无限宇宙"的运动。这位《区隔》一书的作者表达强烈又精心选择地论述了一场由女性（和次子）领导的"符号革命"；她们在其中扮演着"城市世界的特洛伊木马"的角色（Bourdieu,

2002: 227）。[14]

诚然，职业专门化、阶级分化、族群与宗教隔离、性别区分、教育分流和邻里封闭如今常常会在城市内部重建出相对独立和同质化的社会隐居地。这些隐居地维持了惯习的连贯性，并成就了（各种）惯习沿着其边界的一致性——正如图 6 所描绘的社会空间隔离在惯习形成中的角色（见上文，第 220 页）。[15] 但是，与主要由血缘和地缘组织起来的乡村世界相比，大都市通过不断地"打乱"或"混淆"物理空间、社会空间和符号空间的关系——用布迪厄的说法是对其造成"扰乱"（brouillage），极大地压缩了物理空间，并加剧了符号空间和社会空间的错位。这是因为城市人通常会参加多种自成体系的社会游戏。例如，他们同时或先后介入家庭、工作、宗教、国家、政治等领域，并参与高度分化的社会游戏集群中，而每一种社会游戏都有它自己的幻象（illusio）和信念（doxa）①，可能与其他社会游戏的社会道德要义和信条发生冲突。城市就是**一般化错乱的熔炉**（crucible of generalized disconcertment）。[16]

然而，在理论层面，布迪厄却对城市化保持沉默。令人难以置信的是，"城市的"（urban）这个形容词在他长达六年的《普通社会学》教材中将近 2000 页的内容里只出现过一次（Bourdieu, 2015: 508, 2016）：在一段旁白中，他断言不存在作为独立研究领

172

---

① 这两个词都是布迪厄使用的概念。illusio 常被译为"幻象"，布迪厄用这个概念强调人们对于社会规则、价值观和行为方式的内在认同。根据布迪厄的论述，当人们参与某一社会场域时，他们会接受并遵循这个场域中的规则并认可其中社会游戏筹码的价值，而这种默契的认同和参与构成了"illusio"。doxa 常被译为"信念"，用来描述社会中被普遍接受并被视为理所当然的信仰、观点和偏见，并同样作为社会共识的一部分，可以影响人们的行为、态度和社会位置。——译者注

域的"农村社会学"或"城市社会学"。城市（*ville*）这个词出现了六次，并且只有一段文字简短地提到了将符号空间映现到物理空间的政治意义。布迪厄（Bourdieu, 2016: 523）援引古印度史学家热拉尔·富斯曼（Gérard Fussman）的著作，指出"统治者的社会哲学体现在城市的布局中……人们可以通过城市的设计来传递无言的话语，例如将城市作为社会空间的理想分布，将之划分为不同的种姓、分隔区域、行进路线，并使之遵循确定的秩序，即理想的等级制秩序"。他还提到了城市的名字，例如斯大林格勒（作为主权的符号性表达），以及佛罗伦萨（文化资本在其中"客体化"）（Bourdieu, 2016: 294）。

同样，"城市"和"城市的"在《区隔》中只分别出现一次，另外就是顺带提及了两次城市与乡村的对立。在《帕斯卡尔式的沉思》（*Pascalian Meditations*）一书中，这两个词一次也没有出现过。在《实践感》（*Le Sens pratique*）（Bourdieu, 1980a: 189）一书中，在《时间的作用》（The Work of Time）这一章结尾的一个脚注里，我们能找到关于空间的以下精彩观察：

> 城市化将具有不同传统的群体聚集在一起，削弱了相互之间的控制（甚至在城市化之前，货币交换的普遍化和雇佣劳动的引入也有同样结果），导致由集体维持的、因而也是完全真实建构的名誉信仰崩溃了。

173　　在这里，布迪厄将城市化与除了征服之外最伟大的社会变革——市场——所引发的历史性动荡相提并论，而市场的传播曾引发阿尔及利亚农民不可逆转的"对世界的祛魅"（Bourdieu, 1977a）。

因此，对于布迪厄来说，城市既不是一个理论对象，也不是一个值得进行经验研究的独特环境，而是"差异化社会"中——他喜欢用涂尔干式的语言来描述社会——行动和制度的视而不见且不经思考的背景。然而，他所关注的重要文化制度都与城市化有机地联系在一起。仅举三例：文学沙龙、艺术画廊和博物馆都是城市发明，因为它们出现的前提条件是文化资本在物质层面的高度集中，以及不同类型文化能力的活跃交融——包括客体化和身体化的文化能力，而这两种特征正是因密集的城市中心而成为可能的。作为一种独立的评判方式，美学的自主化和制度化是以城市性为前提的。在唯一一段接近于建立这种联系的文字中，布迪厄（Bourdieu, 2016: 386，着重部分系我所加）写道："我认为，如果一个人不知道德累斯顿（Dresden）①和许多城市大约在同一时间里出现了画廊，并有作品展出于其中且注定要被观看，那么这个人就无法理解康德的美学理论。"[17]

我在这里要提出的批评不是条件反射式地肤浅指责布迪厄作为一个"宏大理论家"应该处理关于现代性的所有核心制度——布迪厄并不认为自己是一个纯粹的"理论家"；他无疑涉足了一系列令人眼花缭乱的经验研究主题。相反，我想指出，将城市纳入布迪厄的分析视野将极大地丰富他的理论模型，因为这样做可以帮助详细阐明资本分化和惯习多样化的物质条件与符号条件。布迪厄（Bourdieu, 2012）的讲授课《论国家》中也没有对城市形式展开持续论述，这是最令人震惊的，因为驱动国家形成的资本（以各种形式）集中的过程与城市形成的过程是一样的：无论是在

---

① 德累斯顿是德国萨克森自由州的首府，也是德国东部重要的文化、政治和经济中心。——译者注

古代史还是在现代史当中，"国家化"（statification）和城市化都是携手并进的。在下面这段关于利维坦起源的简述中，我们可以用"城市"替换"国家"而不改动其他任何内容：

> 国家的起源是一个过程，在这个过程中，不同形式的资源实现了一系列的集中，例如信息资源的集中（通过调查和报告的统计学）、语言资本的集中（某种特定方言实现了官方化，从而成了主导语言，这样使所有其他方言都成了有误和越轨的，成了它的劣等变体）。这种集中的过程与剥夺的过程是同时进行的：将一个城市作为首都，作为所有这些资本形式集中的地点，就等于把外省变成被剥夺资本的地方。（Bourdieu, 2012: 162）

布迪厄（Bourdieu, 2012: 213）在讨论查尔斯·蒂利关于第二个千年期间欧洲资本崛起与国家兴起的著作时，同意"现代国家是两个相对独立的集中过程的产物：作为武装力量的物质资本的集中——这与国家有关，以及经济资本集中——这与城市有关"。但他并没有沿着第二条线索推进，即使他在指出蒂利（Tilly, 1990）关于城市国家和帝国城市在现代国家兴起中所发挥关键作用的洞见之后也没有这样做。布迪厄甚至引用埃德蒙·胡塞尔（Edmund Husserl）关于"城市起源"的比喻，将国家的形成（或者在此可以说是任何制度的形成）描述为无数的决定和行动随着时间的推移而逐渐沉淀，并嵌入建成环境的客体性与精神范畴的主体性之中的过程，进而提出了"结构约束下的发明"（invention under structural constraint）这一概念。[18] 在查尔斯·蒂利的帮助下，布迪厄指出了国家兴起和城市兴起的同时性，但并没有将其理论化。[19]

如果说城市隐晦地存在于布迪厄关于国家起源的论述之中，这并非偶然，因为现代国家是在与城市的共同构成关系中兴起的。国家与城市表现出相似的功能：整合与支配、统一化并垄断统一的方式。城市化是消除乡村身份认同与地域依恋的前提条件；同样的道理，城市化也是资产阶级文化标准被奉为衡量一切实践的、看起来中立且普世的尺度的先决条件。请注意，"bourgeois"（资产阶级）一词源于 12 世纪的法兰克语 *burg*, 意思是"城市"[并在英语中以 borough（城市行政区、自治市镇）的形式保留了下来]，而"bourgeoisie"一词最初指的是城镇居民（town-dweller）。城市是"符号商品市场统一化"的载体，也就是使支配群体的认知与评判范畴普遍化的载体，同时也是垄断这些范畴的获得方式的载体。难怪城市是符号革命的舞台。这些符号革命深深吸引着布迪厄，并体现在福楼拜的文学中、马奈的绘画中，以及贝多芬的音乐中——有趣的是，却没有体现在海德格尔的哲学中：他的思想从根本上是乡村主义和反现代主义的（Bourdieu, 1992, 2014, 2001b, 1988）。

城市旋涡中的惯习多样化

现在，我们来思考一下城市化如何复杂化、甚至动摇了布迪厄基于性情倾向的行动理论。这位写作《区隔》的作者提出了一个基本的社会学定理，即能动者的主观愿望往往与他们的客观机会保持一致，因而他们往往会按照与社会世界构成方式一致的方式来行动：命运之爱（*amor fati*）①，即对命运的热爱，引导人们去

---

① "命运之爱"这一概念来自尼采的哲学思想，指对生命中的一切境遇都坚定热情地接受。——译者注

欲求自己的社会地位和社会轨迹所赋予他们的东西。这个命题建立在社会结构和精神结构的同构性基础之上，支撑着布迪厄关于卡比尔和贝阿恩社会中亲属关系和社会变迁，以及关于阶级与教育、品位与日常生活、性别与经济、科学与政治的分析，并在书籍、文章和课程中不断被重申。[20]

> 我们可以把这看作是社会学思维中的一种公理：愿望往往与客观机会成正比……愿望面向机会的调整适应是通过内化劳动（labor of incorporation）而实现的……社会化、学习和社会习得在很大程度上是一个内化客观结构的过程；社会能动者往往使必然性成为一种美德，倾向于欲求他们力所能及的事情，并认为那是正确的……关于愿望的想法本身会随着实现该愿望的任一合理机会消失而一同消失不见。这种消极智慧和符号性的心灵死亡，这种通过逆来顺受而实现的智慧，是社会行为的基本规律之一，引导人们去拒绝不可能的事情，甚至不去欲求它，或者借助一种命运之爱来接受必然性。（Bourdieu, 2016: 266，摘自 1984 年 4 月的一次课程）

但是，令人惊讶的是，在《帕斯卡尔式的沉思》一书中，这位法国社会学家放松了他的理论束缚，并警告说"我们必须警惕有关希望和机会之循环无法打破的结论"。确切地说，在新自由主义高歌猛进的时代，"工作不稳定的普遍化"与不再保证相应就业的"学校教育的普遍化"相结合，"往往会增加匹配不当的情况，从而产生紧张和挫败。原先，客观趋势和期望近乎完美地相符，从而使世界体验成为环环相扣的、不断得到确证的预期序列；如今，这种世界已经一去不复返了"（Bourdieu, 1997: 276，着重部分系我所加）。

上述愿望与机会之间的脱耦阻碍了"关于可能性的因果性"（Bourdieu, 1974）。这种脱耦难道不是**大都市生活**的特征，而仅仅是**新自由主义生活**的特征吗？作为城市人日常生活的一部分，每天与无数的社会角色和社会领域相接触，难道不会破坏社会结构与精神结构的和谐一致，以及不同结构之间惯习的和谐一致吗？然而，布迪厄（Bourdieu, 2015: 578）在1983年《普通社会学》的课程中再次回到了"命运之爱"的范式，并阐述道：

> 社会理性的诡计之一是，社会能把你高高兴兴地送到它想让你去的地方；它会让你想去它唯一想让你去的地方，会让你想去……大多数传记经历都是这样的……这就是所谓的天职。当然也有例外，而且这些例外非常重要：只需要一个例外就能改变一切——那就是所谓的自由。

难道城市没有凭借其独特的构成而为人们开辟了多条道路，并大大增加了这些例外，从而为布迪厄所谓"自由"的传播创造了社会条件和符号条件吗？按照这位法国社会学家自己的说法，城市是培育多种场域萌芽开花的地方，也是消解"**命运之爱**"逻辑的环境，因为它使人们暴露在不和谐的社会化模式中，使他们服从于相互矛盾的条件和命令，激发他们新的需求和愿望，并将他们推入相互独立的甚至彼此冲突的多重微观世界中。城市不是一个单一宇宙，而是一个**社会多重宇宙**（social multiverse），这就要求我们在多重的、交叠的、一定程度上有分歧的社会世界中，对惯习的运作进行更深层次的理论化。由此，主观希望和客观机会的调整适应不能作为实践社会学的原假设。[21]

基于农村共同体的团结宇宙而提炼出的社会理论，能否经受住城市多重宇宙的考验？将布迪厄城市化，为他社会学理论中的一个核心问题赋予了生动的形式，因而迫使我们寻求弄清这样一个问题：在城市这种初看起来似乎会侵蚀惯习的内部连贯性并扰乱其外部一致性的环境中，是什么社会机制在起作用，保证了惯习最低限度的内部连贯性和持续存在的外部一致性？生于并身处多重"隶属关系网络"（webs of affiliations，来自格奥尔格·齐美尔的关键短语）且同时卷入多个"价值领域"（value-spheres，来自马克斯·韦伯的用词）的城市公民，是如何落入历史的轨道，并为城市支配结构的持续再生产做出贡献的？以下是对这些问题的五种理解思路：

（1）初级惯习的力量（the force of the primary habitus）。初级惯习根植于被家庭过滤了的性别结构和阶级结构，并压倒了后来由城市经历层层叠加而成的性情倾向所带来的分裂倾向。换句话说，由城市生活培育而成的次级惯习、三级惯习一直处于初级惯习的支配之下。

（2）惯习的内在动力学（the inner dynamic of habitus）。其具有最低限度的连贯性，推动惯习寻求自身的实现条件。布迪厄（Bourdieu, 2016: 127、205）借用"莱布尼茨和斯宾诺莎共用的一个词语"，将其称为 conatus（拉丁语的"努力"），即"一种坚持自身之存在的倾向"，并认为这是所有社会实体、个人、群体或制度所固有的，能够克服对自身不利的力量。惯习引导着能动者走向那个会回报惯习冲动的社会世界。

（3）社会选择的严格性（the stringency of social selection）。这是由城市制度（其中主要是学校和劳动力市场）形成的，会拦截不服从或不相符的惯习，并贬损或驱逐该惯习的持有者。这导致不适合与被排斥的群体不断得到填充，并转向更适合他们性情倾向的其他制度，进而加强了城市中的一致性。

（4）制度服从于一系列专家的物质性与符号性经营（institutions are subjected to material and symbolic elaboration by a body of specialists）。这些专家赋予制度以连贯性、韧性和持久性。这里的范例是韦伯的科层制，其作为法理型支配的源泉，是一种独特的城市集群。

（5）空间隔离、社会隔离和符号隔离（spatial, social, and symbolic seclusion）。三者共同作用，为位置、性情倾向和实践注入了连贯性和一致性。从而，城市中宏观层面与微观层面的隔离，无论是自主选择的还是被迫强加的，都在异质性中重建了同质性，在社会与文化湍流形成的汪洋大海中重建了关于稳定性的岛屿。

前四个过程涉及历史所呈现的两种形式，并身体化于惯习、客体化于制度。第五个过程是一种具体空间机制（specifically spatial mechanism），其基础是符号、社会与物理三方面地形学的紧密同构性。这五个过程共同作用，为城市生活赋予了性情倾向上的连贯性、位置上的稳定性、实践上的规律性和可预测性；不然的话，城市生活大概注定要飞向千百个方向，让其中的居民眼花缭乱、迷失方向。 178

不仅如此。城市是各种场域的熔炉，是多重微观世界的摇篮，而这些微观世界则是社会生活在差异化的社会中分布并组织而成的。正是这种多重性，创造了自由的空间："在文化生产场域的多元性中，在这些场域之间存在的矛盾，或者至少是张力中"

（Bourdieu, 2016: 1011），被支配者找到了一个可把握的机会，并由此可能逃离他们的处境。就此而言，值得注意的是，在谈到场域的多重性时——但也可能是在谈论城市——布迪厄写道："我们所拥有的不是一个宇宙，而是一个多重宇宙。"[22]

所以，在布迪厄［Bourdieu,（1962）2002］童年时代居住的村庄拉瑟布（Lasseube）中，年轻女性渴望逃离农业省份里的乡村社会，逃离其中的性别隔离尖锐、情感压抑、家族名誉独裁，那么她们逃往城市是正确的。城市是一块磁石，是解放的跳板。但是，城市也是基于性别、阶级、族群性等城市特有支配形式的源泉。同国家一样，**城市其实也是一个具有两面性的制度**：它是从乡村生活的束缚中解放出来的场所，但也是那些位于社会空间较高区域的群体垄断这些解放工具的场所。正如文化生产场域的蓬勃发展所表明的那样，城市是顶级文化成就的源泉；但是，城市同时也是掌握必要经济资本和文化资本的少数特权群体专属占有这些文化成就的地方。与国家一样，城市是通往"普遍性"的门户，借助社会流动性、制度包容和个人成就等工具而实现；同时，城市也是私人化占有这些工具的场地，是集体刚性、组织排斥和个体限制的载体。但同样，城市也是那些将获得普遍性的方式进行普遍化的可能政策的场所，具体表现在列斐伏尔"城市权"旗帜之下的多种动员方式。[23]

179　　　将布迪厄城市化会丰富和拓展他关于民主政治的社会学研究（Wacquant, 2005a）。因为正是在城市的多重宇宙中，被支配者可以利用由场域的多重性带来的结构性矛盾，并同各个场域中的被支配者结成策略联盟。也正是在城市中，多样化惯习的生产和多重符号框架的习得（人们通过这些框架来建构和评判世界）催生了反身性。而意识的断裂反过来又会引导人们拒绝自己的命运，并采取个体或集体行动来摆脱命运。"我们现在能更好地理解'意识觉醒'的具体作用了：使给定的东西明确显现，由此预设并催生出人们对给定事物之直接依附的一种中止。这会导致人们对可能关系的了解（*connaissance*）与对这些关系的承认（*reconnaissance*）之间的分离；从而，'命运之爱'会瓦解为'命运之恨'（*odium fati*）"，即对自身命运的憎恨（Bourdieu, 1979: 271）。

从许多方面来看，布迪厄并没有成为一位城市社会学家，没有成为**关于**城市的研究者，并将城市视为促进文化、知识和政治的繁荣发展以及潜在地打破人们对给定社会世界的信仰与接受的一种独特环境和制度组合；相反，他是一位城市**之中**的研究者。这令人费解。首先，他年轻时的作品直面乡村共同体的社会转型和文化死亡，而这些内容是在劳动力市场、学校、大众传媒等城市制度的压力之下发生的，所以他敏锐地察觉到了城乡鸿沟带来的社会暴力。[24] 在他早期对阿尔及利亚农民随着雇佣劳动的发现而转变为工业（亚）无产阶级的讨论中，城市是"对世界祛魅"的场所和源泉［Bourdieu,（1963）2021, 1977b］。其次，他自己的个人轨迹，从法国西南部偏远村庄的乡村男孩到巴黎精英学校的毕业生，让布迪厄能感知到他骨肉里的这一鸿沟。他对巴黎和所有城市文化（音乐、文学、摄影、绘画、雕塑）的强烈迷恋和狂热喜爱，使他成为典型的城市人。[25]

我在第一章提到过，在 20 世纪 60 年代中期，布迪厄曾设想将他当时所在的巴黎南部中左翼城市安东尼改造成一个社会学实验室，并在其中展开一系列关于城市制度的综合研究。布迪厄委托让-克劳德·尚博勒东来负责第一阶段的研究工作，而尚博勒东的精彩构想是在巴黎郊区开展"一个类似于新芝加哥学派的大项目"，使之"成为欧洲社会学研究中心（CSE）所有研究人员的田野地点"（引用自 Pasquali, 2018: 239 ）。[26] 市长和一群改革派议员曾找到布迪厄［布迪厄当时 36 岁，因 1964 年《继承人》(*Les Héritiers*) 一书出版产生的公共影响，已经在学术界之外声名鹊起］，请他帮助调查安东尼年轻人的需求和愿望。

经过富有成效的磋商，布迪厄在 1966 年给市长的一封信中写道："这项工作的目标是逐步建立起一个有关安东尼市各方面社会生活的信息与研究资料库。因此，我计划让欧洲社会学研究中心的所有研究项目都将安东尼纳入在内，以便使您的城市可以成为田野调查的优先场所。"（引用自 Pasquali, 2018: 257 ）布迪厄随后概述了要处理的议题：人口和居住、青年文化与青少年犯罪、学校教育、民间医学、住房和"城市性议题"。布迪厄让市政府为研究的初期阶段提供 3 万美元（按今天的美元计算）的资金、委派田野调查对接人，并提供开展调查所需的劳动力。启动一项大规模、持续多年的城市社会学研究项目所需的所有物质要素和智识要素都已齐备。但是，该项目在全面启动之前被突然放弃了，而我们不清楚其中的确切原因（ Pasquali, 2018: 290 ）。[27]

181　　　取而代之的是，布迪厄把注意力放在了认识论议题［这带来了 1968 年出版的《社会学的技艺》(*The Craft of Sociology*)］和教育议题（最终产出了 1970 年的《再生产：一种教育系统理论的要点》）上，并启动了他对文化生产场域（知识、宗教、科学等场域）的多年研究计划；在这几年的夏天，他还撰写了《实践理论大纲》(*Outline of a Theory of Practice*)［Bourdieu,（1972）2000］的初稿。至于安东尼项目失败的原因，我们只能作一些猜测。帕斯夸利（Pasquali）指出了几个可能的原因：[28] 布迪厄已经超负荷工作，因而只打算指导工作（尽管他是跟市政府进行磋商和担保的那个人）；研究小组的几名成员获得了教职，结了婚并组建了家庭，这减少了他们的可用时间；此外，其他人则忙着基于自己的项目撰写论文；最后，1968 年法国"五月风暴"之后，欧洲社会学研究中心的等级化程度和集体管理导向也有所减弱。

　　或许，原因只是布迪厄从未被法国城市社会学中的乏味主题所吸引。当时，兴起初期的法国城市社会学将城市视作一个独特的研究对象，在 20 世纪 60 年代由雄巴尔·德·劳威（Chombart de Lauwe）的原始经验主义所主导，在 70 年代由新马克思主义对资本和空间的枯燥理解所主导，而到了郊区衰落问题开始流行于公共辩论的 80 年代，则由芝加哥学派的舶来思想所主导。[29] 但更根本的原因在于，布迪厄眼中的城市很可能是一个**预先建构的客体**，表达着官方常识，并深陷于他所谓的"自发实在论"（spontaneous realism），充满了由行政实体产生的、预先制定的问题域，而这些问题给科学知识造成了诸多障碍。事实上，1982 年 12 月，布迪厄（Bourdieu, 2015: 510）在法兰西学院关于如何构建社会学研究对象的课程中曾说道，提出一个问题需要跨越在分析层面存在关联的多个尺度，从而确定"可理解性空间"，而这意味着会违背社会学细分领域的传统命名方式，因此"不存在城市社会学"。[30]

　　1987 年，布迪厄确实重返了城市舞台，发起了一个多尺度的项目来研究 1975 至 1990 年间法国住房政策从（为工人阶级）建造社会性住房到补贴（中产阶级）家庭购买私人房屋的转型，以及这一转型对正在走向联合的小资产阶级在生存矛盾方面带来的后果。这项采用混合方法的研究产出了六篇系列论文，构成了《社会科学研究学报》（*Actes de la recherche en sciences sociales*）关于"住房经济"的整期合刊（1990 年 3 月，第 81—82 期）。[31] 利用这项研究，布迪厄（Bourdieu, 2017）在法兰西学院 1992 至 1993

182

年的课程中专门讨论了经济的社会基础，同时围绕新自由主义城市中的社会苦难进行了团队研究，最终产出了《世界的苦难》一书（Bourdieu et al., 1993）。

在失业、工作不安定和社会国家撤退的压力之下，社会结构和物质结构不断两极化。《世界的苦难》一书即对处于这种社会与物质结构夹缝位置中的人们进行了丰富而密切的访谈。由此，这本书不仅试图捕捉基于物质匮乏的**生活条件贫困**（poverty of condition），还试图捕捉**位置贫困**（poverty of position），而后者则是所有眼睁睁看着自己的愿望被否定的人群正在遭受的，也是因审判制度、学校、劳动力市场、法院、社会福利机构，以及他人的轻蔑目光而造成符号性创伤的人群正在遭受的。与当时的主流话语**相反**，布迪厄和他在此书中的 22 位合著者煞费苦心地将遭受污名化的城市边缘困境嵌入法国阶级结构和地理结构层面更广泛的变革中来理解，而这种变革既是那些自我封闭且未意识到自身政策所带来的人类后果的政治精英所推动的，也被他们所忽略。[32]社会学中有一句名言：关于受贬损的遗弃区，其弊病的根源在于国家的核心，在于国家向新自由主义全能市场神话的屈服。

《世界的苦难》一书中的《场所效应》一章理所当然地吸引了城市学者的关注（Bourdieu, 1993c: 53—54）。但是，题为《不同观点的空间》（The Space of Points of Views）的序章和《国家的撤离》（The Abdication of the State）一章也至关重要。在《不同观点的空间》一章中，布迪厄（Bourdieu, 1993b: 9）指出了这本书的关键：书中访谈的"排列方式是，可能在物理空间中相互接近或发生冲突的人群范畴……在阅读顺序上被安排在一起"。换句话说，这本书的核心论点就在于其结构本身：能动者对其所处世界的主观看法（即在符号空间中的位置）植根于他们在社会空间和物理空间

183

中的位置，即在工厂或办公室、学校、家庭和社区中的位置。因此，对于此书中所含的个人故事或组织叙事，人们需要进行**拓扑式的阅读**。至于《国家的撤离》一章，它揭示了城市周边地带衰败并遭受毁谤的根本原因："国家精英"在"集体转向新自由主义的理念"，而这一转变"摧毁了公共服务的理念"，并"将（有可能）被动员起来的人民转变成由原子化的**穷人**组成的异质性集群，或者用如今的官方话语来说，成了'被排斥者'的集群"（Bourdieu, 1993c: 220、223）。[33]

《社会科学研究学报》的住房主题专刊和《世界的苦难》一书构成了一幅双联画，描绘了凯恩斯主义—福特制在社会空间和物理空间的中下层区域消亡后，由国家诱发的、以住房为基础的社会苦难形式——就像《连根拔起》和《阿尔及利亚的工作和工人》也构成了一幅双联画，描绘了阿尔及利亚农民的消亡和城市（亚）无产阶级在即将消亡的殖民主义浪潮中的崛起。在此期间，布迪厄与管理法国新"城市政策"的机构联系密切，而这些机构的任务是解决新的城市问题，即贫困化和污名化的郊区及其中同警察之间定期爆发的骚乱冲突（Dikeç, 2007）。1993 年，法兰西学院收到了一笔遗产捐赠，由此获得巴黎外围的一座小城堡。这时，布迪厄曾认真考虑过在里面创建一个城市研究中心（他打算提名我担任该中心的执行主任）。但是，又一次，这个计划未能实现。

在本书结尾处，我想表达一个遗憾——这不是个人的遗憾，而是科学的遗憾。如果布迪厄将城市作为**一个独特的多重宇宙**来处理，其实会促使他更好地阐明那些培育各种场域的社会机制，并考察惯习的多样化，从而赋予惯习以最低限度的内部连贯性和外部一致性，而这是将社会策略系统化以及将社会世界紧密联系起来所需要的。布迪厄本可以效仿查尔斯·蒂利（Tilly, 1989），强调现代国家和城市的共同起源，进而强调二者作为普遍性的容器、化身和假象所具有的同时性。通过这样做，他其实可以指出同国家两面性相称的**大都市两面性**，即大都市既是摆脱乡村性束缚的社会解放之地［根据马克斯·韦伯（1921）1958 曾引用的中世纪谚语，"城市的空气使人自由"（*Stadtluft macht frei*）］，也是用来镇压那些被剥夺了享受这种自由所需资本的群体的新剧场。"两座城市"的命题时不时地出现在公共讨论和学术辩论中，谴责不平等的加剧和富裕中的贫困丑闻。这不是某种特定局势下才出现的隐喻。这实际上表达出了作为一种社会形态的**大都市的深层双重性**：它同时汇集了富裕和贫困、文化繁荣和社会退化、关于解放的承诺和关于镇压的现实、包容和排斥；它既是光明的大都市，也是黑暗的大都市。

总之，布迪厄本可以将城市跟学校、军队等一同纳入某种核心制度来考察；这些核心制度肩负着"建构和施加共同的构想与区分原则的工作"，以创建出一个国民社会（Bourdieu, 2012: 592）。正是在城市里，臣民学会了如何成为公民。事实上，就像年轻时的布迪厄在研究阿尔及利亚晚期殖民地和法国贝阿恩省的社会灾难和历史破裂时"未考虑到"殖民主义国家一样（Poupeau, 2018），城市也作为一种"缺席的存在"，潜伏于已故布迪厄的作品核心之处。布迪厄是一个潜在的城市社会学家，这由不得他。

注　释

［1］正如 Coquard（2019）指出的，即使对于那些因未能迁移到城市或因依恋衰落农业区中乡村社会的特定价值观和社会关系而"留守"的人来说，情况也是如此。

［2］Georg Simmel［（1970）2011］有一个美妙的比喻来捕捉物理空间对社会生活的双重影响，就是"*Brücke und Tür*"的比喻，即"桥"（连接）与"门"（开和闭）。有观点强调了共享物理空间在社会关系和礼仪形成中的作用，参见 Klinenberg（2018）。

　　［3］我对如何在这种思路下构建稳健的社会科学概念进行了简明的论证（Wacquant, 2022a: 151—153）。案例阐述请参见 Bourdieu（2000）是如何将住房所有权的常识性政策问题重构为独户住宅之供应与需求的国家生产这一科学问题，以及如何将之重构为作为该政策主要目标和产物的小资产阶级的形态巩固和经济不安定所带来的政治影响这一科学问题的。

　　［4］对于布迪厄（Bourdieu, 2015: 207、206）来说，理论最好被理解为"一种对现实进行科学建构的图式体系"，而概念则是"用于一系列实际操作的速记法"。

　　［5］Bourdieu et al.（1993）和 Tissot（2007）曾指出这种纵向斗争，Bourdieu（1993c）、Serre（2009）、Wacquant（2009a）和 Dubois（2021）曾指出这种横向斗争。需要强调的是，国家右手的重要工具不仅仅有警务和刑事惩罚，还有金融监管和财政紧缩。

　　［6］Levine（2021）对波士顿费尔蒙特走廊（Boston's Fairmount corridor）的经济转型进行了深入的内部研究，以民族志的方式有效揭穿了人们关于统一"社区"一致同意参与"城市开发"的自我神秘化信念。

　　［7］Marco Garrido 在 *The Patchwork City*（2019）一书中论述了菲律宾马尼拉的各阶级的独特空间分布［通过他笔下的"穿插散布"（interspersion）］如何塑造了政治意识和政治行动。另见 Sampson（2012）第 11 章和第 14 章中关于芝加哥中作为阶级与族群隔离结构基础的街区迁移的个体与集体模式。

　　［8］空间污名化和空间士绅化之间的密切相关性（如果不是直接因果关系的话）在芝加哥（Ruiz-Tagle, 2016）、阿姆斯特丹和伊斯坦布尔（Sakizlioğlu and Uitermark, 2014）、爱丁堡（Kallin and Slater, 2014）、格拉斯哥（Paton et al., 2017）、波尔图（Queirós, 2019）、多伦多（Horgan, 2018）和悉尼（Sisson, 2021b）都有所记录。在伊斯坦布尔内城的吉汉吉尔（Cihangir）重建的案例中（Yetiskul and Demirel, 2018），有意利用地域污名来撬动阶级提升与接管的做法十分明显。在大斯德哥尔摩地区，正如 Listerborn et al.（2020）所描述的那样，二者的联系催生了新形式的住房运动。

　　［9］古希腊语"αγών"通常翻译为"斗争"（struggle），指的是一群人以竞赛为目的而聚集在一起。这里的竞赛有两种，表现出社会生活的两面性：一种是体力竞赛（战争和体育竞技，如奥运会），另一种是心智竞赛（戏剧、诗歌、政治、哲学等方面的竞赛）。冲突论政治学认为，冲突既是处于核心地位的，也是不可还原的。关于冲突论作为实用主义概念、表现主义概念和策略性概念的讨论，参见 Schaap（2009）。

　　［10］关于在这些不同尺度上（隐含地）使用三元辩证法的例子，分别参见 Tissot（2011）在街区层面、Poupeau and franois（2008）在城市和区域层面以及 Cohen

（2011）和 Sapiro（2013）在跨国和全球层面的研究。

［11］"历史变迁的最重要因素之一"是"不同场域中的支配群体之间的结构性张力，特别是文化生产场域中的支配群体之间的张力"，包括艺术、政治、宗教、法律、科学、新闻等场域。这些斗争"可以采取宫廷战争的形式"，例如科学与宗教，或法律与社会科学之间的斗争；这些斗争可以改变人们对世界的构想，从而改变世界，因为这些斗争动员或解散了根据这些观念而行动的群体（Bourdieu, 2016: 1102）。

［12］我讨论过惯习的内部连贯性和外部一致性这两个正交属性，及其四重组合，参见 Wacquant,（2000）2004, 2022: 299—301。布迪厄是这样论述（各种）惯习的相互和谐的："生活环境的同质化导致了群体惯习或阶级惯习在客观上的同质化，所以实践可以在任何策略计算和任何对规范的有意参照之外达成一致，并且**在没有任何直接互动、更没有明确协调的情况下相互调整适应**。"（Bourdieu, 1980a: 98，强调系原文所加）

［13］Simmel［（1903）1950: 326］写道："大都市类型为自身创造了一个保护性的器官，以抵御对其造成威胁的外部环境的波动和不连续性所带来的严重破坏。"

［14］Bourdieu［（1963）2021: 147］在他在阿尔及利亚做的关于工作的调研中，同样将城市描绘成社会动荡和精神断裂的场所。在迁移自农村的人群中，定居于城市使乡村社会的价值观和关系与那些植根于"个体主义和计算经济的迫切要求"的价值观和关系之间的"张力不断加剧"。在城市里，移民家庭的小儿子从父亲那里获得了"解放的社会与经济条件"［（1963）2021: 144］。

［15］在 *Distinction*（1979: 426，着重部分系我所加）一书中，Bourdieu 指出劳动者"**直接体验到的社会宇宙之同质性所产生的封闭效应**"解释了工人阶级的"**必需品品位**"。这种对"可能性宇宙"的"封闭"意味着社会同质性，其不仅体现在工作领域，而且体现在居住领域，因而体现在街区或城镇的阶级单调性——一种明确的城市构型。

［16］"用甲场域中某人的纯真视角来描绘乙场域中发生的事情，便很容易产生民族志上的错乱"（Bourdieu, 2015: 522）。

［17］在同一段落中，Bourdieu（2016: 386）强调了"沙龙作为一项令人惊异的历史发明"所扮演的角色："它是男人和女人、艺术家和资产阶级聚会交际的一种社交形式"，是另一种以城市性为前提的典范。城市的确可以说是一个交融机器。Bourdieu（1958: 56）在他年轻时对前殖民时期阿拉伯城市的研究中，将其描述为"充满了强烈的社会欢腾，因为它将具有不同社会视野的人们聚集在一起"。

［18］"在历史上的任何时刻，新来者都必须面对铭刻在建筑、建造、制度等形式的客体性中的历史产物。我想补充的是，还有历史产物是被铭刻在以精神结构为形式的主体性中的。同样的道理，发明、创新、进步、改造，都是约束下的发明。"（Bourdieu, 2012: 218）

［19］即使他在总结维克多·基尔南（Victor Kiernan）的作品时曾指出，"城市作

为一个完全或部分自治的政治实体，与国家之间存在着复杂的辩证关系"（Bourdieu, 2012: 301）。

［20］这尤其在他的重要论文"Class Future and the Causality of the Probable"（Bourdieu, 1974）以及书籍 Distinction（Bourdieu, 1979: 271）中有清楚的表达："品位是命运之爱的典型形式。惯习所产生的表征和实践总是比它们看起来更适应于客观条件，并且它们也是客观条件的产物。"

［21］换句话说，城市大大增加了惯习"形成的客观条件"与惯习"实现的客观条件"相背离的情形，因而大大增加了"滞后"或"差距"（décalages），即惯习和世界"不同步"（déphasés）或"不协调"（Bourdieu, 2015: 380—382）。

［22］我到目前通过文本搜索能确定的是，这是"多重宇宙"（multiverse）这个词在布迪厄所有主要著作中唯——次出现。该词是对多个微观世界所构成宇宙的恰当描述，而微观世界（microcosms）则是布迪厄（Bourdieu, 2022）给自己一本关于田野的未完成著作所起的书名。

［23］"这种普遍性的形成条件和积累条件，同国家精英的形成是分不开的，亦即同对普遍性的'垄断者'种姓的形成密不可分。基于这一分析，我们可以设想出关于将获得普遍性的条件进行普遍化的一种项目"（Bourdieu, 2012: 162）。有关 Henri Lefebvre（1968）"城市权"宣言的多种可能解读，参见 Marcuse, 2014；关于这一宣言50 年后在不同国家的各种遗产，参见 Demazière et al., 2018。

［24］布迪厄始终对乡村的社会世界保持着浓厚的兴趣（他的大部分假期都是在贝阿恩的家中度过的），关注乡村与城市的失败对抗。这体现在多个方面：在 The Weight of the World（Bourdieu, 1993）一书中，有两章内容是关于他年轻时所在村庄的农学家的；布迪厄资助了几位研究乡村制度的学者，其中包括 Patrick Champagne、Sylvain Maresca、Marie-France Garcia-Parpet 以及 Afránio Garcia；在生命的最后阶段，布迪厄还将他年轻时对农民社会的研究以 The Bachelors' Ball（Bourdieu, 2002）为题再版。

［25］在 Pierre Carles 的电影 La Sociologie est un sport de combat（2001）中，布迪厄表示他对城乡鸿沟的肉体性曾有痛苦的感知。他承认，自己在努力抹除浓重的地方口音（这是乡村性的标志）之后，便对这种口音越来越反感。

［26］在这个研究项目的初步阶段，Chamboredon 和 Lemaire 发表了经典论文"Physical Propinquity and Social Distance: The Housing Estates and their Population"（1970）。在有关社会混融的住房政策成为风尚之前半个世纪，这篇文章就对这类政策展开了尖锐的社会学批判。Chamboredon 也发表了论文"Juvenile Delinquency, an Essay in the Construction of the Object"（1971）。Pasquali（2012）利用个人存档和机构档案，重现了布迪厄曾如何构想、磋商并指导这个"宏伟而短暂的项目"。

［27］在这种情形下，布迪厄对城市感兴趣的另一个迹象在于，他同意为报刊 Le Monde 围绕 Henri Coing 的书籍 Rénovation urbaine et changement social 撰写一篇书评

（Bourdieu, 1967）。在书评中，他强调了住房与生活策略之间的联系，这与他在阿尔及利亚的研究一脉相承。

［28］来自 2022 年 1 月 13 日的私人交谈。

［29］这是一个粗略的划分。关于更完整、更详细的法国城市社会学全貌，参见 Amiot, 1986; Stébé and Marchal, 2010; Topalov, 2013。但总体不会偏离我的主要观点。

［30］Bourdieu（2015: 5909—5910）在论及不存在"农村社会学"这一领域时也顺便提到了这一点：乡村社会的决定因素并不存在于乡村内部。

［31］这一期内容是以 1988 年法国全国家庭津贴管理局（Caisse nationale des allocations familiales, 负责管理家庭津贴的机构）委托撰写的一份油印报告（Ducourant and Éloire, 2014）为基础的，并经过重新修订和扩充后出版为书籍 The Social Structures of the Economy（Bourdieu, 2000），成为重写经济人类学基本原理的经验抓手。

［32］这本一千多页的巨著在一年之内就卖出了十多万册，取得了惊人的成功，迫使政治领导人不得不回应书中对其行为的控诉。保守派总理爱德华·巴拉迪尔不得不公开敦促他的内阁成员阅读这本书，并对书中的研究发现展开反思。

［33］早在 20 年前，Bourdieu 和 Boltanski 就在 1976 年发表于 Actes de la recherche en sciences sociales 上的长篇文章"The Production of Dominant Ideology"中分析了国家管理者向新自由主义转变的社会基础和预兆。这篇文章在 2008 年重新出版为同名著作。

致　谢

　　写这本书的想法是在跟 Sonia Paone 和 Alfredo Petronillo 的交流中萌生的。当时，他们正在筹备一本关于本人城市边缘性研究的意大利语论文集。我非常感激他们的耐心和信任，因为我告诉他们我想从头到尾修订这些论文，并将之改写成一本全新的书。感谢加州大学伯克利分校社会学系的学生和同事为我长时间的精读与写作提供的动力，感谢他们为我提供的独特环境，让我能跳出常规思维来思考。我还要特别感谢 Chris Muller 和 Sophie 与我定期进行的散步和交谈。

　　我要感谢 Mike Savage、Virgílio Pereira 和 Tom Slater, John Flint 和 Ryan Powell, 以及已故的 Mathieu Hilgers, 感谢他们组织了（英国）约克、波尔图和布鲁塞尔的会议，从而使构成本书三章内容的原始及局部版本可以初步完成并作口头发表。感谢 Polity 出版社（Polity Press）中两位匿名读者的建议，促使我对本书进行了富有成效的修订，也感谢 Aksu Akçaoğlu、Javier Auyero、Rogers Brubaker、Jenae Carpenter、Kristian Nagel Delica、Ignacio González Sánchez、Paul Hathazy、Chris Herring、Victor Lund Shammas、Reuben Jonathan Miller、Chris Muller、Nazlı Ökten、Sonia Paone、Franck Poupeau、Christian Sandberg Hansen、Troels Schultz Larsen、

Justus Uitermark、Michael Walker 提供的清晰回应、建议、数据来源和参考资料。Victor 在挪威的严冬里读了整本初稿，而且不只是一遍，而是两遍，功不可没；Eli Martinez 在插图和封面设计方面的协助同样不可或缺。本书的出版也得益于 John Thompson 在编辑方面的智慧和耐心、Ian Tuttle 出色的文字编辑工作，以及 Neil de Cort 及其团队的精良制作。

　　再一次，特别感谢已故的 Pierre Bourdieu 和 Bill Wilson。没有他们的指导和友谊，这本书从一开始就不可能出现。

186

参考文献

Abowd, Thomas Philip. 2014. *Colonial Jerusalem: The Spatial Construction of Identity and Difference in a City of Myth, 1948–2012*. Syracuse, NY: Syracuse University Press.

Abu-Lughod, Janet L. 1987. "The Islamic City: Historic Myth, Islamic Essence, and Contemporary Relevance." *International Journal of Middle East Studies* 19, no. 2: 155–176.

Adam, Jens. 2005. *"Kaum noch normale Berliner": Stadtethnologische Erkundungen in einem "sozialen Problemquartier."* Berlin: LIT Verlag.

Adler, William M. 1995. *Land of Opportunity: One Family's Quest for the American Dream in the Age of Crack*. Ann Arbor, MI: University of Michigan Press, new ed. 2021.

Agamben, Giorgio. [1995] 1998. *Homo Sacer: Sovereign Power and Bare Life*. Stanford, CA: Stanford University Press.

Agier, Michel. 2002. "Between War and City: Towards an Urban Anthropology of Refugee Camps." *Ethnography* 3, no. 3: 317–341.

Agier, Michel. 2010. *Gérer les indésirables. Des camps de réfugiés au gouvernement humanitaire*. Paris: Flammarion.

Aldana Cohen, Daniel. 2020. "Confronting the Urban Climate Emergency." *City* 24, nos. 1–2: 52–64.

Althusser, Louis. [1970] 2011. *Idéologie et appareils idéologiques d'État*. Paris: Presses Universitaires de France.

Amin, Ash, and Nigel Thrift. 2017. *Seeing Like a City*. Cambridge: Polity.

Amiot, Michel. 1986. *Contre l'État, les sociologues. Éléments pour une histoire de la sociologie urbaine en France (1900–1980)*. Paris: Éditions de l'EHESS.

Andersen, Bengt, and Heidi Biseth. 2013. "The Myth of Failed Integration: The Case of Eastern Oslo." *City & Society* 25, no. 1: 5–24.

Anderson, Elijah. 1978. *A Place on the Corner*. Chicago: University of Chicago Press, new ed. 2003.

Andersson, David E., Ake Andersson, and Charlotta Mellander (eds.). 2011. *Handbook of Creative Cities*. Cheltenham, UK: Edward Elgar.

Andreotti, Alberta, Patrick Le Galès, and Francisco Javier Moreno-Fuentes. 2015. *Globalized Minds, Roots in the City: Urban Upper-Middle Classes in Europe*. Oxford: Wiley-Blackwell.

Andress, Hans-Jürgen, and Henning Lohmann (eds.). 2008. *The Working Poor in Europe: Employment, Poverty and Globalisation*. Cheltenham, UK: Edward Elgar.

Apparicio, Philippe, and Anne-Marie Séguin. 2008. *Retour sur les notions de ségrégation et de ghetto ethniques et examen des cas de Montréal, Toronto et Vancouver*. Montréal: Institut national de la recherche scientifique.

Arthurson, Kathy, Michael Darcy, and Dallas Rogers. 2014. "Televised Territorial Stigma: How Social Housing Tenants Experience the Fictional Media Representation of Estates in Australia." *Environment & Planning A* 46, no. 6: 1334–1350.

August, Martine. 2014. "Challenging Spatial Stigmatization: The Forgotten Benefits of Concentrated Poverty in Toronto's Regent Park." *Environment & Planning A* 46, no. 6: 1317–1333.

Auyero, Javier. 1999. "'This is a Lot Like the Bronx, Isn't It?' Lived Experiences of Marginality in an Argentine Slum." *International Journal of Urban and Regional Research* 23, no. 1: 45–69.

Auyero, Javier. 2021. "Taking Bourdieu to the Shantytown." *International Journal of Urban and Regional Research* 45, no. 1: 176–185.

Auyero, Javier, and María Fernanda Berti. 2015. *In Harm's Way: The Dynamics of Urban Violence*. Princeton, NJ: Princeton University Press.

Avenel, Cyprien. 2016. "La question des quartiers dits 'sensibles' à l'épreuve du ghetto." *Revue économique* 67, no. 3: 415–441.

Avery, Desmond. 1987. *Civilisations de La Courneuve. Images brisées d'une cité.* Paris: L'Harmattan.

Bachelard, Gaston. [1938] 1999. *La Formation de l'esprit scientifique. Contribution à une psychanalyse de la connaissance objective.* Paris: Vrin.

Bachelard, Gaston. 1953. *Le Matérialisme rationnel.* Paris: Presses Universitaires de France.

Bachmann, Christian, and Luc Basier. 1989. *Mise en images d'une banlieue ordinaire.* Paris: Syros-Alternatives.

Bakkaer Simonsen, Kristina. 2016. "Ghetto-Society-Problem: A Discourse Analysis of Nationalist Othering." *Studies in Ethnicity and Nationalism* 16, no. 1: 83–99.

Balibar, Etienne. 2006. "Uprisings in the Banlieues." *Lignes* 21: 50–101.

Ball, Emily. 2019. "Exploring Family-Based Intervention Mechanisms as a Form of Statecraft." Pp. 107–133 in *Class, Ethnicity and State in the Polarized Metropolis: Putting Wacquant to Work.* Edited by John Flint and Ryan Powell. London: Palgrave Macmillan.

Bannister, John, and John Flint. 2017. "Crime and the City: Urban Encounters, Civility, and Tolerance." Pp. 522–540 in *The Oxford Handbook of Criminology.* Edited by Alison Liebling, Shadd Maruna, and Lesley McAra. Oxford: Oxford University Press.

Barbier, Jean-Claude. 2009. "Le workfare et l'activation de la protection sociale, vingt ans après: beaucoup de bruit pour rien? Contribution à un bilan qui reste à faire." *Lien social et Politiques* 61: 23–36.

Barou, Jacques. 1985. *La Place du pauvre. Histoire et géographie sociales de l'habitat HLM.* Paris: L'Harmattan.

Barton, Alana, and Howard Davis. 2018. "From Empowering the Shameful to Shaming the Empowered: Shifting Depictions of the Poor in 'Reality TV'." *Crime, Media, Culture* 14, no. 2: 191–211.

Bates, Beth Tompkins. 2012. *The Making of Black Detroit in the Age of Henry Ford.* Chapel Hill, NC: University of North Carolina Press.

Bayat, Asef. 2013. *Life as Politics: How Ordinary People Change the Middle East.* Stanford, CA: Stanford University Press.

Beaud, Stéphane. 2013. *80% au bac . . . et après? Les enfants de la démocratisation scolaire.* Paris: La Découverte.

Beaud, Stéphane, and Michel Pialoux. 1999. *Retour sur la condition ouvrière. Enquête aux usines Peugeot de Sochaux-Montbéliard.* Paris: Fayard.

Beauregard, Robert A. 2013. *Voices of Decline: The Postwar Fate of US Cities.* New York: Routledge.

Beck, Brenden. 2020. "Policing Gentrification: Stops and Low-Level Arrests during Demographic Change and Real Estate Reinvestment." *City & Community* 19, no. 1: 245–272.

Beckett, Katherine, and Steve Herbert. 2011. *Banished: The New Social Control in Urban America.* New York: Oxford University Press.

Bernardot, Marc. 2008. *Loger les immigrés. La SONACOTRA 1956–2006.* Broissieux: Éditions du Croquant.

Bettencourt, Luis M.A. 2021. *Introduction to Urban Science: Evidence and Theory of Cities as Complex Systems.* Cambridge, MA: MIT Press.

Bigon, Liora. 2016. *French Colonial Dakar: The Morphogenesis of an African Regional Capital.* Manchester: Manchester University Press.

Birdsall-Jones, Christina. 2013. "The Bronx in Australia: The Metaphoric Stigmatization of Public Housing Tenants in Australian Towns and Cities." *Journal of Urban History* 39, no. 2: 315–330.

Blokland, Talja. 2017. *Community as Urban Practice.* Cambridge: Polity.

Blokland, Talja. 2019. "'We Live like Prisoners in a Camp': Surveillance, Governance and Agency in a US Housing Project." Pp. 53–79 in *Class, Ethnicity and State in the Polarized Metropolis: Putting Wacquant to Work.* Edited by John Flint and Ryan Powell. London: Palgrave Macmillan.

Body-Gendrot, Sophie, and Nicole Le Guennec. 1998. *Mission sur les violences urbaines. Rapport au Ministère de l'Intérieur.* Paris: La Documentation française.

Bonelli, Laurent. 2001. "Renseignements généraux et violences urbaines." *Actes de la recherche en sciences sociales* 136–137: 95–103.

Bontems, Vincent. 2010. *Bachelard*. Paris: Les Belles Lettres.

Bony, Lucie. 2015. "La prison, une 'cité avec des barreaux'? Continuum sociospatial par-delà les murs." *Annales de géographie* 702/703: 275–299.

Bouagga, Yasmine. 2015. *Humaniser la peine? Enquête en maison d'arrêt*. Rennes: Presses Universitaires de Rennes.

Boulila, Stefanie C. 2019. *Race in Post-Racial Europe: An Intersectional Analysis*. Lanham, MD: Rowman & Littlefield.

Bourdieu, Pierre. 1958. *Sociologie de l'Algérie*. Paris: Presses Universitaires de France. (Modified English tr. *The Algerians*. Boston, MA: Beacon Press, 1962.)

Bourdieu, Pierre. [1962] 2002. "Célibat et condition paysanne." *Études rurales* 5–6 (April): 32–136. (English: abridged as Part 1 of *The Bachelors' Ball: The Crisis of Peasant Society in Béarn*. Cambridge: Polity, 2008, pp. 7–130.)

Bourdieu, Pierre. 1963. "The Attitude of the Algerian Peasant Toward Time." Pp. 55–72 in *Mediterranean Countrymen: Essays in the Social Anthropology of the Mediterranean*. Edited by Julian Pitt-Rivers. The Hague: Mouton.

Bourdieu, Pierre. 1965. "The Sentiment of Honour in Kabyle Society." Pp. 191–241 in *Honour and Shame: The Values of Mediterranean Society*. Edited by J. G. Peristiany. London: Weidenfeld.

Bourdieu, Pierre. 1967. "Du vieux quartier au grand ensemble." Review of H. Coing, *Rénovation urbaine et changement social*, *Le Monde*, 12 January.

Bourdieu, Pierre. 1968. "Structuralism and Theory of Sociological Knowledge." *Social Research* 35, no. 4: 681–706.

Bourdieu, Pierre. 1970. "La maison kabyle, ou le monde renversé." In *Mélanges offerts à Claude Lévi-Strauss pour son 60ème anniversaire*. Edited by Jean Pouillon. The Hague: Mouton. Reprinted in *Esquisse d'une théorie de la pratique, précédée de trois essais d'ethnologie kabyle*. Geneva: Droz, 1972.

Bourdieu, Pierre. 1972. *Esquisse d'une théorie de la pratique, précédée de trois essais d'ethnologie kabyle.* Geneva: Droz. (English modified tr., *Outline of a Theory of Practice.*

Cambridge: Cambridge University Press, 1977.)

Bourdieu, Pierre. 1974. "Avenir de classe et causalité du probable." *Revue française de sociologie* 15, no. 1: 3–42.

Bourdieu, Pierre. 1976. "Anatomie du goût." *Actes de la recherche en sciences sociales* 5: 2–81.

Bourdieu, Pierre. 1977a. *Algérie 60. Structures temporelles et structures sociales.* Paris: Minuit. (English: *Algeria 1960.* Cambridge: Cambridge University Press, 1979.)

Bourdieu, Pierre. 1977b. "Sur le pouvoir symbolique." *Annales. Économies, Sociétés, Civilisations* 32, no. 3: 405–411. (Reprinted in Pierre Bourdieu, *Language and Symbolic Power.* Cambridge, MA: Harvard University Press, [1982] 1991.)

Bourdieu, Pierre. 1979. *La Distinction. Critique sociale du jugement.* Paris: Minuit. (English: *Distinction: A Social Critique of the Judgement of Taste.* Cambridge, MA: Harvard University Press, 1984.)

Bourdieu, Pierre. 1980a. *Le Sens pratique.* Paris: Minuit. (English: *The Logic of Practice.* Cambridge: Polity, 1990.)

Bourdieu, Pierre. 1980b. "Le mort saisit le vif: les relations entre l'histoire réifiée et l'histoire incorporée." *Actes de la recherche en sciences sociales* 32/33: 3–14.

Bourdieu, Pierre. 1982. *Leçon sur la leçon.* Paris: Minuit.

Bourdieu, Pierre. [1982] 1983. "Erving Goffman, Discoverer of the Infinitely Small." *Theory, Culture & Society* 2, no. 1: 112–113.

Bourdieu, Pierre. 1985. "Delegation and Political Fetishism." *Thesis Eleven* 10, no. 1: 56–70.

Bourdieu, Pierre. 1986a. "The Forms of Capital." Pp.241–258 in *Handbook of Theory and Research for the Sociology of Education.* Edited by John G. Richardson. Westport, CT: Greenwood Press.

Bourdieu, Pierre. 1986b. "La force du droit." *Actes de la recherche en sciences sociales* 64, no. 1: 3–19. (English: "The Force of Law: Toward a Sociology of the Juridical Field." *Hastings Law Journal* 38, no. 5 [1987]: 814–853.)

Bourdieu, Pierre. 1988. *L'Ontologie politique de Martin Heidegger.* Paris: Minuit. (*The Political Ontology of Martin Heidegger.* Cambridge: Polity Press, 1996.)

Bourdieu, Pierre. 1989a. *La Noblesse d'État. Grandes écoles et esprit de corps.* Paris: Minuit. (English: *The State Nobility: Elite Schools in the Field of Power.* Cambridge: Polity, 1998.)

Bourdieu, Pierre. 1989b. "Social Space and Symbolic Power." *Sociological Theory* 7, no. 1: 14–25.

Bourdieu, Pierre. [1982] 1991. *Language and Symbolic Power.* Cambridge, MA: Harvard University Press.

Bourdieu, Pierre. 1992. *Les Règles de l'art. Genèse et structure du champ littéraire.* Paris: Seuil. (English: *The Rules of Art: Genesis and Structure of the Literary Field.* Cambridge: Polity, 1998.)

Bourdieu, Pierre. 1993a. "Effets de lieux." Pp. 159–167 in Pierre Bourdieu et al., *La Misère du monde.* Paris: Seuil. (English: *The Weight of the World: Social Suffering in Contemporary Society.* Cambridge: Polity, 1998.)

Bourdieu, Pierre. 1993b. "L'espace des points de vue." Pp. 9–11 in Pierre Bourdieu et al., *La Misère du monde.* Paris: Seuil. (English: *The Weight of the World: Social Suffering in Contemporary Society.* Cambridge: Polity, 1998.)

Bourdieu, Pierre. 1993c. "La démission de l'État." Pp. 219–228 in Pierre Bourdieu et al., *La Misère du monde.* Paris: Seuil. (English: *The Weight of the World: Social Suffering in Contemporary Society.* Cambridge: Polity, 1998.)

Bourdieu, Pierre. 1993d. "Esprits d'État. Genèse et structure du champ bureaucratique." *Actes de la recherche en sciences sociales* 96–97: 49–62. (English: "Rethinking the State: Genesis and Structure of the Bureaucratic Field." *Sociological Theory* 12, no. 1 [1994]: 1–19.)

Bourdieu, Pierre. 1994a. *Raisons pratiques. Sur la théorie de l'action.* Paris: Seuil. (English: *Practical Reason. On the Theory of Action.* Cambridge: Polity, 1998.)

Bourdieu, Pierre. 1994b. *Fields of Cultural Production.* New York: Columbia University Press.

Bourdieu, Pierre. 1994c. "Stratégies de reproduction et modes de domination." *Actes de la recherche en sciences sociales* 105, no. 1: 3–12.

Bourdieu, Pierre. 1996. "The Vilhelm Aubert Memorial Lecture: Physical Space, Social Space and Habitus." Oslo: Department of Sociology, University of Oslo.

Bourdieu, Pierre. 1997. *Méditations pascaliennes*. Paris: Seuil. (English: *Pascalian Meditations*. Cambridge: Polity, 2000.)

Bourdieu, Pierre. 1998a. *La Domination masculine*. Paris: Seuil. (English: *Masculine Domination*. Cambridge: Polity, 2001.)

Bourdieu, Pierre. 1998b. *Contre-feux. Propos pour servir à la résistance contre l'invasion néo-libérale*. Paris: Éditions Raisons d'agir. (English: *Acts of Resistance: Against the Tyranny of the Market*. New York: New Press, 1999.)

Bourdieu, Pierre. 2000. *Les Structures sociales de l'économie*. Paris: Seuil. (English: *The Social Structures of the Economy*. Cambridge: Polity, 2005.)

Bourdieu, Pierre. 2001a. *Science de la science et réflexivité*. Paris: Éditions Raisons d'agir. (English: *Science of Science and Reflexivity*. Cambridge: Polity, 2006.)

Bourdieu, Pierre. 2001b. "Bref impromptu sur Beethoven, artiste entrepreneur." *Sociétés et représentations* 1: 13–18.

Bourdieu, Pierre. 2002. *Le Bal des célibataires. Crise de la société paysanne en Béarn*. Paris: Seuil. (English: *The Bachelors' Ball: The Crisis of the Peasant Society in Béarn*. Cambridge: Polity, 2008.)

Bourdieu, Pierre. 2005. "Secouez un peu vos structures." Pp. 325–341 in *Le Symbolique et le social. La réception internationale de la pensée de Pierre Bourdieu*. Edited by Jacques Dubois, Pierre Durand, and Yves Winkin. Liège: Éditions de l'Université de Liège.

Bourdieu, Pierre. 2008. *Esquisses algériennes*. Paris: Seuil. (English: *Algerian Sketches*. Cambridge: Polity, 2013.)

Bourdieu, Pierre. [2000] 2011. "With Weber, Against Weber." Pp. 111–124 in *The Legacy of Pierre Bourdieu: Critical Essays*. Edited by Simon Susen and Bryan S. Turner. London: Anthem Press.

Bourdieu, Pierre. 2011. "Champ du pouvoir et division du travail de domination." *Actes de la recherche en sciences sociales* 190: 126–139.

Bourdieu, Pierre. 2012. *Sur l'État. Cours au Collège de France (1989–1992)*. Paris: Seuil and Éditions Raisons d'agir. (English: *On the State*. Cambridge: Polity, 2014.)

Bourdieu, Pierre. 2014. *Manet, une révolution symbolique. Cours au Collège de France (1998–2000)*. Paris: Seuil and Éditions Raisons d'agir. (English: *Manet: A Symbolic Revolution*. Cambridge: Polity, 2017.)

Bourdieu, Pierre. 2015. *Sociologie générale*, Volume 1: *Cours au Collège de France 1981–1983*. Paris: Seuil and Éditions Raisons d'agir.

Bourdieu, Pierre. 2016. *Sociologie générale*, Volume 2: *Cours au Collège de France 1981–1983*. Paris: Seuil and Éditions Raisons d'agir.

Bourdieu, Pierre. 2017. *Anthropologie économique. Cours au Collège de France 1992–1993*. Paris: Seuil and Éditions Raisons d'Agir.

Bourdieu, Pierre. [1991] 2018. "Social Space, Symbolic Space and Appropriated Physical Space." Paper presented at the Russell Sage Conference on "Poverty, Immigration and Urban Marginality in Advanced Societies," Paris, Maison Suger, May 1991. (English: "Social Space and the Genesis of Appropriated Physical Space." *International Journal of Urban and Regional Research* 42, no. 1 [2018]: 106–114.)

Bourdieu, Pierre. [1963] 2021. *Travail et travailleurs en Algérie*. Paris: Éditions Raisons d'agir.

Bourdieu, Pierre. 2022. *Microcosmes. Théorie des champs*. Paris: Éditions Raisons d'agir.

Bourdieu, Pierre, and Luc Boltanski. [1976] 2008. *La Production de l'idéologie dominante*. Paris: Demopolis/Éditions Raisons d'agir.

Bourdieu, Pierre, and Jean-Claude Passeron. 1970. *La Reproduction. Éléments pour une théorie du système d'enseignement*. Paris: Minuit, 2018. (English: *Reproduction in Education, Society, and Culture*. London: Sage, 1977.)

Bourdieu, Pierre, and Abdelmalek Sayad. 1964. *Le Déracinement. La crise de l'agriculture traditionnelle en Algérie*. Paris: Minuit. (English: *Uprooting: The Crisis of*

Traditional Agriculture in Algeria. Cambridge: Polity, 2021.)

Bourdieu, Pierre, and Loïc Wacquant. 1992. *An Invitation to Reflexive Sociology*. Chicago: University of Chicago Press; Cambridge: Polity.

Bourdieu, Pierre, and Loïc Wacquant. 1993. "From Ruling Class to Field of Power: An Interview on *La Noblesse d'État*." *Theory, Culture & Society* 10, no. 3: 19–44.

Bourdieu, Pierre, Alain Darbel, Jean-Pierre Rivet, and Claude Seibel. 1963. *Travail et travailleurs en Algérie*. Paris and The Hague: Mouton. New expanded edition, Éditions Raisons d'agir, 2021.

Bourdieu, Pierre, Jean-Claude Chamboredon, and Jean-Claude Passeron. 1968. *Le Métier de sociologue. Préalables épistémologiques*. Paris and The Hague: Mouton. (English: *The Craft of Sociology: Epistemological Preliminaries*. New York: Walter de Gruyter, 1991.)

Bourdieu, Pierre et al. 1993. *La Misère du monde*. Paris: Seuil. (English: *The Weight of the World: Social Suffering in Contemporary Society*. Cambridge: Polity, 1999.)

Bourgois, Philippe, and Jeffrey Schonberg. 2009. *Righteous Dopefiend*. Berkeley: University of California Press.

Boyd, Michelle R. 2008. *Jim Crow Nostalgia: Reconstructing Race in Bronzeville*. Minneapolis, MN: University of Minnesota Press.

Brady, David. 2019. "Theories of the Causes of Poverty." *Annual Review of Sociology* 45: 155–175.

Brahm, Felix, and Eve Rosenhaft (eds.). 2016. *Slavery Hinterland: Transatlantic Slavery and Continental Europe, 1680–1850*. Woodbridge, UK: Boydell & Brewer.

Brenner, Neil. 2019. *New Urban Spaces: Urban Theory and the Scale Question*. New York: Oxford University Press.

Brenner, Neil, and Nik Theodore (eds.). 2003. *Spaces of Neoliberalism: Urban Restructuring in North America and Western Europe*. Cambridge, MA: Blackwell.

Brenner, Neil, Peter Marcuse, and Margit Mayer (eds.). 2012. *Cities for People, Not for Profit: Critical Urban Theory and the Right to the City*. New York: Routledge.

Breuer, Stefan. 1994. "Society of Individuals, Society of Organizations: A

Comparison of Norbert Elias and Max Weber." *History of the Human Sciences* 7, no. 4: 41–60.

Bridge, Gary, and Tim Butler (eds.). 2011. *Mixed Communities: Gentrification by Stealth?* Bristol: Policy Press.

Brockey, Liam Matthew (ed.). 2008. *Portuguese Colonial Cities in the Early Modern World.* London: Ashgate.

Broeders, Dennis, and Godfried Engbersen. 2007. "The Fight Against Illegal Migration: Identification Policies and Immigrants' Counterstrategies." *American Behavioral Scientist* 50, no. 12: 1592–1609.

Brown, Wendy. 2010. *Walled States, Waning Sovereignty.* New York: Zone Books.

Brubaker, Rogers. 2005. "The 'Diaspora' Diaspora." *Ethnic and Racial Studies* 28, no. 1: 1–19.

Brubaker, Rogers. 2015. *Grounds for Difference.* Cambridge, MA: Harvard University Press.

Brubaker, Rogers. 2017. "Why Populism?" *Theory & Society* 46, no. 5: 357–385.

Brubaker, Rogers, and Frederick Cooper. 2000. "Beyond 'Identity'." *Theory & Society* 29, no. 1: 1–47.

Brunt, Lodewijk. 1990. "The Ethnography of 'Babylon': The Rhetoric of Fear and the Study of London, 1850–1914." *City & Society* 4, no. 1: 77–87.

Burayidi, Michael A., Adriana Allen, John Twigg, and Christine Wamsler (eds.). 2019. *The Routledge Handbook of Urban Resilience.* New York: Routledge. Cahill, Damien, and Martijn Konings. 2017. *Neoliberalism.* Cambridge: Polity.

Calame, Jon, and Esther Charlesworth. 2011. *Divided Cities: Belfast, Beirut, Jerusalem, Mostar, and Nicosia.* Philadelphia, PA: University of Pennsylvania Press.

Caldeira, Teresa P. R. 2000. *City of Walls: Crime, Segregation and Citizenship in São Paulo.* Berkeley: University of California Press.

Candiani, Vera S. 2014. *Dreaming of Dry Land: Environmental Transformation in Colonial Mexico City.* Stanford, CA: Stanford University Press.

Canguilhem, Georges. 1952. *La Connaissance de la vie.* Paris: Vrin.

Carles, Pierre. 2001. *La Sociologie est un sport de combat*. Documentary film, available on DVD. C.-P. Productions.

Cartier, Marie, Isabelle Coutant, Olivier Masclet, and Yasmine Siblot. 2008. *La France des "petits-moyens." Enquête sur la banlieue pavillonnaire*. Paris: La Découverte.

Cassirer, Ernst. 1923. *Substance and Function and Einstein's Theory of Relativity*. Chicago: Open Court Publishing.

Cassirer, Ernst. 1944. *An Essay on Man: An Introduction to a Philosophy of Human Culture*. New Haven, CT: Yale University Press.

Castel, Robert. 1996. *Les Métamorphoses de la question sociale. Une chronique du salariat*. Paris: Fayard.

Castells, Manuel. 1972. *La Question urbaine*. Paris: Maspéro. (English: *The Urban Question: A Marxist Approach*. Cambridge, MA: MIT Press, 1977.)

Castells, Manuel. 2000. *End of Millennium: The Information Age: Economy, Society, and Culture*, Volume 3. Oxford: Basil Blackwell.

Castells, Manuel. 2011. *The Rise of the Network Society: The Information Age, Economy, Society, and Culture*, Volume 3. Chichester: Wiley.

Çelik, Zeynep. 1997. *Urban Forms and Colonial Confrontation: Algiers under French Rule*. Berkeley: University of California Press.

Centner, Ryan. 2008. "Places of Privileged Consumption Practices: Spatial Capital, the Dot-Com Habitus, and San Francisco's Internet Boom." *City & Community* 7, no. 3: 193–223.

Céspedes, Gricel Labbé, and Pedro Palma Calorio. 2021. "(Hiper) guetos latinos: acercamiento teórico al fenómeno de la marginalidad en las ciudades latinoamericanas." *Investigaciones sociales* 44: 229–242.

Challe, Laetitia, Yannick l'Horty, Pascale Petit, and François-Charles Wolff. 2018. "Les discriminations dans l'accès à l'emploi privé et public: les effets de l'origine, de l'adresse, du sexe et de l'orientation sexuelle." Paris: TEPP Rapport de recherche, no. 2018-05.

Chamboredon, Jean-Claude. 1971. "La délinquance juvénile, essai de construction d'objet." *Revue française de sociologie* 12, no. 3: 335–377.

Chamboredon, Jean-Claude, and Madeleine Lemaire. 1970. "Proximité spatiale et distance sociale. Les grands ensembles et leur peuplement." *Revue française de sociologie* 11, no. 1: 3–33.

Chantraine, Gilles. 2004. *Par-delà les murs. Expériences et trajectoires en maison d'arrêt.* Paris: Presses Universitaires de France.

Chicago Tribune (Staff of the). 1986. *The American Millstone: An Examination of the Nation's Permanent Underclass.* Chicago: Contemporary Books.

Cicchelli, Vincenzo, Olivier Galland, Jacques de Maillard, and Séverine Misset. 2007. "Les jeunes émeutiers de novembre 2005. Retour sur le terrain." *Le Débat* 145: 165–181.

Cingolani, Patrick. 2006. *La Précarité.* Paris: Presses Universitaires de France.

Clark, Peter (ed.). 2013. *The Oxford Handbook of Cities in World History.* Oxford: Oxford University Press.

Clarke, Adele E., and Susan Leigh Star. 2008. "The Social Worlds Framework: A Theory/Methods Package." Pp. 113–137 in *The Handbook of Science and Technology Studies.* Edited by Edward J. Hackett, Michael Lynch, and Judy Wajcman. Cambridge, MA: MIT Press.

Clarno, Andy. 2014. "Beyond the State: Policing Precariousness in South Africa and Palestine/Israel." *Ethnic and Racial Studies* 37, no. 10: 1725–1731.

Clear, Todd R. 2007. *Imprisoning Communities: How Mass Incarceration Makes Disadvantaged Neighborhoods Worse.* New York: Oxford University Press.

Clough Marinaro, Isabella. 2015. "The Rise of Italy's Neo-Ghettos." *Journal of Urban History* 41, no. 3: 368–387.

Clough Marinaro, Isabella. 2019. "Informality and the Neo-Ghetto: Modulating Power through Roma Camps." Pp. 159–185 in *Class, Ethnicity and State in the Polarized Metropolis: Putting Wacquant to Work.* Edited by John Flint and Ryan Powell. London: Palgrave Macmillan.

Cohen, Antonin. 2011. "Bourdieu Hits Brussels: The Genesis and Structure of the European Field of Power." *International Political Sociology* 5, no. 3: 335–339.

Cohen, Stanley. 1988. *Against Criminology*. London: Routledge.

Collins, Charles R., Forrest Stuart, and Patrick Janulis. 2021. "Policing Gentrification or Policing Displacement? Testing the Relationship between Order Maintenance Policing and Neighbourhood Change in Los Angeles." *Urban Studies* 59, no. 3: 414–433.

Collins, Patricia Hill. 2015. "Intersectionality's Definitional Dilemmas." *Annual Review of Sociology* 41: 1–20.

Collins, Patricia Hill, and Sirma Bilge. 2016. *Intersectionality*. Cambridge: Polity.

Collins, Randall. 2004. *Interaction Ritual Chains*. Princeton, NJ: Princeton University Press.

Comfort, Megan L. 2007. "Punishment beyond the Legal Offender." *Annual Review of Law and Social Science* 3: 271–296.

Conn, Steven. 2014. *Americans Against the City: Anti-Urbanism in the Twentieth Century*. New York: Oxford University Press.

Conover, Ted. 2000. *Newjack: Guarding Sing Sing*. New York: Vintage.

Coquard, Benoit. 2019. *Ceux qui restent. Faire sa vie dans les campagnes en déclin*. Paris: La Découverte.

Cresswell, Tim. 2002. "Bourdieu's Geographies." *Environment and Planning D: Society and Space* 20: 379–382.

Crossley, Stephen. 2018. *Troublemakers: The Construction of "Troubled Families" as a Social Problem*. Bristol: Policy Press.

Cummins, Ian. 2019. "Social Work and Advanced Marginality." Pp. 231–254 in *Class, Ethnicity and State in the Polarized Metropolis: Putting Wacquant to Work*. Edited by John Flint and Ryan Powell. London: Palgrave Macmillan.

Cunha, Manuela Ivone. 2008. "Closed Circuits: Kinship, Neighborhood and Incarceration in Urban Portugal." *Ethnography* 9, no. 3: 325–350.

DaCosta, Kimberly McClain. 2007. *Making Multiracials: State, Family, and Market in the Redrawing of the Color Line*. Stanford, CA: Stanford University Press.

Davies, Will. 2016. "The New Neoliberalism." *New Left Review* 101: 121–134.

Davis, James F. 1991. *Who Is Black? One Nation's Definition.* University Park, PA: Pennsylvania State University Press.

Davis, Kathy. 2008. "Intersectionality as Buzzword: A Sociology of Science Perspective on What Makes a Feminist Theory Successful." *Feminist Theory* 9, no. 1: 67–85.

Dawley, Evan N. 2020. *Becoming Taiwanese: Ethnogenesis in a Colonial City, 1880s–1950s.* Cambridge, MA: Harvard University Asia Center.

Dawson, Michael. 2014. "The Hollow Shell: Loïc Wacquant's Vision of State, Race and Economics." *Ethnic and Racial Studies* 37, no. 10: 1767–1775.

De Barros, Juanita. 2003. *Order and Place in a Colonial City: Patterns of Struggle and Resistance in Georgetown, British Guiana, 1889–1924.* Montréal: McGill-Queen's Press.

De Koning, Anouk. 2017. "'Handled with Care': Diffuse Policing and the Production of Inequality in Amsterdam." *Ethnography* 18, no. 4: 535–555.

De Risi, Vincenzo. 2007. *Geometry and Monadology: Leibniz's Analysis Situs and Philosophy of Space.* Basel: Birkhäuser.

De Risi, Vincenzo (ed.). 2019. "Leibniz on the Continuity of Space." Pp. 111–169 in *Leibniz and the Structure of Science. Modern and New Essays on Logic, Mathematics, Epistemology.* Berlin: Springer.

de Souza Briggs, Xavier, Susan J. Popkin, and John Goering. 2010. *Moving to Opportunity: The Story of an American Experiment to Fight Ghetto Poverty.* New York: Oxford University Press.

Deckard, Faith M., and Javier Auyero. 2022. "Poor People's Survival Strategies: Two Decades of Research in the Americas." *Annual Review of Sociology* 48: 373–395.

Delica, Kristian Nagel. 2011. "Sociologisk refleksivitet og feltanalytisk anvendelse af etnografi: om Loïc Wacquants blik på urban marginalisering." *Dansk Sociologi* 22, no. 1: 27–45.

Delsaut, Yvette, and Marie-Christine Rivière. 2022. *Pierre Bourdieu, une bibliographie.* Paris: Éditions Raisons d'agir.

Demazière, Christophe, Gülçin Erdi, Jacques Galhardo, and Olivier Gaudin. 2018. "50 ans après: actualités du droit à la ville d'Henri Lefebvre." *Métropolitiques*, December, https://metropolitiques.eu/.

Demissie, Fassil (ed.). 2012. *Colonial Architecture and Urbanism in Africa: Intertwined and Contested Histories*. Farnham, UK: Ashgate.

Desmond, Matthew. 2014a. "How Should We Study Social Suffering?" *Ethnic and Racial Studies* 37, no. 10: 1761–1766.

Desmond, Matthew. 2014b. *Evicted: Poverty and Profit in the American City*. New York: Crown.

Desmond, Matthew. 2018. "Heavy is the House: Rent Burden among the American Urban Poor." *International Journal of Urban and Regional Studies* 42, no. 1 (2018): 160–170.

Desmond, Matthew, and Monica Bell. 2015. "Housing, Poverty, and the Law." *Annual Review of Law and Science* 11: 15–35.

Dezalay, Yves, and Bryant G. Garth. 2002. *The Internationalization of Palace Wars: Lawyers, Economists, and the Contest to Transform Latin American States*. Chicago: University of Chicago Press.

Dikeç, Mustafa. 2007. *Badlands of the Republic: Space, Politics and Urban Policy*. Oxford: Blackwell.

Drake, St. Clair, and Horace R. Cayton. [1945] 1993. *Black Metropolis: A Study of Negro Life in a Northern City*. Chicago: University of Chicago Press.

Duarte, Paulette. 2000. "Les représentations de la dévalorisation urbaine chez les professionnels de la politique de la ville." *Les Annales de la recherche urbaine* 88, no. 1: 30–38.

Dubois, Vincent. 2021. *Contrôler les assistés. Genèse et usages d'un mot d'ordre*. Paris: Éditions Raisons d'agir.

Ducourant, Hélène and Fabien Éloire. 2014. "Entretien avec Monique de Saint Martin." *Revue Française de Socio-Économie* 13, no. 1: 191–201.

Dulong, Renaud, and Patricia Paperman. 1992. *La Réputation des cités HLM*.

Enquête sur le langage de l'insécurité. Paris: L'Harmattan.

Duneier, Mitchell, Philip Kasinitz, and Alexandra Murphy (eds.). 2014. *The Urban Ethnography Reader*. New York: Oxford University Press.

Durkheim, Émile. [1900] 1975. "La sociologie et son domaine scientifique." Reprinted in *Textes*. Vol. 1: *Éléments d'une théorie sociale*. Edited by Victor Karady. Paris: Minuit.

Durkheim, Émile. [1893] 2007. *De la division du travail social*. Paris: Presses Universitaires de France. (English: *The Division of Labor in Society*. London: Palgrave, 2012.)

Durkheim, Émile. [1895] 1987. *Les Règles de la méthode sociologique*. Paris: Presses Universitaires de France. (English: *The Rules of the Sociological Method*. London: Palgrave, 2014.)

Durkheim, Émile, and Marcel Mauss. [1903] 2017. *De quelques formes primitives de classification. Contribution à l'étude des représentations collectives*. Paris: Presses Universitaires de France. (English: *Primitive Classification*. Chicago: University of Chicago Press, 1963.)

Eason, John M. 2012. "Extending the Hyperghetto: Toward a Theory of Punishment, Race, and Rural Disadvantage." *Journal of Poverty* 16, no. 3: 274–295.

Eason, John M. 2017. *Big House on the Prairie: Rise of the Rural Ghetto and Prison Proliferation*. Chicago: University of Chicago Press.

Ek, Richard. 2006. "Giorgio Agamben and the Spatialities of the Camp: An Introduction." *Geografiska Annaler: Series B, Human Geography* 88: 363–386.

Eksner, H. Julia. 2013. "Revisiting the 'Ghetto' in the New Berlin Republic: Immigrant Youths, Territorial Stigmatisation and the Devaluation of Local Educational Capital, 1999–2010." *Social Anthropology* 21, no. 3: 336–355.

Elias, Norbert. [1987] 1991. *The Society of Individuals*. Cambridge, MA: Blackwell.

Elias, Norbert, and John L. Scotson. [1965] 1994. *The Established and the Outsiders*. London: Sage.

Engels, Friedrich. [1845] 1993. *The Condition of the Working Class in England*. Oxford: Oxford University Press.

Ewen, Shane. 2016. *What is Urban History?* Cambridge: Polity.

Farías, Ignacio. 2011. "The Politics of Urban Assemblages." *City* 15, nos. 3–4: 365–374.

Farías, Ignacio, and Thomas Bender (eds.). 2010. *Urban Assemblages: How Actor-Network Theory Changes Urban Studies.* New York: Routledge.

Fassin, Didier. 2011. *La Force de l'ordre. Une anthropologie de la police des quartiers.* Paris: Seuil.

Fassin, Didier. 2015. *L'Ombre du monde. Une anthropologie de la condition carcérale.* Paris: Seuil.

Fassin, Didier, and Éric Fassin (eds.). 2006. *De la question sociale à la question raciale? Représenter la société française.* Paris: La Découverte.

Feischmidt, Margit, Kristóf Szombati, and Péter Szuhay. 2013. "Collective Criminalization of the Roma in Central and Eastern Europe: Social Causes, Circumstances, Consequences." Pp. 188–207 in *The Routledge Handbook of European Criminology.* Edited by Sophie Body-Gendrot. London: Routledge.

Ferreccio, Vanina. 2016. *La larga sombra de la prisión. Una etnografía de los efectos extendidos del encarcelamiento.* Buenos Aires: Prometeo.

Fijalkow, Yankel. 2012. *Sociologie du logement.* Paris: La Découverte.

Filčák, Richard, and Tamara Stager. 2014. "Ghettos in Slovakia: Confronting Roma Social and Environmental Exclusion." *Analyse & Kritik* 36, no. 2: 229–250.

Fincher, Ruth, and Jane M. Jacobs (eds.). 1998. *Cities of Difference.* New York: Guilford Press.

Finley, Moses I. 1977. "The Ancient City: From Fustel de Coulanges to Max Weber and Beyond." *Comparative Studies in Society & History* 19, no. 3: 305–327.

Finzsch, Norbert, and Robert Jütte (eds.). 1996. *Institutions of Confinement: Hospitals, Asylums, and Prisons in Western Europe and North America, 1500–1950.* New York: Cambridge University Press.

Fischer, Brodwyn. 2008. *A Poverty of Rights: Citizenship and Inequality in Twentieth-Century Rio de Janeiro.* Stanford, CA: Stanford University Press.

Fischer, Claude S. 1995. "The Subcultural Theory of Urbanism: A Twentieth-Year Assessment." *American Journal of Sociology* 101, no. 3: 543–577.

Fleming, Crystal Marie. 2017. *Resurrecting Slavery: Racial Legacies and White Supremacy in France*. Philadelphia, PA: Temple University Press.

Fligstein, Neil, and Doug McAdam. 2012. *A Theory of Fields*. New York: Oxford University Press.

Flint, John. 2009. "Cultures, Ghettos and Camps: Sites of Exception and Antagonism in the City." *Housing Studies* 24, no. 4: 417–431.

Flint, John, and Ryan Powell (eds.). 2019. *Class, Ethnicity and State in the Polarized Metropolis: Putting Wacquant to Work*. London: Palgrave Macmillan.

Florida, Richard. [2002] 2014. *The Rise of the Creative Class – Revisited: Revised and Expanded*. New York: Basic Books.

Fogle, Nikolaus. 2011. *The Spatial Logic of Social Struggle: A Bourdieuian Topology*. Lanham, MD: Lexington Books.

Fong, Kelley. 2020. "Getting Eyes in the Home: Child Protective Services Investigations and State Surveillance of Family Life." *American Sociological Review* 85, no. 4: 610–638.

Fonseca, David S. 2018. "Expansion, Standardization, and Densification of the Criminal Justice Apparatus: Recent Developments in Brazil." *Punishment & Society* 20, no. 3: 329–350.

Forman, James, Jr. 2017. *Locking Up Our Own: Crime and Punishment in Black America*. New York: Farrar, Straus and Giroux.

Forrest, Ray, Sin Yee Koh, and Bart Wissink (eds.). 2017. *Cities and the SuperRich: Real Estate, Elite Practices and Urban Political Economies*. New York: Palgrave.

Forrester, Jay Wright. 1969. *Urban Dynamics*. Cambridge, MA: MIT Press.

Fortner, Michael Javen. 2015. *Black Silent Majority: The Rockefeller Drug Laws and the Politics of Punishment*. Cambridge, MA: Harvard University Press.

Foucault, Michel. 1975. *Surveiller et punir. Naissance de la prison*. Paris: Gallimard. (English: *Discipline and Punish: The Birth of the Prison*. New York: Vintage, 1977.)

Foucault, Michel. 2004. *Naissance de la biopolitique. Cours au Collège de France, 1978–1979*. Paris: Gallimard.

Garapon, Antoine, and Denis Salas. 2006. *Les Nouvelles sorcières de Salem. Leçons d'Outreau*. Paris: Seuil.

García, Guadalupe. 2016. *Beyond the Walled City: Colonial Exclusion in Havana*. Berkeley: University of California Press.

Garland, David. 1990. *Punishment and Modern Society: A Study in Social Theory*. Chicago: University of Chicago Press.

Garland, David. 2001. *The Culture of Control: Crime and Social Order in Contemporary Society*. Chicago: University of Chicago Press.

Garrido, Marco Z. 2019. *The Patchwork City: Class, Space, and Politics in Metro Manila*. Chicago: University of Chicago Press.

Garrido, Marco, Xuefei Ren, and Liza Weinstein. 2021. "Toward a Global Urban Sociology: Keywords." *City & Community* 20, no. 1: 4–12.

Gauthier, Jérémie. 2015. "Origines contrôlées. Police et minorités en France et en Allemagne." *Sociétés contemporaines* 97: 101–127.

Gayer, Laurent, and Christophe Jaffrelot. 2012. *Muslims in Indian Cities: Trajectories of Marginalisation*. New York: Columbia University Press.

Geller, Amanda, and Allyson Walker Franklin. 2014. "Paternal Incarceration and the Housing Security of Urban Mothers." *Journal of Marriage and Family* 76, no. 2: 411–427.

Geremek, Bronislaw. 1976. *Les Marginaux parisiens aux XIVème et XVème siècles*. Paris: Flammarion.

Geremek, Bronislaw. [1978] 1987. *La Potence ou la pitié. L'Europe et les pauvres du Moyen Âge à nos jours*. Paris: Gallimard. (English: *Poverty: A History*. Oxford: Basil Blackwell, 1994.)

Gilbert, Alan. 2011. "On the Absence of Ghettos in Latin American Cities." Pp. 191–224 in *The Ghetto: Contemporary Global Issues and Controversies*. Edited by Ray Hutchison and Bruce Haynes. Boulder, CO: Westview Press.

Gilfoyle, Timothy J. (ed.). 2019. *The Oxford Encyclopedia of American Urban History*.

New York: Oxford University Press.

Glaeser, Edward. 2008. *Triumph of the City: How Our Greatest Invention Makes Us Richer, Smarter, Greener, Healthier, and Happier*. New York: Penguin.

Glover, William J. 2008. *Making Lahore Modern: Constructing and Imagining a Colonial City*. Minneapolis, MN: University of Minnesota Press.

Goetz, Edward G. 2003. *Clearing the Way: Deconcentrating the Poor in Urban America*. Washington, DC: The Urban Institute.

Goffman, Erving. 1963. *Stigma: Notes on the Management of Spoiled Identity*. New York: Simon & Schuster.

Goffman, Erving. 1983. "The Interaction Order: American Sociological Association, 1982 Presidential Address." *American Sociological Review* 48, no. 1: 1–17.

Gowan, Teresa. 2002. "The Nexus: Homelessness and Incarceration in Two American Cities." *Ethnography* 3, no. 4: 500–534.

Gray, Neil, and Gerry Mooney. 2011. "Glasgow's New Urban Frontier: 'Civilising' the Population of 'Glasgow East'." *City* 15, no. 1: 4–24.

Gusfield, Joseph R. 1989. "Constructing the Ownership of Social Problems: Fun and Profit in the Welfare State." *Social Problems* 36, no. 5: 431–441.

Gustafson, Kaaryn S. 2012. *Cheating Welfare: Public Assistance and the Criminalization of Poverty*. New York: NYU Press.

Haferburg, Christoph. 2017. "Post-urbanisierte Städte in globaler Perspektive: Zur Aktualität Bourdieuscher Konzepte in der Stadtforschung." *Sub\Urban* 5, no. 1–2: 205–214.

Hagan, John. 1992. "The Poverty of a Classless of Criminology: The American Society of Criminology 1991 Presidential Address." *Criminology* 30, no. 1: 1–20.

Hagan, John. 2012. *Who Are the Criminals? The Politics of Crime Policy from the Age of Roosevelt to the Age of Reagan*. Princeton, NJ: Princeton University Press.

Handler, Joel F. 2009. "Welfare, Workfare, and Citizenship in the Developed World." *Annual Review of Law and Social Science* 5: 71–90.

Hannerz, Ulf. 1980. *Exploring the City. Inquiries Toward an Urban Anthropology*.

New York: Columbia University Press.

Hansen, Christian Sandbjerg. 2021. *The Making of Place and People in the Danish Metropolis: A Sociohistory of Copenhagen North West*. London: Routledge.

Harding, Alan, and Talja Blokland. 2014. *Urban Theory: A Critical Introduction to Power, Cities and Urbanism in the 21st Century*. London: Sage.

Harlow, Caroline Wolf. 1998. *Profile of Jail Inmates, 1996*. Washington, DC: Bureau of Justice Statistics.

Harrington, Brooke. 2016. *Capital without Borders: Wealth Managers and the One Percent*. Cambridge, MA: Harvard University Press.

Harvey, David. 1989. "From Managerialism to Entrepreneurialism: The Transformation in Urban Governance in Late Capitalism." *Geografiska Annaler* 71, no. 1: 3–17.

Harvey, David. 2005. *A Brief History of Neoliberalism*. New York: Oxford University Press.

Hathazy, Paul C. 2013. "(Re)Shaping the Neoliberal Leviathans: The Politics of Penality and Welfare in Argentina, Chile and Peru." *European Review of Latin American and Caribbean Studies* 95: 5–25.

Hathazy, Paul, and Markus-Michael Müller. 2016. "The Rebirth of the Prison in Latin America: Determinants, Regimes and Social Effects." *Crime, Law & Social Change* 65, no. 3: 113–135.

Hay, Ian (ed.). 2016. *Geographies of the Super-Rich*. Cheltenham, UK: Edward Elgar.

Hayden, Carol, and Craig Jenkins. 2014. "'Troubled Families' Programme in England: 'Wicked Problems' and Policy-based Evidence." *Policy Studies* 35, no. 6: 631–649.

Herpin, Nicolas. 2006. *Le Pouvoir des grands. De l'influence de la taille des hommes sur leur statut social*. Paris: La Découverte.

Herring, Chris. 2014. "The New Logics of Homeless Seclusion: Homeless Encampments in America's West Coast Cities." *City & Community* 13, no. 4: 285–309.

Herring, Chris. 2019a. "Complaint-Oriented Policing: Regulating Homelessness in

Public Space." *American Sociological Review* 84, no. 5: 769–800.

Herring, Chris. 2019b. "Between Street and Shelter: Seclusion, Exclusion, and the Neutralization of Poverty." Pp. 281–305 in *Class, Ethnicity and State in the Polarized Metropolis: Putting Wacquant to Work.* Edited by John Flint and Ryan Powell. London: Palgrave Macmillan.

Herring, Chris, Dilara Yarbrough, and Lisa Marie Alatorre. 2015. *Punishing the Poorest: How San Francisco's Criminalization of Homelessness Perpetuates Poverty.* San Francisco: San Francisco Coalition on Homelessness.

Heynen, Nik. 2014. "Urban Political Ecology I: The Urban Century." *Progress in Human Geography* 38, no. 4: 598–604.

Heynen, Nik. 2016. "Urban Political Ecology II: The Abolitionist Century." *Progress in Human Geography* 40, no. 6: 839–845.

Holmqvist, Mikael. 2017. *Leader Communities: The Consecration of Elites in Djursholm.* New York: Columbia University Press.

Home, Robert. 2013. *Of Planting and Planning: The Making of British Colonial Cities.* New York: Routledge.

Hondius, Dienke. 2017. *Blackness in Western Europe: Racial Patterns of Paternalism and Exclusion.* New York: Routledge.

Horgan, Mervyn. 2018. "Territorial Stigmatization and Territorial Destigmatization: A Cultural Sociology of Symbolic Strategy in the Gentrification of Parkdale (Toronto)." *International Journal of Urban and Regional Research* 42, no. 3: 500–516.

Hugrée, Cédric, Étienne Penissat, and Alexis Spire. 2017. *Les Classes sociales en Europe. Tableau des nouvelles inégalités sur le vieux continent.* Marseille: Agone.

Hunt, Geoffrey, Stephanie Riegel, Tomas Morales, and Dan Waldorf. 1993. "Changes in Prison Culture: Prison Gangs and the Case of the 'Pepsi Generation'." *Social Problems* 40, no. 3: 398–409.

Hunt, Tristram. 2014. *Cities of Empire: The British Colonies and the Creation of the Urban World.* London: Macmillan.

Huq, Efadul, and Faranak Miraftab. 2020. "'We Are All Refugees': Camps and

Informal Settlements as Converging Spaces of Global Displacements." *Planning Theory & Practice* 21, no. 3: 351–370.

Hussey, Andrew. 2014. *The French Intifada: The Long War Between France and its Arabs*. New York: Faber & Faber.

Hyra, Derek S. 2012. "Conceptualizing the New Urban Renewal: Comparing the Past to the Present." *Urban Affairs Review* 48, no. 4: 498–527.

Ibrahimović, Zlatan, and David Lagercrantz. 2014. *I Am Zlatan: My Story On and Off the Field*. New York: Random House.

Ihmig, Karol-Nobert. 1999. "Ernst Cassirer and the Structural Conception of Objects in Modern Science: The Importance of the 'Erlanger Programme'." *Science in Context* 12, no. 4: 513–529.

Irwin, John. 1985. *The Jail: Managing the Underclass in American Society*. Berkeley: University of California Press.

Isin, Engin. 2003. "Historical Sociology of the City." Pp. 312–325 in *Handbook of Historical Sociology*. Edited by Gerard Delanty and Engin F. Isin. London: Sage.

Jackson, Emma. 2015. *Young Homeless People and Urban Space: Fixed in Mobility*. London: Routledge.

Jaffe, Rivke, and Anouk De Koning. 2015. *Introducing Urban Anthropology*. London: Routledge.

Jansen, Bram J. 2018. *Kakuma Refugee Camp: Humanitarian Urbanism in Kenya's Accidental City*. London: Zed Books.

Jayne, Mark, and Kevin Ward. 2017. *Urban Theory: New Critical Perspectives*. London: Routledge.

Jazouli, Adil. 1992. *Les Années banlieues*. Paris: Seuil.

Jenkins, Richard. 2008. "Erving Goffman: A Major Theorist of Power?" *Journal of Power* 1, no. 2: 157–168.

Jensen, Lars. 2020. *Postcolonial Europe*. London: Routledge.

Jensen, Sune Qvotrup, and Ann-Dorte Christensen. 2012. "Territorial Stigmatization and Local Belonging: A Study of the Danish Neighbourhood Aalborg East." *City* 16, nos.

1–2: 74–92.

Jensen, Sune Qvotrup, Annick Prieur, and Jakob Skjott-Larsen. 2021. "Living with Stigma: Spatial and Social Divisions in a Danish City." *International Journal of Urban and Regional Research* 45, no. 1: 186–196.

Jones, Trevor, and Tim Newburn. 2013. "Policy Convergence, Politics and Comparative Penal Reform: Sex Offender Notification Schemes in the USA and UK." *Punishment & Society* 15, no. 5: 439–467.

Kafka, Franz. [1914] 2011. *In the Penal Colony*. New York: Penguin.

Kalifa, Dominique. 2012. *Les Bas-fonds. Histoire d'un imaginaire*. Paris: Seuil. (English: *Vice, Crime, and Poverty: How the Western Imagination Invented the Underworld*. New York: Columbia University Press, 2019.)

Kalkan, Hakan. 2021. *Shababs. Gadekultur, gadens økonomi og respekt på Nørrebro* [Shababs: Street Culture and Respect in Norrebro]. Copenhagen: Hans Reitzel Forlag.

Kallin, Hamish, and Tom Slater. 2014. "Activating Territorial Stigma: Gentrifying Marginality on Edinburgh's Periphery." *Environment & Planning A* 46, no. 6: 1351–1368.

Kammersgaard, Tobias, Thomas Friis Søgaard, Mie Birk Haller, Torsten Kolind, and Geoffrey Hunt. 2021. "Community Policing in Danish 'Ghetto' Areas: Trust and Distrust between the Police and Ethnic Minority Youth." *Criminology & Criminal Justice*, doi: 10.1177/17488958211017390.

Kawalerowicz, Juta, and Michael Biggs. 2015. "Anarchy in the UK: Economic Deprivation, Social Disorganization, and Political Grievances in the London Riot of 2011." *Social Forces* 94, no. 2: 673–698.

Kazepov, Yuri (ed.). 2008. *Cities of Europe: Changing Contexts, Local Arrangement and the Challenge to Urban Cohesion*. Chichester: John Wiley & Sons.

Kearns, Ade, Oliver Kearns, and Louise Lawson. 2013. "Notorious Places: Image, Reputation, Stigma. The Role of Newspapers in Area Reputations for Social Housing Estates." *Housing Studies* 28, no. 4: 579–598.

Keil, Charles. 1966. *Urban Blues*. Chicago: University of Chicago Press.

Keister, Lisa A. 2014. "The One Percent." *Annual Review of Sociology* 40: 347–367.

Keller, Carsten. 2005. *Leben im Plattenbau. Zur Dynamik sozialer Ausgrenzung.* Berlin: Campus Verlag.

Khan, Shamus Rahman. 2012. "The Sociology of Elites." *Annual Review of Sociology* 38: 361–377.

Killewald, Alexandra, Fabian T. Pfeffer, and Jared N. Schachner. 2017. "Wealth Inequality and Accumulation." *Annual Review of Sociology* 43: 379–404.

Kirkness, Paul. 2014. "The *Cités* Strike Back: Restive Responses to Territorial Taint in the French *Banlieues.*" *Environment & Planning A* 46, no. 6: 1281– 1296.

Kirkness, Paul, and Andreas Tijé-Dra (eds.). 2017. *Negative Neighbourhood Reputation and Place Attachment: The Production and Contestation of Territorial Stigma.* London: Routledge.

Klinenberg, Eric. 2018. *Palaces for the People: How Social Infrastructure Can Help Fight Inequality, Polarization, and the Decline of Civic Life.* New York: Crown.

Knudsen, Are J. 2016. "Camp, Ghetto, Zinco, Slum: Lebanon's Transitional Zones of Emplacement." *Humanity: An International Journal of Human Rights, Humanitarianism, and Development* 7, no. 3: 443–457.

Koch, Insa Lee. 2018. *Personalizing the State: An Anthropology of Law, Politics, and Welfare in Austerity Britain.* Oxford: Oxford University Press.

Kokoreff, Michel. 2006. *Sociologie de l'émeute.* Paris: Payot.

Kokoreff, Michel. 2007. "Du stigmate au ghetto. De la difficulté à nommer les quartiers." *Informations sociales* 141: 86–95.

Korsnes, Olav, Johan Heilbron, Johs Hjellbrekke, Felix Bühlmann, and Mike Savage (eds.). 2018. *New Directions in Elite Studies.* London: Routledge.

Kovács, Katalin. 2015. "Advancing Marginalisation of Roma and Forms of Segregation in East Central Europe." *Local Economy* 30, no. 7: 783–799.

Koven, Seth. 2006. *Slumming: Sexual and Social Politics in Victorian London.* Princeton, NJ: Princeton University Press.

Koyré, Alexandre. 1957. *From the Closed World to the Infinite Universe.* Baltimore, MD: Johns Hopkins University Press.

Kubrin, Charis E. 2005. "Gangstas, Thugs, and Hustlas: Identity and the Code of the Street in Rap Music." *Social Problems* 52, no. 3: 360–378.

Kusmer, Kenneth L. 1976. *A Ghetto Takes Shape: Black Cleveland, 1870–1930.* Urbana, IL: University of Illinois Press.

Labbé, Gricel, and Pedro Palma. 2021. "(Hiper) guetos latinos: acercamiento teórico al fenómeno de la marginalidad en las ciudades latinoamericanas." *Investigaciones Sociales* 44: 229–242.

Lageson, Sarah Esther. 2021. "Criminal Record Stigma and Surveillance in the Digital Age." *Annual Review of Criminology* 5: 67–90.

Lambert, Anne. 2015. *"Tous propriétaires!" L'envers du décor pavillonnaire.* Paris: Seuil.

Lamont, Michèle. 2018. "Addressing Recognition Gaps: Destigmatization and the Reduction of Inequality." *American Sociological Review* 83, no. 3: 419–444.

Lapeyronnie, Didier. 2012. *Ghetto urbain. Ségrégation, violence, pauvreté en France aujourd'hui.* Paris: Robert Laffont.

Lara-Millán, Armando. 2021. *Redistributing the Poor: Jails, Hospitals, and the Crisis of Law and Fiscal Austerity.* New York: Oxford University Press.

Laval, Christian. 2018. *Foucault, Bourdieu et la question néolibérale.* Paris: La Découverte.

Lawhon, Mary. 2020. *Making Urban Theory: Learning and Unlearning through Southern Cities.* New York: Routledge.

Le Roux, Brigitte, and Henri Rouanet. 2004. *Geometric Data Analysis: From Correspondence Analysis to Structured Data Analysis.* Dordrecht: Kluwer.

Lebaron, Frédéric. 2009. "How Bourdieu 'Quantified' Bourdieu: The Geometric Modelling of Data." Pp. 11–29 in *Quantifying Theory: Pierre Bourdieu.* Edited by Karen Robson and Chris Sanders. Dordrecht: Springer.

Lebaron, Frédéric, and Brigitte Le Roux. 2013. "Géométrie du champ." *Actes de la recherche en sciences sociales* 200: 106–109.

Lebaron, Frédéric, and Brigitte Le Roux (eds.). 2015. *La Méthodologie de Pierre*

Bourdieu en action. Espace culturel, espace social et analyse des données. Paris: Dunod.

LeBlanc, Adrian Nicole. 2003. *Random Family: Love, Drugs, Trouble, and Coming of Age in the Bronx.* New York: Simon & Schuster.

Lefebvre, Henri. 1968. *Le Droit à la ville.* Paris: Anthropos.

Lefebvre, Henri. 1974. *La Production de l'espace.* Paris: Anthropos. (English: *The Production of Space.* Cambridge, MA: Blackwell, 1992.)

Leitner, Helga, Jamie Peck, and Eric S. Sheppard (eds.). 2007. *Contesting Neoliberalism: Urban Frontiers.* New York: Guilford Press.

Leitner, Helga, Jamie Peck, and Eric S. Sheppard (eds.). 2019. "Urban Studies Unbound: Postmillennial Spaces of Theory." Pp. 1–20 in *Urban Studies Inside/Out: Theory, Method, Practice.* London: Sage.

Lepoutre, David, and Isabelle Cannoodt. 2005. *Souvenirs de familles immigrées.* Paris: Odile Jacob.

Lerman, Amy. 2014. "Reading Wacquant as Both 'Lumper' and 'Splitter'." *Ethnic and Racial Studies* 37, no. 10: 1739–1746.

Lerman, Amy E., and Vesla M. Weaver. 2014. *Arresting Citizenship: The Democratic Consequences of American Crime Control.* Chicago: University of Chicago Press.

Lerner, Steve. 2010. *Sacrifice Zones: The Front Lines of Toxic Chemical Exposure in the United States.* Cambridge, MA: MIT Press.

Levine, Jeremy. 2021. *Constructing Community: Urban Governance, Development, and Inequality in Boston.* Princeton, NJ: Princeton University Press.

Lévy, Jacques. 1989. "Habitat et espace politique." *Espaces et sociétés* 53: 9–32.

Link, Bruce G., and Jo C. Phelan. 2001. "Conceptualizing Stigma." *Annual Review of Sociology* 27: 363–385.

Link, Bruce G., and Jo Phelan. 2014. "Stigma Power." *Social Science & Medicine* 103: 24–32.

Lippuner, Roland. 2012. "Pierre Bourdieu." In *Handbuch Stadtsoziologie.* Edited by Frank Eckard. Berlin: VSA Verlag.

Lis, Catharina, and Hugo Soly. 1979. *Poverty and Capitalism in Pre-industrial*

Europe. London: Harvester Press.

Listerborn, Carina, Irene Molina, and Åse Richard. 2020. "Claiming the Right to Dignity: New Organizations for Housing Justice in Neoliberal Sweden." *Radical Housing Journal* 2, no. 1: 119–137.

Logan, John R. 2012. "Making a Place for Space: Spatial Thinking in Social Science." *Annual Review of Sociology* 38: 507–524.

Logan, John, and Harvey Molotch. [1987] 2007. *Urban Fortunes: The Political Economy of Place*. Berkeley: University of California Press.

Lopez-Aguado, Patrick. 2018. *Stick Together and Come Back Home*. Berkeley: University of California Press.

Loveman, Mara. 2014. "Travelling Abroad with a Map of a Made-In-The-USA Neoliberal City." *Ethnic and Racial Studies* 37, no. 10: 1753–1760.

Low, Setha M. (ed.). 1999. *Theorizing the City: The New Urban Anthropology Reader*. New Brunswick, NJ: Rutgers University Press.

Low, Setha M. 2004. *Behind the Gates: Life, Security, and the Pursuit of Happiness in Fortress America*. New York: Routledge.

Lugalia-Hollon, Ryan, and Daniel Cooper. 2018. *The War on Neighborhoods: Policing, Prison, and Punishment in a Divided City*. Boston, MA: Beacon Press.

Maestri, Gaja. 2019. "Bringing the Third Sector Back into Ghetto Studies: Roma Segregation and Civil Society Associations in Italy." Pp. 255–280 in *Class, Ethnicity and State in the Polarized Metropolis: Putting Wacquant to Work*. Edited by John Flint and Ryan Powell. London: Palgrave Macmillan.

Magri, Susanna. 2008. "Le pavillon stigmatisé. Grands ensembles et maisons individuelles dans la sociologie des années 1950 à 1970." *L'Année sociologique* 58: 171–202.

Magri, Susanna, and Christian Topalov. 1989. *Villes ouvrières, 1900–1950*. Paris: L'Harmattan.

Maguire, David. 2021. *Male, Failed, Jailed: Masculinities and 'Revolving Door' Imprisonment in the UK*. London: Palgrave Macmillan.

Malaguti Batista, Vera (ed.). 2012. *Loïc Wacquant e a questão penal no capitalismo neoliberal*. Rio de Janeiro: Editora Revan.

Malmberg, Bo, Eva Andersson, and John Östh. 2013. "Segregation and Urban Unrest in Sweden." *Urban Geography* 34, no. 7: 1031–1046.

Málovics, György, Remus Crețan, Boglárka Méreiné Berki, and Janka Tóth. 2019. "Urban Roma, Segregation and Place Attachment in Szeged, Hungary." *Area* 51, no. 1: 72–83.

Manderscheid, Katharina. 2017. "Reflektionen zu räumlicher Nähe und sozialer Distanz: Kommentar zu Loïc Wacquant: Bourdieu comes to Town." *Sub\ Urban* 5, nos. 1–2: 197–204.

Mannoia, Michele. 2013. "I giovani adulti presi in carico dagli USSM siciliani. I risultati di una ricerca empirica." Pp. 89–98 in *Giustizia minorile e giovani adulti*. Edited by I. Mastropasqua, N. Buccellato, and C. Collicelli. Rome: Gangemi.

Marcuse, Peter. 2014. "Reading the Right to the City." *City* 18, no. 1: 4–9.

Marlière, Éric. 2007. "Les 'jeunes de cité' et la police: de la tension à l'émeute." *Empan* 67: 26–29.

Marlière, Éric. 2008. "Les 'jeunes de cité': territoires et pratiques culturelles." *Ethnologie française* 38, no. 4: 711–721.

Marom, Nathan. 2014a. "Relating a City's History and Geography with Bourdieu: One Hundred Years of Spatial Distinction in Tel Aviv." *International Journal of Urban and Regional Research* 38, no. 4: 1344–1362.

Marom, Nathan. 2014b. "Planning as a Principle of Vision and Division: A Bourdieusian View of Tel Aviv's Urban Development, 1920s–1950s." *Environment and Planning A* 46, no. 8: 1908–1926.

Marom, Nathan. 2019. "Urban Visions and Divisions in the Global South: Comparing Strategies for Mumbai and Cape Town." *Transactions of the Institute of British Geographers* 44, no. 4: 778–793.

Marshall, Thomas H. 1950. *Citizenship and Social Class, and other Essays*. Cambridge: Cambridge University Press.

Martin, Terry Dean. 2001. *The Affirmative Action Empire: Nations and Nationalism in the Soviet Union, 1923–1939*. Ithaca, NY: Cornell University Press.

Martinez Veiga, Ubaldo. 2014. "What Tourists Don't See: Housing, Concentration of Poverty and Ethnic Conflict in a Spanish Migrant Ghetto." *Dialectical Anthropology* 38, no. 1: 59–77.

Marwan, Mohammed, and Laurent Mucchielli. 2007. "La police dans les 'quartiers sensibles': un profond malaise." Pp. 104–125 in *Quand les banlieues brûlent. Retour sur les émeutes de novembre 2005*. Edited by Véronique Le Goaziou and Laurent Mucchielli. Paris: La Découverte.

Marwell, Nicole P. 2007. *Bargaining for Brooklyn: Community Organizations in the Entrepreneurial City*. Chicago: University of Chicago Press.

Masclet, Olivier. 2003. *La Gauche et les cités. Enquête sur un rendez-vous manqué*. Paris: La Dispute.

Massey, Douglas. 2014. "Manufacturing Marginality among Women and Latinos in Neoliberal America." *Ethnic and Racial Studies* 37, no. 10: 1747–1752.

Massey, Douglas S., and Nancy A. Denton. 1993. *American Apartheid: Segregation and the Making of the Underclass*. Cambridge, MA: Harvard University Press.

Mauger, Gérard. 2005. *L'Émeute de novembre 2005. Une révolte protopolitique*. Broissieux: Éditions du Croquant.

Mauger, Gérard. 2006. "Les transformations des classes populaires en France depuis trente ans." Pp. 29–42 in *Nouvelles luttes de classe*. Edited by Jean Lojkine, Michel Vakaloulis, and Pierre Cours-Salies. Paris: Presses Universitaires de France.

Mayer, Margit, Catharina Thörn, and Håkan Thörn (eds.). 2016. *Urban Uprisings: Challenging Neoliberal Urbanism in Europe*. Berlin: Springer.

Mayhew, Robert. [1851] 2012. *London Labour and the London Poor*. Edited by Robert Douglas-Fairhurst. Oxford: Oxford University Press.

McAlinden, Anne-Marie. 2012. "The Governance of Sexual Offending across Europe: Penal Policies, Political Economies and the Institutionalization of Risk." *Punishment & Society* 14, no. 2: 166–192.

283

McFarlane, Colin, and Ben Anderson. 2011. "Thinking with Assemblage." *Area* 43, no. 2: 162–164.

McKean, Lise, and Jody Raphael. 2021. *Drugs, Crime, and Consequences. Arrests and Incarceration in North Lawndale*. Chicago: North Lawndale Employment Network and the Center for Impact Research.

McKenzie, Lisa. 2015. *Getting By: Estates, Class and Culture in Austerity Britain*. Bristol: Policy Press.

McNeill, Donald. 2017. *Global Cities and Urban Theory*. Newbury Park, CA: Sage.

Mears, Ashley. 2020. *Very Important People: Status and Beauty in the Global Party Circuit*. Princeton, NJ: Princeton University Press.

Meier, Lars. 2017. "Ortseffekte oder Bourdieu und die Ausrufung des Ghettos." *Sub\Urban* 5, no. 1–2: 215–220.

Menjívar, Cecilia. 2014. "Immigration Law Beyond Borders: Externalizing and Internalizing Border Controls in an Era of Securitization." *Annual Review of Law and Social Science* 10: 353–369.

Merton, Robert K. 1968. *Social Theory and Social Structure*. New York: Free Press.

Merton, Robert K. 1976. *Sociological Ambivalence and other Essays*. New York: Free Press.

Metcalf, Thomas R. 2013. "Colonial Cities." Pp. 753–769 in *The Oxford Handbook of Cities in World History*. Edited by Peter Clark. New York: Oxford University Press.

Métraux, Stephen, and Dennis P. Culhane. 2006. "Recent Incarceration History among a Sheltered Homeless Population." *Crime & Delinquency* 52, no. 3: 504–517.

Miller, Reuben Jonathan. 2019. "All Leviathan's Children: Race, Punishment and the (Re)Making of the City." Pp. 215–229 in *Class, Ethnicity and State in the Polarized Metropolis: Putting Wacquant to Work*. Edited by John Flint and Ryan Powell. London: Palgrave Macmillan.

Miller, Reuben Jonathan. 2021. *Halfway Home: Race, Punishment, and the Afterlife of Mass Incarceration*. Boston, MA: Little, Brown.

Mills, C. Wright. 1959. *The Sociological Imagination*. Oxford: Oxford University

Press, 40th anniversary edition, 2000.

Minca, Claudio. 2015. "Geographies of the Camp." *Political Geography* 49: 74–83.

Mionel, Viorel, and Alexandru Gavris. 2015. "Administrative Policies in Urban Segregated Spaces. The Case of the Romanian Ghettos." *Transylvanian Review of Administrative Sciences* 11, no. 45: 116–135.

Miraftab, Faranak, and Neema Kudva (eds.). 2014. *Cities of the Global South Reader.* New York: Routledge.

Mitchell, Meghan M., Chantal Fahmy, David C. Pyrooz, and Scott H. Decker. 2017. "Criminal Crews, Codes, and Contexts: Differences and Similarities across the Code of the Street, Convict Code, Street Gangs, and Prison Gangs." *Deviant Behavior* 38, no. 10: 1197–1222.

Monk, Ellis P. 2019. "The Color of Punishment: African Americans, Skin Tone, and the Criminal Justice System." *Ethnic and Racial Studies* 42, no. 10: 1593–1612.

Monk Jr, Ellis P., Michael H. Esposito, and Hedwig Lee. 2021. "Beholding Inequality: Race, Gender, and Returns to Physical Attractiveness in the United States." *American Journal of Sociology* 127, no. 1: 194–241.

Moore, Hollis. 2021. "The *Mata Escura* Penal Compound: An Analysis of the Prison-Neighbourhood Nexus in Northeast Brazil." Pp. 171–194 in *Carceral Communities in Latin America.* Edited by Sacha Darke, Chris Garces, Luis Duno-Gottberg, and Andrés Antillano. London: Palgrave Macmillan.

Mora, G. Cristina. 2014. *Making Hispanics: How Activists, Bureaucrats, and Media Constructed a New American.* Chicago: University of Chicago Press.

Morelle, Marie. 2015. "La prison, la police et le quartier. Gouvernement urbain et illégalismes populaires à Yaoundé." *Annales de géographie* 702/703: 300–322.

Morgan, Kimberly J., and Andrea Louise Campbell. 2011. *The Delegated Welfare State: Medicare, Markets, and the Governance of Social Policy.* Princeton, NJ: Princeton University Press.

Morris, Alan. 2013. "Public Housing in Australia: A Case of Advanced Urban Marginality?" *The Economic & Labour Relations Review* 24, no. 1: 80–96.

Mucchielli, Laurent (ed.). 2008. *La Frénésie sécuritaire. Retour à l'ordre et nouveau contrôle social.* Paris: La Découverte.

Muller, Christopher, and Alex Roerkasse. 2022. "Racial and Class Inequality in US Incarceration in the Early Twenty-First Century." *Social Forces*, in press.

Müller, Markus-Michael. 2012. "The Rise of the Penal State in Latin America." *Contemporary Justice Review* 15, no. 1 (March): 57–76.

Müller, Markus-Michael. 2016. *The Punitive City: Privatized Policing and Protection in Neoliberal Mexico.* London: Zed.

Musterd, Sako, and Wim Ostendorf (eds.). 2013. *Urban Segregation and the Welfare State: Inequality and Exclusion in Western Cities.* London: Routledge.

Musterd, Sako, Alan Murie, and Christian Kesteloot. 2016. *Neighbourhoods of Poverty.* London: Palgrave Macmillan.

Nash, Jennifer C. 2017. "Intersectionality and its Discontents." *American Quarterly* 69, no. 1: 117–129.

Ndiaye, Pap. 2008. *La Condition noire. Essai sur une minorité française.* Paris: Calmann-Lévy.

Nelli, Humbert S. 1973. *Italians in Chicago, 1880–1930: A Study in Ethnic Mobility.* New York: Oxford University Press.

Newburn, Tim. 2016. "The 2011 England Riots in European Context: A Framework for Understanding the 'Life-Cycle' of Riots." *European Journal of Criminology* 13, no. 5: 540–555.

Njoh, Ambe J. 2016. *French Urbanism in Foreign Lands.* Cham, Switzerland: Springer International.

Novak, Michael J. 2008. "The Myth of the 'Weak' American State." *The American Historical Review* 113, no. 3: 752–772.

Nunes, Brasilmar Ferreira, and Leticia Veloso. 2011. "Divided Cities: Rethinking the Ghetto in Light of the Brazilian Favela." Pp. 225–244 in *The Ghetto: Contemporary Global Issues and Controversies.* Edited by Ray Hutchison and Bruce Haynes. Boulder, CO: Westview Press.

Osofsky, Gilbert. 1966. *Harlem: The Making of a Ghetto, Negro New York, 1890–1930*. New York: Harper and Row.

Paik, Leslie. 2021. *Trapped in a Maze: How Social Control Institutions Drive Family Poverty and Inequality*. Berkeley, CA: University of California Press.

Painter, Joe. 2000. "Pierre Bourdieu." Pp. 239–259 in *Thinking Space*. Edited by Mike Crang and Nigel Thrift. London: Routledge.

Pan Ké Shon, Jean-Louis. 2009. "Ségrégation ethnique et ségrégation sociale en quartiers sensibles. L'apport des mobilités résidentielles." *Revue française de sociologie* 50, no. 3: 451–487.

Pan Ké Shon, Jean-Louis, and Gregory Verdugo. 2014. "Ségrégation et incorporation des immigrés en France." *Revue française de sociologie* 55, no. 2: 245–283.

Paone, Sonia. 2008. *Città in frantumi. Sicurezza, emergenza e produzione dello spazio*. Milan: Franco Angeli.

Paone, Sonia. 2012. *Città nel disordine. Marginalità, sorveglianza, controllo*. Pisa: Edizione ETS.

Paquot, Thierry. 2009. *Ghettos de riches. Tour du monde des enclaves résidentielles sécurisées*. Paris: Perrin.

Pardo, Italo, and Giuliana B. Prato. 2016. *Anthropology in the City: Methodology and Theory*. London: Routledge.

Parker, Simon. 2015. *Urban Theory and the Urban Experience: Encountering the City*. London: Routledge.

Parnell, Susan, and Sophie Oldfield (eds.). 2020. *The Routledge Handbook on Cities of the Global South*. New York: Routledge.

Pasquali, Paul. 2012. "Deux sociologues en banlieue. L'enquête sur les grands ensembles de Jean-Claude Chamboredon et Madeleine Lemaire (1966–1970)." *Genèses* 87: 113–135.

Pasquali, Paul. 2018. "Une 'École de Chicago' en banlieue parisienne." Pp. 235–291 in *Le Laboratoire des sciences sociales. Histoires d'enquêtes et revisites*. Edited by Gilles Laferté, Paul Pasquali, and Nicolas Renahy. Paris: Éditions Raisons d'agir.

Pasquetti, Silvia. 2022. *Organized Refugees and Fragmented Citizens: Marginality, Solidarity, and Politics across the Green Line.* New York: Oxford University Press.

Paton, Kirsteen, Vikki McCall, and Gerry Mooney. 2017. "Place Revisited: Class, Stigma and Urban Restructuring in the Case of Glasgow's Commonwealth Games." *The Sociological Review* 65, no. 4: 578–594.

Pattillo, Mary. 2005. "Black Middle-Class Neighborhoods." *Annual Review of Sociology* 31: 305–329.

Pattillo, Mary. 2008a. *Black on the Block: The Politics of Race and Class in the City.* Chicago: University of Chicago Press.

Pattillo, Mary. 2008b. "Investing in Poor Black Neighborhoods 'As Is'." Pp. 31–46 in *Public Housing and the Legacy of Segregation.* Edited by Margery Turner, Susan Popkin, and Lynette Rawlings. Washington, DC: Urban Institute Press.

Pattillo, Mary. 2013. "Housing: Commodity versus Right." *Annual Review of Sociology* 39: 509–531.

Paugam, Serge. 1991. *La Disqualification sociale. Essai sur la nouvelle pauvreté.* Paris: PUF.

Paugam, Serge (ed.). 1996. *L'Exclusion, l'état des savoirs.* Paris: La Découverte.

Paulle, Bowen. 2013. *Toxic Schools: High-Poverty Education in New York and Amsterdam.* Chicago: University of Chicago Press.

Péchu, Cécile. 2006. *Droit au logement. Genèse et sociologie d'une mobilisation.* Paris: Dalloz.

Peck, Jamie. 2005. "Struggling with the Creative Class." *International Journal of Urban and Regional Research* 29, no. 4: 740–770.

Peck, Jamie. 2010. *Constructions of Neoliberal Reason.* New York: Oxford University Press.

Peck, Jamie. 2016. "Economic Rationality Meets Celebrity Urbanology: Exploring Edward Glaeser's City." *International Journal of Urban and Regional Research* 40, no. 1: 1–30.

Peck, Jamie, and Nik Theodore. 2008. "Carceral Chicago: Making the Exoffender

Employability Crisis." *International Journal of Urban and Regional Research* 32, no. 2: 251–281.

Peck, Jamie, and Nik Theodore. 2015. *Fast Policy: Experimental Statecraft at the Thresholds of Neoliberalism*. Minneapolis, MN: University of Minnesota Press.

Pereira, Virgílio Borges. 2005. *Classes e culturas de classe das famílias portuenses. Classes sociais e "modalidades de estilização da vida" na cidade do Porto*. Porto: Afrontamento.

Pereira, Virgílio Borges. 2018. "Urban Distinctions: Class, Culture, and Sociability in Porto." *International Journal of Urban and Regional Studies* 42, no. 1: 126–137.

Pereira, Virgílio Borges, and João Pedro Luís de Queirós. 2014. "'It's Not a *Bairro*, Is it?' Subsistence Sociability and Focused Avoidance in a Defamed Housing Estate." *Environment & Planning A* 46, no. 6: 1297–1316.

Pérez, Amín. 2022. *Combattre en sociologues. Pierre Bourdieu et Abdelmalek Sayad dans une guerre de libération (Algérie, 1958–1964)*. Marseilles: Agone.

Perlman, Janice. 2010. *Favela: Four Decades of Living on the Edge in Rio de Janeiro*. New York: Oxford University Press.

Pescosolido, Bernice A., and Jack K. Martin. 2015. "The Stigma Complex." *Annual Review of Sociology* 41: 87–116.

Peteet, Julie. 2016. "Camps and Enclaves: Palestine in the Time of Closure." *Journal of Refugee Studies* 29, no. 2: 208–228.

Peterson, Mark. 2020. *The City-State of Boston: The Rise and Fall of an Atlantic Power, 1630–1865*. Princeton, NJ: Princeton University Press.

Petrillo, Agostino. 2018. *La periferia nuova. Disuguaglianza, spazi, città*. Rome: Franco Angeli.

Picker, Giovanni. 2017. *Racial Cities: Governance and the Segregation of Romani People in Urban Europe*. London: Routledge.

Picker, Giovanni, and Silvia Pasquetti. 2015. "Durable Camps: The State, the Urban, the Everyday: Introduction." *City* 19, no. 5: 681–688.

Pinçon, Michel, and Monique Pinçon-Charlot. 1989. *Dans les beaux quartiers*. Paris:

Seuil.

Pinçon, Michel, and Monique Pinçon-Charlot. 1992. *Quartiers bourgeois, quartiers d'affaires*. Paris: Payot.

Pinçon, Michel, and Monique Pinçon-Charlot. 1996. *Grandes fortunes. Dynasties familiales et formes de richesse en France*. Paris: Payot. (English: *Grand Fortunes. Dynasties and Forms of Wealth in France*. New York: Algora, 1998.)

Pinçon, Michel, and Monique Pinçon-Charlot. 2008. *Sociologie de Paris*. Paris: La Découverte.

Pinçon, Michel, and Monique Pinçon-Charlot. [2007] 2010. *Les Ghettos du gotha*, 2nd edition. Paris: Points/Seuil.

Pinçon, Michel, and Monique Pinçon-Charlot. 2018. "Class Power and Power over Space: How the Bourgeoisie Reproduces Itself in the City." *International Journal of Urban and Regional Studies* 42, no. 1: 115–125.

Pinkster, Fenne M., Marijn S. Ferier, and Myrte S. Hoekstra. 2020. "On the Stickiness of Territorial Stigma: Diverging Experiences in Amsterdam's Most Notorious Neighbourhood." *Antipode* 52, no. 2: 522–541.

Pirenne, Henri. 1927. *Les Villes du Moyen Âge. Essai d'histoire économique et sociale*. Brussels: Lamertin.

Piven, Frances Fox, and Richard A. Cloward. [1971] 1993. *Regulating the Poor: The Functions of Public Welfare*. New York: Vintage.

Pollard, Julie. 2018. *L'État, le promoteur et le maire. La fabrication des politiques du logement*. Paris: Presses de Sciences Po.

Poulantzas, Nicos. 1978. *L'État, le pouvoir, le socialisme*. Paris: Presses Universitaires de France.

Poupeau, Franck. 2018. "Pierre Bourdieu and the Unthought Colonial State." Pp. 421–434 in *The Oxford Handbook of Pierre Bourdieu*. Edited by Thomas Medvetz and Jeffrey Sallaz. New York: Oxford University Press.

Poupeau, Franck. 2021. "Indigenous Cosmogony and Andean Architecture in El Alto, Bolivia." *International Journal of Urban and Regional Research* 45, no. 1: 164–175.

Poupeau, Franck. 2022. *Altiplano. Fragments d'une révolution (Bolivie, 1999– 2019)*. Paris: Éditions Raisons d'agir.

Poupeau, Franck, and Jean-Christophe François. 2008. *Le Sens du placement. Ségrégation résidentielle et ségrégation scolaire*. Paris: Éditions Raisons d'agir.

Povey, Larissa. 2019. "Maternal Outcasts: Governing Vulnerable Mothers in Advanced Marginality." Pp. 81–105 in *Class, Ethnicity and State in the Polarized Metropolis: Putting Wacquant to Work*. Edited by John Flint and Ryan Powell. London: Palgrave Macmillan.

Powell, Ryan. 2013. "Loïc Wacquant's 'Ghetto' and Ethnic Minority Segregation in the UK: The Neglected Case of Gypsy-Travellers." *International Journal of Urban and Regional Research* 37, no. 1: 115–134.

Powell, Ryan. 2022. "Territorial Stigmatisation Beyond the City: Habitus, Affordances and Landscapes of Industrial Ruination." *Economy & Space*, in press.

Powell, Ryan, and John Lever. 2017. "Europe's Perennial 'Outsiders': A Processual Approach to Roma Stigmatization and Ghettoization." *Current Sociology* 65, no. 5: 680–699.

Powell, Ryan, and David Robinson. 2019. "Housing, Ethnicity and Advanced Marginality in England." Pp. 187–212 in *Class, Ethnicity and State in the Polarized Metropolis: Putting Wacquant to Work*. Edited by John Flint and Ryan Powell. London: Palgrave Macmillan.

Power, Ann. 1997. *Estates on the Edge: The Social Consequences of Mass Housing in Northern Europe*. London: Palgrave Macmillan.

Pred, Allan. 2000. *Even in Sweden: Racisms, Racialized Spaces, and the Popular Geographical Imagination*. Berkeley: University of California Press.

Préteceille, Edmond. 2007. "Is Gentrification a Useful Paradigm to Analyse Social Changes in the Paris Metropolis?" *Environment and Planning A* 39, no. 1: 10–31.

Queirós, Jōao. 2019. *Aleixo. Génese, (des)estruturação e desaparecimento de um bairro do Porto (1969–2019)*. Porto: Afrontamento.

Queirós, João, and Virgílio Borges Pereira. 2018. "Voices in the Revolution: Resisting

Territorial Stigma and Social Relegation in Porto's Historic Centre (1974–1976)." *The Sociological Review* 66, no. 4: 857–876.

Raudenbush, Danielle T. 2020. *Health Care Off the Books: Poverty, Illness, and Strategies for Survival in Urban America.* Berkeley: University of California Press.

Rea, Andrea. 2006. "Les émeutes urbaines: causes institutionnelles et absence de reconnaissance." *Déviance et société* 30, no. 4: 463–475.

Rehbein, Boike. 2017. "Physischer Raum und Herrschaft." *Sub\Urban* 5, nos. 1–2: 221–224.

Ren, Xuefei. 2018. "From Chicago to China and India: Studying the City in the Twenty-First Century." *Annual Review of Sociology* 44: 497–513.

Rey, Henri. 1996. *La Peur des banlieues.* Paris: Presses de Sciences Po.

Rheinberger, Hans-Jörg. 2010. *On Historicizing Epistemology: An Essay.* Stanford, CA: Stanford University Press.

Rios, Victor M. 2011. *Punished: Policing the Lives of Black and Latino Boys.* New York: NYU Press.

Ripoll, Fabrice. 2010. "Quelle dimension spatiale des structures sociales chez Bourdieu? Localisations résidentielles et jeux d'échelles dans *La Distinction.*" Pp. 365–377 in *Trente ans après "La Distinction" de Pierre Bourdieu.* Edited by Philippe Coulangeon and Julien Duval. Paris: La Découverte.

Ripoll, Fabrice. 2019. "Comment croiser espace et capital? Retour préalable sur la notion de 'capital spatial'." *L'Espace géographique* 48: 289–305.

Roberts, Dorothy. 2002. *Shattered Bonds: The Color of Child Welfare.* New York: Basic Books.

Roberts, Dorothy. 2014. "Complicating the Triangle of Race, Class and State: The Insights of Black Feminists." *Ethnic and Racial Studies* 37, no. 10: 1776–1782.

Robinson, Jennifer. 2016. "Comparative Urbanism: New Geographies and Cultures of Theorizing the Urban." *International Journal of Urban and Regional Research* 40, no. 1: 187–199.

Ronneberger, Klaus, and Vassilis Tsianos. 2015. *Panische Räume. Das Ghetto und die*

"Parallelgesellschaft." Berlin: transcript-Verlag.

Rorato, Miriam. 2011. *Leben im Problemquartier: Zwangs- und Möglichkeitsräume.* Zurich: Waxman.

Rosenlund, Lennart. [2001] 2009. *Exploring the City with Bourdieu: Applying Pierre Bourdieu's Theories and Methods to Study the Community.* Berlin: VDM Publishing.

Roux, Guillaume. 2017. "Expliquer le rejet de la police en banlieue: discriminations, 'ciblage des quartiers' et racialisation. Un état de l'art." *Droit et société* 3: 555–568.

Roy, Ananya. 2009. "The 21st-Century Metropolis: New Geographies of Theory." *Regional Studies* 43, no. 6: 819–830.

Roy, Ananya. 2016. "Who's Afraid of Postcolonial Theory?" *International Journal of Urban and Regional Research* 40, no. 1: 200–209.

Ruiz-Tagle, Javier. 2016. "The Broken Promises of Social Mix: The Case of the Cabrini Green/Near North Area in Chicago." *Urban Geography* 37, no. 3: 352–372.

Rukmana, Deden (ed.). 2020. *The Routledge Handbook of Planning Megacities in the Global South.* New York: Routledge.

Rusche, Georg, and Otto Kirchheimer. [1939] 2003. *Punishment and Social Structure.* Revised edition, with an introduction by Dario Melossi. New Brunswick, NJ: Transaction Publishers.

Ryan, Benard, and Valsamis Mitsilegas (eds.). 2010. *Extraterritorial Immigration Control.* The Hague: Martinus Nijhoff Publishers.

Sakizlioğlu, Nur Bahar, and Justus Uitermark. 2014. "The Symbolic Politics of Displacement: Comparing the Gentrification of Stigmatized Neighborhoods in Amsterdam and Istanbul." *Environment & Planning A* 46, no. 6: 1369–1385.

Sampson, Robert J. 2012. *Great American City: Chicago and the Enduring Neighborhood Effect.* Chicago: University of Chicago Press.

Sampson, Robert. 2014. "Inequality from the Top Down and Bottom Up: Towards a Revised Wacquant." *Ethnic and Racial Studies* 37, no. 10: 1732–1738.

Sampson, Robert J. 2017. "Urban Sustainability in an Age of Enduring Inequalities: Advancing Theory and Ecometrics for the 21st-Century City." *PNAS* 114, no. 34: 8957–

8962.

Sampson, Robert J., and Charles Loeffler. 2010. "Punishment's Place: The Local Concentration of Mass Incarceration." *Daedalus* 139, no. 3: 20–31.

Sampson, Robert J., Jeffrey D. Morenoff, and Thomas Gannon-Rowley. 2002. "Assessing 'Neighborhood Effects': Social Processes and New Directions in Research." *Annual Review of Sociology* 28: 443–478.

Sapiro, Gisèle. 2013. "Le champ est-il national? La théorie de la différenciation sociale au prisme de l'histoire globale." *Actes de la recherche en sciences sociales* 200: 70–85.

Sapiro, Gisèle (ed.). 2021. *Le Dictionnaire international Pierre Bourdieu*. Paris: Éditions du CNRS.

Sassen, Saskia. 2013. *The Global City*. Princeton, NJ: Princeton University Press.

Sassen, Saskia. 2018. *Cities in a World Economy*. Thousand Oaks, CA: Sage.

Saunders, Peter. 1981. *Social Theory and the Urban Question*. London: Hutchinson.

Savage, Mike. 2011. "The Lost Urban Sociology of Pierre Bourdieu." Pp. 511–520 in *The New Blackwell Companion to the City*. Edited by Gary Bridge and Sophie Watson. Cambridge, MA: Blackwell.

Savage, Mike. 2015. *Social Class in the 21st Century*. London: Penguin.

Savage, Mike, Laurie Hanquinet, Niall Cunningham, and Johs Hjellbrekke. 2018. "Emerging Cultural Capital in the City: Profiling London and Brussels." *International Journal of Urban and Regional Research* 42, no. 1: 138–149.

Scanlan, Padraic X. 2020. *Slave Empire: How Slavery Built Modern Britain*. London: Robinson.

Schaap, Andrew (ed.). 2009. *Law and Agonistic Politics*. London: Ashgate.

Schierup, Carl-Ulrik, Aleksandra Ålund, and Lisa Kings. 2014. "Reading the Stockholm Riots—A Moment for Social Justice?" *Race & Class* 55, no. 3: 1–21.

Schultz Larsen, Troels. 2011. "Med Wacquant i det ghettopolitiske felt [With Wacquant in the Field of Ghetto-Politics]." *Dansk Sociologi* 22, no. 1: 47–67.

Schultz Larsen, Troels. 2014. "Copenhagen's West End a 'Paradise Lost': The

Political Production and Uses of Territorial Stigma in Denmark." *Environment & Planning A* 46, no. 6: 1386–1402.

Schultz Larsen, Troels. 2018. "Advanced Marginality as a Comparative Research Strategy in Praxis: The Danish 'Grey Belt' in Conversation with the French 'Red Belt'." *Urban Geography* 39, no. 8: 1131–1151.

Schultz Larsen, Troels, and Kristian Nagel Delica. 2019. "The Production of Territorial Stigmatisation: A Conceptual Cartography." *City* 23, nos. 4–5: 540–563.

Schultz Larsen, Troels, and Kristian Nagel Delica. 2021. "Territorial Destigmatization in an Era of Policy Schizophrenia." *International Journal of Urban and Regional Research* 45, no. 3: 423–441.

Seemann, Anika. 2021. "The Danish 'Ghetto Initiatives' and the Changing Nature of Social Citizenship, 2004–2018." *Critical Social Policy* 41, no. 4: 586–605.

Seim, Josh, and David J. Harding. 2020. "Parolefare: Post-Prison Supervision and Low-Wage Work." *RSF: The Russell Sage Foundation Journal of the Social Sciences* 6, no. 1: 173–195.

Sennett, Richard. [1970] 2021. *The Uses of Disorder: Personal Identity and City Life.* New York: Verso.

Sernhede, Ove. 2009. "Territorial Stigmatisering: unges uformelle læring og skolen i det postindustrielle samfund." *Social Kritik* 21, no. 118: 5–23.

Serre, Delphine. 2009. *Les Coulisses de l'État social. Enquête sur les signalements d'enfant en danger.* Paris: Raison d'Agir Éditions.

Sharkey, Patrick. 2013. *Stuck in Place: Urban Neighborhoods and the End of Progress Toward Racial Equality.* Chicago: University of Chicago Press.

Sharkey, Patrick, and Jacob W. Faber. 2014. "Where, When, Why, and for Whom Do Residential Contexts Matter? Moving Away from the Dichotomous Understanding of Neighborhood Effects." *Annual Review of Sociology* 40: 559–579.

Showalter, David. 2022. *Going Nowhere: Living with Opioids in Outback California.* Berkeley: Unpublished doctoral dissertation, University of California, Berkeley.

Sides, Josh. 2003. *LA City Limits: African American Los Angeles from the Great*

Depression to the Present. Berkeley: University of California Press.

Silverman, Robert Mark. 2009. "Sandwiched between Patronage and Bureaucracy: The Plight of Citizen Participation in Community-Based Housing Organisations in the US." *Urban Studies* 46, no. 1: 3–25.

Simes, Jessica T. 2019. "Place after Prison: Neighborhood Attainment and Attachment during Reentry." *Journal of Urban Affairs* 41, no. 4: 443–463.

Simmel, Georg. [1903] 1950. "The Metropolis and Mental Life." Pp. 409–424 in *The Sociology of Georg Simmel*. Edited by Kurt Wolff. New York: Free Press.

Simmel, Georg. [1970] 2011. *Georg Simmel on Individuality and Social Forms*. Edited by Donald N. Levine. Chicago: University of Chicago Press.

Simone, AbdouMaliq. 2018. *Improvised Lives: Rhythms of Endurance in an Urban South*. Cambridge: Polity.

Simone, AbdouMaliq. 2020. "Cities of the Global South." *Annual Review of Sociology* 46: 603–622.

Sisson, Alistair. 2021a. "Territory and Territorial Stigmatisation: On the Production, Consequences and Contestation of Spatial Disrepute." *Progress in Human Geography* 45, no. 4: 659–681.

Sisson, Alistair. 2021b. "Denigrating by Numbers: Quantification, Statistics and Territorial Stigma." *International Journal of Urban and Regional Research* 45, no. 3: 407–422.

Slater, Tom. 2006. "The Eviction of Critical Perspectives from Gentrification Research." *International Journal of Urban and Regional Research* 30, no. 4: 737–757.

Slater, Tom. 2014. "The Myth of Broken Britain: Welfare Reform and the Production of Ignorance." *Antipode* 46, no. 4: 948–969.

Slater, Tom. 2016. "Territorial Stigmatization: Symbolic Defamation and the Contemporary Metropolis." Pp. 111–125 in *The Sage Handbook of New Urban Studies*. Edited by John Hannigan and Greg Richards. London: Sage.

Slater, Tom. 2018. "The Invention of the 'Sink Estate': Consequential Categorisation and the UK Housing Crisis." *The Sociological Review* 66, no. 4: 877–897.

Slater, Tom. 2021. *Shaking Up the City: Ignorance, Inequality and the Urban Question*. Berkeley: University of California Press.

Slater, Tom, and Ntsiki Anderson. 2012. "The Reputational Ghetto: Territorial Stigmatisation in St Paul's, Bristol." *Transactions of the Institute of British Geographers* 37, no. 4: 530–546.

Small, Mario Luis. 2004. *Villa Victoria: The Transformation of Social Capital in a Boston Barrio*. Chicago: University of Chicago Press.

Small, Mario Luis, and Laura Adler. 2019. "The Role of Space in the Formation of Social Ties." *Annual Review of Sociology* 45: 111–132.

Small, Mario Luis, and Katherine Newman. 2001. "Urban Poverty after *The Truly Disadvantaged*: The Rediscovery of the Family, the Neighborhood, and Culture." *Annual Review of Sociology* 27: 23–45.

Smets, Peer, and Margarethe Kusenbach. 2020. "Thematic Issue: New Research on Housing and Territorial Stigma." *Social Inclusion* 8, no. 1: 1–7.

Solhjell, Randi, Elsa Saarikkomäki, Mie Birk Haller, David Wästerfors, and Torsten Kolind. 2019. "'We Are Seen as a Threat': Police Stops of Young Ethnic Minorities in the Nordic Countries." *Critical Criminology* 27, no. 2: 347–361.

Spierenburg, Pieter. 1991. *The Prison Experience: Disciplinary Institutions and their Inmates in Early Modern Europe*. New Brunswick, NJ: Rutgers University Press.

Squires, Peter, and John Lea (eds.). 2012. *Criminalisation and Advanced Marginality: Critically Exploring the Work of Loïc Wacquant*. Bristol: Policy Press.

Standing, Guy. 2011. *The Precariat: The New Dangerous Class*. London: Bloomsbury.

Stébé, Jean-Marc, and Hervé Marchal. 2010. *Sociologie urbaine*. Paris: Armand Colin.

Steger, Manfred B., and Ravi K. Roy. 2010. *Neoliberalism: A Very Short Introduction*. Oxford: Oxford University Press.

Stejskalová, Michaela. 2013. "Can We Speak of Ghettos in Czech Cities?" *Slovo* 25, no. 2: 3–17.

Storper, Michael, and Allen J. Scott. 2016. "Current Debates in Urban Theory: A

Critical Assessment." *Urban Studies* 53, no. 6: 1114–1136.

Story, Brett. 2016. "The Prison in the City: Tracking the Neoliberal Life of the 'Million Dollar Block'." *Theoretical Criminology* 20, no. 3: 257–276.

Stowers, Genie N. L. 2018. *Managing the Sustainable City*. London: Routledge.

Strauss, Anselm. 1978. "A Social World Perspective." *Studies in Symbolic Interaction* 1, no. 1: 119–128.

Stuart, Forrest. 2020. *Ballad of the Bullet: Gangs, Drill Music, and the Power of Online Infamy*. Princeton, NJ: Princeton University Press.

Sufrin, Carolyn. 2017. *Jailcare: Finding the Safety Net for Women Behind Bars*. Berkeley: University of California Press.

Susewind, Raphael. 2017. "Muslims in Indian Cities: Degrees of Segregation and the Elusive Ghetto." *Environment and Planning A* 49, no. 6: 1286–1307.

Tarrius, Alain. 1992. *Les Fourmis d'Europe. Migrants riches, migrants pauvres et nouvelles villes internationales*. Paris: L'Harmattan.

Taylor, Dorceta. 2014. *Toxic Communities: Environmental Racism, Industrial Pollution, and Residential Mobility*. New York: NYU Press.

Tellier, Thibault. 2007. *Le Temps des HLM, 1945–1975. La saga urbaine des Trente Glorieuses*. Paris: Autrement.

Terry, Karen J. 2011. "What is Smart Sex Offender Policy." *Criminology & Public Policy* 10, no. 1: 275–283.

Tewksbury, Richard. 2011. "Policy Implications of Sex Offender Residence Restrictions Law." *Criminology & Public Policy* 10, no. 2: 345–348.

Tilly, Charles. 1989. "Cities and States in Europe, 1000–1800." *Theory & Society* 18, no. 5: 563–584.

Tilly, Charles. 1990. *Coercion, Capital, and European States, AD 990–1990*. Oxford: Basil Blackwell.

Tissot, Sylvie. 2007. *L'État et les quartiers. Genèse d'une catégorie de l'action publique*. Paris: Seuil.

Tissot, Sylvie. 2011. *De bons voisins. Enquête dans un quartier de la bourgeoisie progressiste*. Paris: Éditions Raisons d'agir.

Tissot, Sylvie. 2018. "Categorizing Neighborhoods: The Invention of 'Sensitive Areas' in France and 'Heritage Districts' in the United States." *International Journal of Urban and Regional Research* 42, no. 1: 150–158.

Tonkiss, Fran. 2005. *Space, the City and Social Theory: Social Relations and Urban Forms*. Cambridge: Polity.

Topalov, Christian. 2013. "Trente ans de sociologie urbaine. Un point de vue français." *Métropolitiques*, on-line journal at https://metropolitiques.eu/.

Tripier, Maryse. 1990. *L'Immigration dans la classe ouvrière, 1990*. Paris: L'Harmattan.

Trotter, Joe William. 1985. *Black Milwaukee: The Making of an Industrial Proletariat, 1915–1945*. Urbana, IL: University of Illinois Press.

Trounstine, Jessica. 2018. *Segregation by Design: Local Politics and Inequality in American Cities*. New York: Cambridge University Press.

Truong, Fabien. 2013. *Des Capuches et des hommes. Trajectoires de "jeunes de banlieue."* Paris: Buchet-Chastel.

Truong, Fabien. 2019. "Fluid Identifications in the Age of Advanced Marginality." Pp. 137–157 in *Class, Ethnicity and State in the Polarized Metropolis: Putting Wacquant to Work*. Edited by John Flint and Ryan Powell. London: Palgrave Macmillan.

Truong, Fabien. 2017. *Loyautés radicales. L'islam et les "mauvais garçons" de la nation*. Paris: La Découverte.

Tuğal, Cihan. 2021. "Urban Symbolic Violence Re-Made: Religion, Politics and Spatial Struggles in Istanbul." *International Journal of Urban and Regional Research* 45, no. 1: 154–163.

Turney, Kristin, and Emma Conner. 2019. "Jail Incarceration: A Common and Consequential Form of Criminal Justice Contact." *Annual Review of Criminology* 2: 265–290.

Tyler, Imogen. 2013. *Revolting Subjects: Social Abjection and Resistance in Neoliberal Britain*. London: Bloomsbury.

Tyler, Imogen. 2020. *Stigma: The Machinery of Inequality.* London: Bloomsbury.

Tyler, Imogen, and Tom Slater. 2018. "Rethinking the Sociology of Stigma." *The Sociological Review* 66, no. 4: 721–743.

Vale, Lawrence J. 2015. *Purging the Poorest: Public Housing and the Design Politics of Twice-Cleared Communities.* Chicago: University of Chicago Press.

Valluy, Jérome (ed.). 2005. "L'Europe des camps. La mise à l'écart des étrangers." Thematic issue, *Cultures et conflits. Sociologie politique de l'international* 57.

van Kempen, Ronald, Karien Dekker, Stephen Hall, and Ivan Tosics (eds.). 2005. *Restructuring Large Housing Estates in Europe: Restructuring and Resistance inside the Welfare Industry.* Bristol: Policy Press.

Vincze, Enikő, Norbert Petrovici, Cristina Raţ, and Giovanni Picker (eds.). 2018. *Racialized Labour in Romania: Spaces of Marginality at the Periphery of Global Capitalism.* London: Palgrave Macmillan.

Wacquant, Loïc. 1997. "For an Analytic of Racial Domination." *Political Power and Social Theory* 11, no. 1: 221–234.

Wacquant, Loïc. 1999. *Les Prisons de la misère.* Paris: Éditions Raisons d'agir.

Wacquant, Loïc. 2001a. "Deadly Symbiosis: When Ghetto and Prison Meet and Mesh." *Punishment & Society* 3, no. 1: 95–133.

Wacquant, Loïc. 2001b. "The Advent of the Penal State is not a Destiny." *Social Justice* 28, no. 3: 81–87.

Wacquant, Loïc. 2002a. "Scrutinizing the Street: Poverty, Morality, and the Pitfalls of Urban Ethnography." *American Journal of Sociology* 107, no. 6: 1468–1532.

Wacquant, Loïc. 2002b. "The Curious Eclipse of Prison Ethnography in the Age of Mass Incarceration." *Ethnography* 3, no. 4: 371–397.

Wacquant, Loïc. 2004. "Following Pierre Bourdieu into the Field." *Ethnography* 5, no. 4: 387–414.

Wacquant, Loïc. [2000] 2004. *Body and Soul: Notebooks of an Apprentice Boxer.* New York: Oxford University Press, expanded anniversary edition, 2022.

Wacquant, Loïc (ed.). 2005a. *Pierre Bourdieu and Democratic Politics: The Mystery*

4

4

of Ministry. Cambridge: Polity.

Wacquant, Loïc. 2005b. "Race as Civic Felony." *International Social Science Journal* 181: 127–142.

Wacquant, Loïc. 2005c. "'Enemies of the Wholesome Part of the Nation': Postcolonial Migrants in the Prisons of Europe." *Sociologie* (Amsterdam) 1, no. 1: 31–51.

Wacquant, Loïc. 2007. "Territorial Stigmatization in the Age of Advanced Marginality." *Thesis Eleven* 91, no. 1: 66–77.

Wacquant, Loïc. 2008a. *Urban Outcasts: A Comparative Sociology of Advanced Marginality*. Cambridge: Polity.

Wacquant, Loïc. 2008b. "Pierre Bourdieu." Pp. 261–277 in *Key Contemporary Thinkers*. Edited by Rob Stones. London: Macmillan.

Wacquant, Loïc. 2008c. "The Militarization of Urban Marginality: Lessons from the Brazilian Metropolis." *International Political Sociology* 2, no. 1: 56–74.

Wacquant, Loïc. 2009a. *Punishing the Poor: The Neoliberal Government of Social Insecurity*. Durham, NC: Duke University Press.

Wacquant, Loïc. 2009b. *Prisons of Poverty*. Minneapolis, MN: University of Minnesota Press.

Wacquant, Loïc. 2009c. "The Body, the Ghetto and the Penal State." *Qualitative Sociology* 32, no. 1: 101–129.

Wacquant, Loïc. 2010a. "Designing Urban Seclusion in the 21st Century." *Perspecta: The Yale Architectural Journal* 43: 165–178.

Wacquant, Loïc. 2010b. "Urban Desolation and Symbolic Denigration in the Hyperghetto." *Social Psychology Quarterly* 20, no. 3: 1–5.

Wacquant, Loïc. 2010c. "Class, Race and Hyperincarceration in Revanchist America." *Daedalus* 139, no. 3: 74–90.

Wacquant, Loïc. 2010d. "Prisoner Reentry as Myth and Ceremony." *Dialectical Anthropology* 34, no. 4: 604–620.

Wacquant, Loïc. 2010e. "La tornade sécuritaire mondiale: néolibéralisme et châtiment à l'aube du vingt-et-unième siècle." *Contretemps* 63: 138–154. (Expanded

English version: "The Global Firestorm of Law and Order: On Neoliberalism and Punishment." *Thesis Eleven* 122, no. 1 [2014]: 72–88.)

Wacquant, Loïc. 2011. "A Janus-Faced Institution of Ethnoracial Closure: A Sociological Specification of the Ghetto." Pp. 1–31 in *The Ghetto: Contemporary Global Issues and Controversies*. Edited by Ray Hutchison and Bruce Haynes. Boulder, CO: Westview Press.

Wacquant, Loïc. 2012a. "Three Steps to a Historical Anthropology of Actually Existing Neoliberalism." *Social Anthropology* 20, no. 1: 66–79.

Wacquant, Loïc. 2012b. "The Wedding of Workfare and Prisonfare in the 21st Century." *Journal of Poverty*, special issue on "Poverty and Incarceration," 16, no. 2: 236–249.

Wacquant, Loïc. 2013. "Symbolic Power and Group-Making: On Bourdieu's Reframing of Class." *Journal of Classical Sociology* 13, no. 2: 274–291.

Wacquant, Loïc. 2015. "Revisiting Territories of Relegation: Class, Ethnicity and the State in the Making of Advanced Marginality." *Urban Studies Journal* 53, no. 6: 1077–1088.

Wacquant, Loïc. 2016. "A Concise Genealogy and Anatomy of Habitus." *The Sociological Review* 64, no. 1: 64–72.

Wacquant, Loïc. 2019. "Bourdieu's Dyad: On the Primacy of Social Space and Symbolic Power." Pp. 15–21 in *Empirical Investigations of Social Space*. Edited by Jörg Blasius, Frédéric Lebaron, Brigitte Le Roux, and Andreas Schmitz. Berlin: Springer.

Wacquant, Loïc. 2022a. *The Invention of the "Underclass": A Study in the Politics of Knowledge*. Cambridge: Polity.

Wacquant, Loïc. 2022b. "Resolving the Trouble with 'Race.'" *New Left Review* 133–134: 67–88.

Wacquant, Loïc. forthcoming. *Deadly Symbiosis: Race and the Rise of the Penal State*. Cambridge: Polity.

Wacquant, Loïc, and Aksu Akçaoğlu. 2017. "Practice and Symbolic Power in Bourdieu: The View from Berkeley." *Journal of Classical Sociology* 17, no. 1: 55–69.

Wagner, Anne-Catherine. 2010. *Les Classes sociales dans la mondialisation*. Paris: La Découverte.

Wakefield, Sara, and Christopher Wildeman. 2013. *Children of the Prison Boom: Mass Incarceration and the Future of American Inequality*. New York: Oxford University Press.

Walker, Michael L. 2022. *Indefinite: Doing Time in Jail*. New York: Oxford University Press.

Watt, Paul, and Peer Smets (eds.). 2017. *Social Housing and Urban Renewal: A Cross-National Perspective*. Bingley, UK: Emerald Group Publishing.

Weber, Max. [1915] 1946. "Social Psychology of the World Religions." Pp. 267–301 in *From Max Weber: Essays in Sociology*. Edited by Hans H. Gerth and C. Wright Mills. New York: Oxford University Press.

Weber, Max. [1919] 1946. "Science as a Vocation." Pp. 129–156 in *From Max Weber: Essays in Sociology*. Edited by Hans H. Gerth and C. Wright Mills. New York: Oxford University Press.

Weber, Max. 1947. *The Methodology of the Social Sciences*. New York: Free Press.

Weber, Max. [1921] 1958. *The City*. Edited by Don Martindale. New York: Free Press.

Weber, Max. [1922] 1978. *Economy and Society*. Berkeley: University of California Press.

Webster, Cheryl Marie, and Anthony N. Doob. 2007. "Punitive Trends and Stable Imprisonment Rates in Canada." *Crime and Justice* 36: 297–369.

Webster, Helena. 2010. *Bourdieu for Architects*. London: Routledge.

Weik, Elke. 2010. "Research Note: Bourdieu and Leibniz: Mediated Dualisms." *The Sociological Review* 58, no. 3: 486–496.

Weisskopf, Thomas E. 2004. *Affirmative Action in the United States and India: A Comparative Perspective*. New York: Routledge.

Weitzer, Ronald. 2000. "Racialized Policing: Residents' Perception in Three Neighborhoods." *Law & Society Review* 34: 129–156.

Western, Bruce. 2006. *Punishment and Inequality in America*. New York: Russell Sage

Foundation.

Western, Bruce. 2018. *Homeward: Life in the Year After Prison*. New York: Russell Sage Foundation.

Wiesel, Ilan. 2018. *Power, Glamour and Angst: Inside Australia's Elite Neighbourhoods*. London: Palgrave Macmillan.

Willis, Katharine S., and Alessandro Aurigi (eds.). 2020. *The Routledge Companion to Smart Cities*. London: Routledge.

Willrich, Michael. 2003. *City of Courts: Socializing Justice in Progressive Era Chicago*. New York: Cambridge University Press.

Wilson, William Julius. [1987] 2012. *The Truly Disadvantaged: The Underclass, the Inner City, and Public Policy*, 2nd edition. Chicago: University of Chicago Press.

Wilson, William Julius. 1996. *When Work Disappears: The World of the New Urban Poor*. New York: Knopf.

Wilson, William Julius. 2014. "Marginality, Ethnicity and Penality: A Response to Loïc Wacquant." *Ethnic and Racial Studies* 37, no. 10: 1712–1018.

Wimmer, Andreas. 2014. "The Centaur State as a Functional Corollary of Neoliberalism." *Ethnic and Racial Studies* 37, no. 10: 1719–1724.

Wirth, Louis. 1938. "Urbanism as a Way of Life." *American Journal of Sociology* 44, no. 1: 1–24.

Wright, Gwendolyn. 1991. *The Politics of Design in French Colonial Urbanism*. Chicago: University of Chicago Press.

Xu, Miao, and Zhen Yang. 2009. "Design History of China's Gated Cities and Neighbourhoods: Prototype and Evolution." *Urban Design International* 14, no. 2: 99–117.

Yeoh, Brenda S.A. 2003. *Contesting Space in Colonial Singapore: Power Relations and the Urban Built Environment*. Singapore: NUS Press.

Yetiskul, Emine, and Sule Demirel. 2018. "Assembling Gentrification in Istanbul: The Cihangir Neighbourhood of Beyoğlu." *Urban Studies* 55, no. 15: 3336–3352.

Young, Cristobal. 2017. *The Myth of Millionaire Tax Flight: How Place Still Matters for the Rich*. Stanford, CA: Stanford University Press.

Zorbaugh, Harvey W. [1929] 1983. *The Gold Coast and the Slum: A Sociological Study of Chicago's Near North Side*. Chicago: University of Chicago Press.

Zucker, Bruce. 2014. "Jessica's Law Residency Restrictions in California: The Current State of the Law." *Golden Gate University Law Review* 44, no. 2: 101–116.

索 引 [①]

advanced marginality 发达边缘性，参见
　marginality; precariat
African Americans 非洲裔美国人，45,
　50n26, 59, 71, 74n19, 92–93, 94n48,
　104–105, 110, 114n6, 117, 118, 123,
　124, 125, 131, 133–134, 142n43, 157
　Chicago 芝加哥，63–64, 141–142,
　143–144, 146
　另见 ghettos, racialization
Agamben, G. 吉奥乔·阿甘本，107
agonism 冲突主义，xiii, 19, 33–34, 155,
　166–167；
　and bureaucratic field/field of power 冲
　突主义和官僚场域／政治场域，
　128, 165, 169, 170n11
　classification struggles 分类斗争，7,
　36, 43, 67, 97, 113
　products, stakes and weapons 产物、筹

码和武器，ii, 8, 34, 56, 113
　and social suffering 冲突主义和社会
　苦难，31
　vertical and horizonal, internal and
　external 纵向和横向的冲突主义、
　内部和外部的冲突主义，102, 165
　vs ecology 冲突主义相对于生态学，
　155
　另见 field, field of power, struggles
Algeria studies 阿尔及利亚研究，23–
　30, 31–32, 43, 56, 175, 184
　Kabyle house 卡比尔住宅，50–51,
　58, 170–171
Althusser L. 路易·阿尔都塞，151
An Invitation to Reflexive Sociology《反思
　社会学导引》，42
analytical concepts vs folk notions 分析
　性概念相对于民间观念，33–34, 43,

15, 29, 37, 47, 83, 131, 161, 167–175

forms of, pluralization of 资本的形式、资本的多元化, 7, 37, 38, 44, 49, 127, 168

space and domination 空间和支配, 55–56

spatial distribution of/spatial capital 资本的空间分配 / 空间资本, 9, 55, 155

stigma as negative symbolic capital 作为负面符号资本的污名, 13, 65

topology 拓扑学, 82–83

另见 cultural capital, field, field of power, social capital, symbolic capital

capitalism 资本主义, 12, 71, 83, 93, 151–152

Cassirer, E. 恩斯特·卡西尔, 11, 33, 34n19, 35n20, 36–37, 38, 40, 99, 153

Castells, M. 曼纽尔·卡斯特, 2, 112

categories 范畴, 33–34, 36, 48, 50, 56, 68, 69n11, 73, 81, 88, 127, 167, 174–175

analytical vs folk 分析性范畴相对于民间范畴, 98–100

cognitive/mental 认知范畴 / 精神范畴, xi, 6–8, 10, 11, 20, 22, 36, 67, 68

emotive/affective-conative and 情绪 / 情感—意动范畴和认知范畴 / 精神范畴, 68, 130, 136, 164

consequential categorization 影响重大的范畴化, 36, 57–58, 64, 67, 104, 126

realization of 范畴的实在化, 36, 38, 40, 67

参见 analytic categories, folk notions, stigma, symbolic power

Chamboredon, J.-C. 让-克劳德·尚博勒东, 180

and Lemaire, M. 让-克劳德·尚博勒东和玛德琳·勒迈尔, 54

Chicago 芝加哥

Cabrini-Green project 卡布里尼—格林高层住宅项目, 72–73

ghetto 贫民窟, 63–64, 141–142, 143–144, 146

Chicago school of sociology 社会学芝加哥学派, 44, 142–143

citizenship 公民身份, 4, 7, 75n21, 84, 111, 115, 124, 129n23, 133–134, 145, 147, 152–154, 156, 157, 159–184

"civil society" / "third-sector" "公民社会" / "第三领域", 107

Clarno, A. 安迪·克拉诺, 158, 160

规划》杂志，61，92，96–97

epistemological rupture and vigilance 认识论断裂与警觉，5，11，33，43，54，61n1，108，119–120，152，163–164，179

epistemology 认识论，xiii，5，17，38，40，61n1，98–99，131，149–150，181

historical 历史认识论，5，10–12，33

populist 民粹主义认识论，157

rationalist 理性主义认识论，38

ethnic cluster vs ghetto 族群聚居区相对于贫民窟，166

ethnicity 族群性、族群，72，75，79，81，89，95，104，106，178

poverty 贫困，13

triangle marginality, ethnicity, penality 边缘性、族群性、刑罚性的三角形，16，32，97，99n50，111–160

参见 class, and ethnicity/race; ghetto; immigrants/ immigration; marginality, ethnicity, and penality; racialization

ethnoracial classification 族群种族分类，6n11，8，112–113

ethnoracial division 族群种族区分，57，79n25，123，126，145

Ewen, S. 沙恩·尤恩，4

Fassin, D. and Fassin, É. 迪迪埃·法桑和埃里克·法桑，113

fetishization of concepts/ "conspicuous theorizing" 概念拜物教/ "惹眼的理论化"，41，60

field 场域

concept of 场域的概念，7，41

fields of cultural production 文化生产场域，15，20，48，51，58，81，168，170n11，178，181

and habitus 场域和惯习，48–53

另见 bureaucratic field，field of power，journalistic field，political field，social space

field of power 权力场域，15，20，44，49，51，58，68n9，71，83–85，89，90，108n60，150–151，152，158，159，160，165，169

另见 bureaucratic field, political field, struggles

Fischer, C. 克劳德·费舍尔，49–50

Flaubert, G. 居斯塔夫·福楼拜，51，58

Flint, J. and Powell, R. 约翰·弗林特和瑞安·鲍威尔，98

folk notions vs analytical concepts 民间观念相对于分析性概念，33–34，54，61n1，84，88n39，98–100，108

参见 analytic concepts

Forrester, J. 杰伊·福里斯特，4

Foucault, M. 米歇尔·福柯，2，5n9，

附　录

将布迪厄带入中国城市：
对华康德教授的访谈

在《城市中的布迪厄》中文版即将付梓之际，本书译者在美国加州伯克利拜访了作者华康德教授，并就书中内容进行了访谈。华康德教授的翔实回答与补充对于中国读者理解这本书助益良多，因此将访谈内容以附录形式收于本书中文版。该附录的标题由华康德教授拟定。

陆兵哲（译者）：非常感您安排这次会面。作为《城市中的布迪厄》一书的中文译者，我在阅读完这本书并完成译稿后，有一些问题想请教您，我想这应该也有助于中国读者更好地理解您的思想。

华康德（作者）：不用客气。我很高兴看到《城市中的布迪厄》能以中国读者自己的语言出版。对我来说，这次访谈也是一次跟中国学者对话的机会。

陆兵哲：我们从这本书中的几个术语开始吧。例如，这本书的一大亮点在于对国家（state）的强调，试图将国家重新带回当今的城市研究中。但有趣的是，您似乎在有意避免城市政治经济学对国家的处理方式。由于政治经济学在中国的城市研究中非常有影响力，所以您能不能谈谈您如何看待政治经济学或者新马克思主义的城市研究思路？您笔下的"国家"跟那些作品中的"国家"之间的主要区别在于什么？

华康德：没错，我对国家的理解跟政治经济学的理解有很大不同。我把国家视为一种"分类与分层机器"（a classification and stratification machine）。在我看来，作为分类机器的国家是灌输思维范畴的国家，不断塑造着人们对社会世界的认知。就像皮埃尔·布迪厄所说的那样，国家是"符号权力的中央银行"（central bank of symbolic power）。但是，城市政治经济学的研究传统忽略了国家的符号维度，从某种意义上说也就忽略了国家的最根本特征，亦即作为最高符号权力的特性。至于作为分层机器的国家，我想说国家并不是在城市不平等和边缘性发生时才在下游阶段采取行动的，而是在城市二元分化与城市贫困产生的上游阶段展开着各种行动。国家在分配教育、住房、公共安全等重要资源和包括资格认证在内的关键资本形式方面扮演着重要角色，所以国家本身是一个分层机器，跟市场和家庭一样。

在我看来，我们必须结合分类和分层这两个维度来讨论国家。这样一来，我的国家概念跟马克思主义、韦伯主义的传统概念都明显不同——前者将国家视为资产阶级的执行委员会，后者把国家仅仅视为管理城市的一系列科层制机构。另外，关于国家，我还有一个观点，也是我借鉴布迪厄关于国家的左手与右手的观点。这个观点把国家在弱势群体中扮演的两种角色结合起来。在右手一边，国家负责规训和惩罚，这个层面体现在警察、法院、监狱、军队，以及控制着公共开支的预算部门。这是关于国家的右手。而国家的左手则是援助和保护那些被剥夺了资本的人群的部门和项目，例如公共住房、公共医疗、公共教育、社会福利等等。我试图把国家的这两只手结合起来，思考它们与弱势群体的关系，由此揭示这两方面是如何对资源和人群进行分类和分层的，以及是如何生产并管理城市边缘性的。

陆兵哲：在政治经济学的理解中，国家类似于资本的代理人一样在采取行动，特别是在城市发展中扮演着重要的行动角色。那当您从上面所说的这两个方面来谈论国家时，您是否将其视为一种自主的事物？

华康德：我认为，要对国家进行恰当的社会学研究，就必须承认国家的自主性。当然，国家的自主性因历史和社会情境而异。有的国家有很强的自主性，有的国家则深深嵌入其公民社会中——就像曾在加州大学伯克利分校任教的社会学家彼得·埃文斯（Peter Evans）在理解经济发展问题时用的"嵌入式自主性"（embedded autonomy）一词所形容的那样。有些国家自主性程度高，有些国家自主性程度低，这意味着我们必须将国家自主性视作一个变量，并从历史的角度来研究国家所拥有的自主性程度及其嵌入程度。但是，我也借助布迪厄的"官僚场域"概念来指出，我们必须认识到国家本身就是一个斗争空间。国家的左手和右手之间存在斗争，这尤其体现在政治力量与社会运动之间的斗争。这些斗争围绕国家的边界应该怎样划定、延伸到哪而展开，例如国家应该提供什么样的公共产品和公共服务？总之，国家本身就是国家之外的行为者同国家斗争的结果，同时也是国家内部增加保护的倡议者和强化规训的支持者之间斗争的结果。

陆兵哲：除了"国家"概念之外，您在这本书中对"贫民窟"和"超贫民窟"的论述也非常精彩。然而，您似乎暗示了如今新自由主义时代的超贫民窟比福特制—凯恩斯主义时期的贫民窟更加悲惨和缺乏希望。那么，这里面是否会存在一种怀旧情结，甚至是对历史上贫民窟的浪漫化？

华康德：我目前正在写一本书，标题为《贫民窟的两面性》（*The Two Faces of the Ghetto*）。在这本书里，我尝试为"贫民窟"发展出一个稳健的分析性概念，这种概念不同于该词在日常讨论、政治辩论和学术探讨中的普通观念。我试图建立并推动的，是对这个术语的分析性用法，而非某种修辞性用法或隐喻性用法。其中的区别在于，修辞性用法致力于说服，隐喻性用法致力于阐明，而分析性用法则致力于描述、阐释和解释。我也构建了一个关于贫民窟的韦伯式理念型，它由四个要素组成：一是污名（stigma），也就是有一个含有污点甚至遭人惧怕的人群；二是约束（constraint），也就是强迫这个被污名化的群体居住在一个保留地带中；三是空间限制（spatial confinement），即通过约束来迫使这一人群居住在这个地域，因而使得这个地域上的种族变得单一；最后也是最重要的是，被污名化的人群在这一地域之内可以发展出自己的并行制度（parallel institution）。

当你有了这四个要素，你就拥有了一个完整的贫民窟。这个贫民窟在城市中扮演着两种角色。首先是经济榨取，即占支配地位的群体从那些生活在贫民窟的人群中榨取经济价值。其次是社会排斥。简单来说，贫民窟居民身上背负的污名被转化为关于该群体不洁的集体信念，使这一群体成为支配群体不愿接触的群体，尤其是不愿建立亲密关系。那么，贫民窟就既是一种榨取经济利益的工具，同时也是一种社会排斥工具。我曾指出，16世纪欧洲的犹太人贫民窟、20世纪美国芝加哥的黑人贫民窟、20世纪初日本城市中的部落民街区（Burakumin districts）都实现了这两个功能。

这意味着，贫民窟是一种历史性动物，只有当支配群体需要从属性的、被污名化的群体时，它才会存在。所以后来美国黑人贫民窟崩溃了，发生了内爆，是因为随着后工业化时代的到来，大都市不再需要无技能的黑人劳动力，黑人贫民窟不再扮演劳动力蓄水池的角色，失去了经济榨取的功能。此外，美国的民权运动也动员起来反对法律上的种族分隔，终结了空间层面的隔离。随着这种贫民窟的内爆，黑人中产阶级得以逃出贫民窟并创造他们自己的街区，而黑人底层阶级则陷入了崩溃的贫民窟里。但是要注意，由于这种空间聚集体不再具有经济功能，所以失业、非法经济、单亲家庭和领取社会福利的人也就越来越多，这种被排斥空间也就成了一个充满危险、破败和绝望的世界。

这就造成了我所说的"超贫民窟"（hyperghetto）。所以，超贫民窟是一种不同于我所说的共同体贫民窟（communal ghetto）的城市物种。但我也特别写道，我们在这里必须小心一点，不要把过去的共同体贫民窟浪漫化，因为那种贫民窟同样是支配的工具。然而，它有它自身独特的两面性：它有支配、不平等和限制生活机会的一面，也就是我所说的贫民窟的垂直维度；与此同时，它也有一个水平维度，也就是互惠和尊严的维度。在文艺复兴时期欧洲的犹太人贫民窟和20世纪40年代美国的黑人贫民窟里，人们有属于自己的一个地盘，他们在那里面能找到家的感觉。在犹太文学和黑人文学里，都有关于人们在贫民窟中感觉受到保护、对贫民窟有自豪感和依恋感的美好描述。为什么？因为贫民窟对他们来说是一个保留空间——犹太人贫民窟是一种"基督教城市里的犹太城"，那里面只有犹太人；美国的黑人贫民窟是一种"白人城市里的黑人城"，那里面只有黑人。在这个保留空间里，犹太人、黑人或部落民可以体验到团结、互助和尊严。所以我们必须看到贫民窟的这一维度，并理解它在动员这些群体应对族群宗教排斥和族群种族支配方面发挥的重要作用。

所以，我不是要美化、赞赏或合理化某种制度，而是剖析这个制度并理解它是如何运转的。我尝试做的是构建清晰的概念，但是我不想作道德评判——我不想说哪个是好的制度、哪个是坏的制度。我在《种族支配》(*Racial Domination*)一书中更明显地提出了这一点。我认为社会学家的工作不是进行道德评判。社会学家不是道德家，不应该去说哪个制度是好的、哪个制度是坏的。社会科学家应该描述那些构成某个制度的要素，去解释这种制度是如何运转的，并挖掘这个制度在更广泛的社会制度中所发挥的功能。总之，社会科学家不是来作出评判的。他们应该避免我所说的"审判逻辑"(logic of the trial)，即专注于判定谁是好人、谁是坏人、谁有罪、谁无罪。这是我们应该留给道德家、哲学家、政治家和普通公民去做的事情。

　　陆兵哲：整体上看，我们在《城市中的布迪厄》中可以明显感受到将布迪厄构建为一位城市社会学家的努力。但是，这一努力是从他的空间理论开始的。这样一来，我们很容易将本书简化为布迪厄的空间理论在美国城市语境中的应用，而不是将之理解为对布迪厄的城市社会学本身的阐发。您能否就布迪厄的空间理论与城市社会学之间的关系方面作一些补充？

　　华康德：城市研究现在分成了对立的两极。一些人在做关于城市的研究(study *of* the city)。这些人认为城市是一种独特环境，城市是他们的研究对象。而城市研究领域的另一些人所做的是城市中的研究(study *in* the city)。他们没有看到，或者说没有兴趣把城市看作一种独特环境。这些人对两性关系、资本主义工业化、环境政治、法律等议题感兴趣，而将城市理解为一个场所，一个有助于他们探究这些社会过程的场所，因为这些议题在城市中表现得非常充分和明显。相应地，关于作为城市理论家的布迪厄，也存在两种解读方式。你可以说，通过符号空间、社会空间和物理空间的三元辩证法，布迪厄为我们提供的是理解和建立拓扑社会学的工具，一种考察这三个层次之间动态转置和关联的社会学思想。那么，这个三元辩证法适用于农村、城市、郊区，适用于中心地区、边缘地带，适用于全球北方，也适用于全球南方。然而，由于它接纳了城市和农村之间的连续性，所以你可以说它终结了城市社会学。这一分析工具让我们将城市社会学纳入更广泛的拓扑社会科学中，那从某种意义上来说，这也意味着城市社会学的消失。但是，你也可以说布迪厄为我们提供了用于立足于城市来展开探究的工具，进而将城市视为一种独特环境。布迪厄显然不是城市社会学家，但是我想说，如果你沿着他关于"差异化社会"之历史趋势的学说，你会发现城市的独特之处。具体而言，在制度或结构层面，城市是资本积累的地方，是资本分化为经济资本、司法资本、官僚资本、艺术资本、学术资本等相互竞争的资本形式的地方。并且，所有生产和再生产这些资本形式的制度或机构，包括学校、司法、艺术机构、国家等等，它们在哪里发展壮大？是在城市中。所以城市是资本分化的地方，也是不同场域出现的地方。这是就制度层面而言的。而在行动者层面，大都市是有不同思维方式、不同感受方式、不同行为方式的人群汇聚的地方——或者说，是有不同惯习的人群持续相遇的地方。城市是一个人口密集、异质性高的环境，其中有大量来自不同社会历史的人，所以城市中充满了阶级、种族、宗教、政治等方面的差异。在乡村社会，宗教、种族和阶级则具有高度的同质性。乡村里的人很少遇到那些在日常思维、情感和行为方式方面对他们构成挑战的人。相比之下，城市是一个不断制造社会困惑的环境。城市里的人必须不断反思自己的存在方式，因为他们持续遇到跟他们有不同惯习的人。所以从行动者的角度来看，城市是不同惯习交汇的地方——不同的惯习在其中相互交融，也相互冲突。总之，无论是在制度层面还是行动者层面，无论是在结构、场域、社会空间层面，还是在个体的感知、理解和行动图式方面——或者说在惯习层面，城市都有其独特之处。

所以我认为，一方面，布迪厄为我们提供的工具消解了城市社会学，但从另一个角度来看，布迪厄也给了我们真正立足于城市来做研究的工具，帮助我们阐明了一个独特的城市概念。这一城市概念对芝加哥社会学派、新马克思主义、政治经济学、后现代主义、女性主义等学说的传统城市概念提出了挑战。那么你怎么看？我在书中作了谨慎处理，没有表达立场，而是让读者自己决定。两种解读都是合理的，两个方向都行得通。但我想告诉我的中国读者，我倾向于第二种理解角度。我最近在做的一项田野调查，是关于美国加州北部两个县刑事法院的民族志研究。我在《城市中的布迪厄》里提出的论点在这项研究中被例证，即警察、看守所、法院，甚至是城市之外的监狱，都是典型城市制度（quintessentially urban institution）。当前，城市社会学家完全忽视了看守所（jail）。在美国或者欧洲，看守所就位于城市的正中心，在管理贫困、族群性和各种形式的暴力方面发挥着至关重要的作用。监狱（prison）通常位于城市的外部，就像城市的卫星一样，是承载城市人口、文化和混乱溢出的容器。监狱是大都市中被驱逐到偏远农村地区的一个组块。警察、法院、看守所和监狱制度所针对的对象，是在阶级秩序和族群秩序中被双重边缘化的群体，也就是在物质秩序和符号秩序中都被边缘化的群体。那么，如果不了解警察、法院和看守所，你就无法理解城市边缘性。因此，我提醒研究城市的学者，他们忽视了一个至关重要的城市制度，而我把我的法院民族志研究看作是同时对法律社会学和城市社会学的贡献。

陆兵哲：说到"关于城市的研究"和"城市中的研究"，您能否给年轻的城市学者一些建议，让我们在聚焦于某个具体的城市现象来展开研究时，能真正贯彻"关于城市的研究"而不落入"城市中的研究"？

华康德：我经常鼓励学生采取广泛的方法，来让"社会空间"和"物理空间"等概念发挥作用。很多情况下，甚至在我自己的作品中，人们都是在研究社会空间的特定区域，或者物理空间的特定区域。例如，就城市而言，学者可能会去研究贬损街区或者看守所，也就是我在做的研究。但必须永远牢记，我们需要为我们关注的物理空间和社会空间的特定局部反复寻求其在整个空间范围上的定位。这意味着我们总是需要将富人街区和穷人街区联系起来考察、将精英与贫民联系起来考察。就刑事法院而言，这体现在法官和检察官这类权势显赫的人物与城市贫民这些被遗弃的人群之间的直接相遇和冲突。换句话说，我们必须不断探寻上层和下层、声望和污名、富人和穷人、高档街区和破败街区之间的联系。

我也邀请学生们追问，国家是在哪些方面、以何种方式成了分层和分类的首要引擎？哪怕一些现象看起来跟国家无关，看起来是一个私人公司或私营企业的行动，也要思考国家如何参与生产了这些现象。事实上，国家即使不直接参与某一特定职业、实践或制度，通常也会为该实践、制度或组织得以存在的可能性设定科层制环境和司法条件。例如，国家作为一个巨大的影响因素，为城市中的私营建筑公司和房地产公司设定了其行动可能性的条件，也限定了它可能采取的策略。除此之外，即使是私人物品的获得其实也总是依赖于公共物品的供给而实现的。举一个很常见的例子。人们进入体育场观看体育赛事，这显然是私人行为：他们自己决定去一家私营的体育场，观看一场私营商业足球比赛。但是，人们可能需要乘坐公共交通工具去体育场，也享受着警察提供的安保，并购买一些由国家监管下生产的商品。至于体育场的建设与运营方面，土地和资金则需要依据某种公共规则和制度框架来获得。所以说，个人行动和私人活动的可能性都是有公共条件的。因此，我想邀请城市研究的学生多去关注公共和私人的二元性及其相互交织。

最后，我想邀请做城市研究的学生多去亲身了解他们所研究的现象。即使不做民族志研究，研究者也没有任何理由不去具体地接触他们的研究对象。还是以私营建筑公司为例。如果要研究这些公司，那么研究者没有理由不去拜访这些公司、跟里面的人交谈、参加建筑师的年会。所以，我们需要经常走出去，去触碰各种现象、直面各种现象，哪怕只是做几次微不足道的访谈。在这个过程中，我们再尝试将高度抽象的分析工具、概念、理论和模型同这些近距离的实地观察结合起来，即使这些观察并非完善的民族志。你可能研究移民、住房、交通、街区拆迁，或者研究市政府对科层制规则的执行、公共空间中的性别关系，无论你研究什么，都要试着获得最直接的感受，把研究对象当作一种有血有肉的、活生生的现象，而不仅仅是纸上的抽象概念。

陆兵哲：下一个问题是关于布迪厄和列斐伏尔（Henri Lefebvre）之间的比较。在中国，当学者谈论城市和空间时，第一个想到的理论家通常是亨利·列斐伏尔。但是您在这本书里几乎没有提到他，而只有在开头一小段话里将这两位空间理论家作了一些比较。不知道您能不能再补充一些布迪厄的空间理论与列斐伏尔的空间理论之间的区别？

华康德：我的一个遗憾就是我没有在这本书的正文里列一个专栏来对布迪厄和列斐伏尔作深入的比较和讨论。我总是被问到这个问题，因为布迪厄的三元辩证法和列斐伏尔的理论确实有表面上的相似之处。我在述及布迪厄的空间理论时使用"三元辩证法"（trialectic）这种表达，以捕捉在理论分析层面和经验现象层面都各不相同的"空间"之间的三元互动。在我看来，布迪厄的三元辩证法和列斐伏尔的三要素（triad）之间没有太多关联，也可以说，列斐伏尔的空间三要素被包含在了对符号空间本身的理解中。列斐伏尔的空间三要素由空间在意识中的三个方面构成，即街道上普通人的意识、城市规划师的意识，以及城市管理者的意识。这与城市空间的现象学有关。或者说，列斐伏尔的"感知的空间""构想的空间"和"生活的空间"是空间现象学的三个方面，而我把空间现象学归到符号空间的范畴之下，因为它是关于能动者如何感知、生活或构想空间的。所以从某种意义上说，布迪厄的空间三元辩证法包含列斐伏尔的空间三要素，而后者只是前者的一部分。我知道列斐伏尔也使用"社会空间"这个术语，但它跟布迪厄关于"各形式资本的多维度分布"这种社会空间概念有很大的差异。所以说他们二人尽管在用词上有相似之处，但对同一术语的用法却不尽相同。总之，我认为空间三元辩证法包含空间三要素。我很遗憾我没有把这一点展开写成三页纸，因为那样读者就能马上理解了。

陆兵哲：这就是访谈和附录可以发挥作用的地方了。最后一个问题是关于这部作品的应用范围的。说实话，这本书在经验材料方面相当"美国"，比如书中讨论的都是种族、犯罪、移民等主题。关于将这本书的内容，或者说将布迪厄的城市社会学思想扩展到全球南方国家方面，不知道您有什么看法？

华康德：对布迪厄的第一种解读，也就是关于空间三元辩证法的拓扑学理解，在某种意义上可以直接应用于世界上的任何物理地点、任何大陆、任何国家。任何一个地方，只要有认知世界的能动者，就有符号空间；只要有各形式资本的分配，就有社会空间；而任何地方都有其物理环境，也就有物理空间。然后，关于第二种解读，也就是将城市视为资本积累和分化场所的这种解读，那就要引入当地历史和地方元素来拓展应用。每个城市都会面临在社会空间和物理空间中分配人群的问题，但是分配原则会有所不同。也正因此，资本的积累和分化在各个国家和社会中有不同的展开方式，其所造成的不平等形式也不一样。例如，在印度的城市中，贫困现象非常严重且普遍；印度城市里的大多数人都很穷、很多住房都破旧不堪、基础设施也普遍不足，并且大多数人的生计方式靠的是非正式经济。不稳定性（precarity）、公共基础设施的缺乏、非正式性（informality），这是全球南方城市的三个关键特征，使得其处理边缘性问题的方式有它自身的特点。但是，你可以将我在这本书中提出的概念稍作修改来完美地应用于这些独特性：无论在哪，都有政府需要处理的问题人群；尽管地方政府的权力比较弱或缺乏理性化，但仍有一些将人群分配到特定社会空间和物理空间中的制度和机构，也存在将这些人群视为越轨或危险群体的观念；城市中也都有一部分是属于财富特权和权力特权的。世界上不平等程度最高的那些城市大多位于全球南方。对此，你只需要将一些概念加以改编、调整和转置来适用于经验现象的当地环境，不论是全球北方还是全球南方。这里需要做的是分析性转置（analytic transposition）。分析性转置不是复制，而是通过改造和调整来适应当地的状况和问题。这意味着即使经验结果完全不同，但分析模型可以是相同的，只是增加了新的变量。再举一个例子，从我对中国的一点了解来看，流动人口的管理可能是地方政府的核心问题之一。地方政府的一大部分行动可能都是针对流动人口的，因为这些群体既是城市所需要的，但又给城市秩序带来了不稳定或造成诸多问题。对于这个议题，你仍然可以使用同一种三角分析模型。在这本书里关于国家、阶级和种族之间关系的三角分析模型中，你可以把"种族"替换成"本地人/外地人"（insider/outsider），或者替换成韦伯意义上的"身份"（status），以应用于具体的情境中。如果说"阶级"（class）是从物质秩序方面界定不平等和身份认同的，那么"身份"则是从符号秩序层面捕捉到了这些内容。我认为国家、阶级和身份之间的三角关系是地球上每一座城市、每一个村庄、每一个角落都存在的，而我们可以借助布迪厄的"官僚场域"和"符号权力"等概念来理解中国、印度或巴西的国家，而借助"社会空间"的概念来理解阶级和身份及其相互关系。总之，我们需要将经验分析结果同分析模型或抽象理论范畴区分开来，并且需要做转置工作——再次强调，转置不是复制、模仿或者影印已经完成的东西，而是使概念与当地的历史和社会结构相适应。

陆兵哲：关于理论概念与经验解释之间的关系，我还比较好奇的是，您是先对布迪厄的理论有了深刻的理解，然后有意识地挖掘它对您的经验发现的解释力，还是在您先做完经验研究之后，发现了这些理论的分析潜力？

华康德：我在巴黎大学（Paris University）读本科的时候就第一次读到了布迪厄的著作，也是在读文学学士学位时认识了他。在开始我的第一项硕士研究之前，我就对布迪厄的作品有了很多了解。我的第一项硕士研究题目是《学术生产与社会再生

产：一所精英学校的另类历史》(Academic Production and Social
Reproduction: An Alternative History of An Elite School)，研究的是巴
黎高等商学院（École des Hautes Études Commerciales）——我曾在
那里读经济学和商学。所以从一开始，我就在运用布迪厄的工具
来搭建我的研究课题。在过去的三十年里，我在伯克利的校园中
也教授一门布迪厄研讨课，学生们把这门课称为"布迪厄新兵训
练营"(Bourdieu boot camp)。让我感到惊喜的是，每次我开设关于
布迪厄的课程时，我总能发现新的东西，总能在他的论述中发现
新的层次、新的观点、新的联系。所以他的作品对我来说总是新
鲜的。

我也想邀请各位中国读者在他们的研究课题中运用布迪厄的
学说。布迪厄的作品不是供人瞻仰的圣典，而是建构新研究对象
的实用工具，用来在社会世界中发现一些不借助它们就无法发现
的新面向。我认为这是布迪厄和其他许多纯理论家之间的主要区
别之一。这里说的纯理论家是诸如哈贝马斯（Jürgen Habermas）、
卢曼（Niklas Luhmann）、吉登斯（Anthony Giddens）等学者，他
们不借助自身研究同经验现象之间的联系或关切来开展工作。相
比之下，布迪厄是一位孜孜不倦的经验研究学者，他做过的经验
研究涉及数十个主题。他的作品不仅是对反思社会学的导引，不
仅是对学理工作、智识目标或者理论事业的导引，而且也在引导
我们借助他的学说和概念，来针对具体的经验现象创造出新的研
究对象、发现新事物、发展新的描述、提出新的解释。

陆兵哲：谢谢！这个邀请是一个很好的访谈结尾。我相信您
在这次访谈中分享的丰富观点和补充将有助于中国读者更好地理
解《城市中的布迪厄》这本书。再次感谢！

译后记

本书作者华康德目前是美国加州大学伯克利分校（UC Berkeley）社会学系教授。在这本《城市中的布迪厄》出版之前，华康德教授仅有一部著作被译成了中文，即他和他的导师皮埃尔·布迪厄合著的 *An Invitation to Reflexive Sociology*。这本书的中文版由李猛、李康两位先生联袂翻译，先后以《实践与反思：反思社会学导引》和《反思社会学导引》为题出版，在国内学界广受欢迎。也许是由于这个原因，中国读者长期以来对华康德的主要印象是一位社会理论家。事实上，华康德教授更是一位卓越的经验研究者，深耕城市民族志多年。他在城市贫困、种族问题、犯罪与司法等领域有深厚的研究基础，并出版了大量经验研究著作，包括《贫困监狱》（*Les Prisons de la misère*, 1999）、《身体与灵魂》（*Body and Soul*, 2004）、《城市放逐者》（*Urban Outcasts*, 2008）、《惩罚穷人》（*Punishing the Poor*, 2009）、《"底层阶级"的发明》（*The Invention of the "Underclass"*, 2022）等等，当然也包括2023年初出版的这本《城市中的布迪厄》（*Bourdieu in the City*）。在这本书中，作者发展了著名社会学家布迪厄的物理空间、社会空间、符号空间三元辩证法理论，并将之贯彻到关于城市边缘性、刑罚国家、种族不平等、（超）贫民窟等社会现象的分析中，由此展现了布迪厄的学说在城市社会学中的重要价值，也为城市社会学研究探索新的思路。该书中译本的出版有助于中国读者进一步了解社会学家华康德的研究，也有助于了解西方城市社会学的研究进展。

在这本书的英文原版刚刚面世的时候，我就阅读了部分章节。尽管法国学者的写作风格使阅读体验绝对称不上愉快，但书中对于城市社会学的洞见、对布迪厄理论的创新解读，以及作者基于自身研究所作的理论抽象与经验现象之间的分析性连接，都让我感受到本书的巨大引介价值。并且，我当时正在准备前往加州大学伯克利分校的联合培养项目，因而有机会同作者见面交流，这对任何译作来说都是一件难得的助益。正是这样的机缘，让我有幸成为这本书的中文译者。然而，不论华康德还是布迪厄，都是精于复杂句式与文字修辞的语言高手。由于才学有限，我在翻译的过程中时常陷入保持中文的连贯通顺与保留原文的精确表达之间的两难境地。考虑到这是一本学术专著，当感到难以平衡时，我倾向于最大化地忠实于原义传达方面的精确性。这有时不得不牺牲中文阅读方面的便利，还请读者谅解。除此之外，同样出于学术表达精确性的考虑，针对作者在书中对布迪厄的直接引用文段，我都回溯了布迪厄著作的法语原文语境以尽量减少我可能的误读，并就我们中国读者可能不熟悉的内容以"译者注"的形式作了补充说明。尽管如此，由于个人才疏学浅，书中尚有许多不足与纰漏，敬请各位读者批评指正。

本书的翻译工作适逢我在伯克利访学，作者华康德教授在此期间同我多次见面讨论，并提供了大量参考资料，帮助减少了翻译方面的误解。华康德教授还邀请我到家中做客，而我正是在这次拜访中完成了附录中的作者访谈，在此特别感谢华康德教授的热情和慷慨。我还要感谢上海人民出版社的吴书勇编辑对这本书的投入和对我的信任，以及在翻译过程中给予的指导。吴老师专业的学术书籍编审能力和严谨细致的敬业精神是本书质量的重要保障。在翻译中，我还获得了多位前辈与同仁的帮助，特别是南京大学的金毅老师和西安交通大学的吴苏老师。他们在试读译稿后提出了许多宝贵意见，并且同他们二人的讨论对我深化理解这本书有很大的帮助。感谢加州大学伯克利分校的张浙航、蒋西西两位同仁在我访学期间的陪伴与帮助，我在与他们的交流中收获了许多社会学与城市研究方面的新知。

事实上，我在一年前读到该书英文原版时，由于有较重的科研压力，又深感这本书翻译不易，所以我最初对于是否要担任本书译者非常犹豫。在此，我想感谢我的妻子李晶文给予的鼓励，让我决定来翻译这本书；我更要感谢她对我出国访学的支持，让我有同作者直接交流的机会。谢谢她的信任、包容与守候。

译者　陆兵哲

2024 年 4 月 19 日

美国加州大学伯克利分校 Doe Library

图书在版编目(CIP)数据

城市中的布迪厄:挑战城市理论/(法)华康德著;
陆兵哲译. —上海:上海人民出版社,2024
书名原文:Bourdieu in the City:Challenging
Urban Theory
ISBN 978 - 7 - 208 - 18903 - 4

Ⅰ.①城… Ⅱ.①华… ②陆… Ⅲ.①城市管理-研
究 Ⅳ.①F293

中国国家版本馆 CIP 数据核字(2024)第 088516 号

责任编辑 吴书勇
封面设计 李婷婷

城市中的布迪厄
——挑战城市理论

[法]华康德 著

陆兵哲 译

出　　版　上海人民出版社
　　　　　(201101　上海市闵行区号景路 159 弄 C 座)
发　　行　上海人民出版社发行中心
印　　刷　苏州工业园区美柯乐制版印务有限责任公司
开　　本　890×1240　1/32
印　　张　11.25
插　　页　2
字　　数　251,000
版　　次　2024 年 11 月第 1 版
印　　次　2024 年 11 月第 1 次印刷
ISBN 978 - 7 - 208 - 18903 - 4/C · 715
定　　价　78.00 元